齐 峰 编

职业技术教育汽车类专业“工作过程导向”
课程改革纸数一体化、活页式精品教材

汽车维修基本技能

活页式教程

華中科技大學出版社
http://www.hustp.com
中国·武汉

图书在版编目(CIP)数据

汽车维修基本技能活页式教程/齐峰编. — 武汉:华中科技大学出版社,2021.6
ISBN 978-7-5680-6906-9

Ⅰ.①汽… Ⅱ.①齐… Ⅲ.①汽车-车辆修理-教材 Ⅳ.①U472.4

中国版本图书馆 CIP 数据核字(2021)第 114476 号

汽车维修基本技能活页式教程 齐 峰 编
Qiche Weixiu Jiben Jineng Huoyeshi Jiaocheng

策划编辑:王红梅
责任编辑:余 涛
封面设计:原色设计
责任监印:周治超
出版发行:华中科技大学出版社(中国·武汉) 电话:(027)81321913
武汉市东湖新技术开发区华工科技园 邮编:430223
录 排:武汉市洪山区佳年华文印部
印 刷:湖北新华印务有限公司
开 本:787mm×1092mm 1/16
印 张:12.5
字 数:300 千字
版 次:2021 年 6 月第 1 版第 1 次印刷
定 价:78.00 元

前言

在职业工作中,"工作过程知识"即学习者在完成完整工作任务过程中学习相关经验而获得的知识。"工作过程知识"既不是单纯的理论知识,也不是简单的实践经验,而是理论知识通过个体实践后所获得的经验性知识,是主客观知识交汇的结果,是与情境相关、以实践为导向、实践和理论相结合的知识。

职业能力的强弱并不在于掌握理论知识的量,而在于是否具有以企业工作任务为中心的知识结构。具备了与工作过程相适应的知识和技能,就能应用知识和技能去解决工作中的问题,所以职业教育的课程应该精选职业岗位的基础知识和基本技能作为学习者的学习内容。职业课程应该更多地侧重于工作能力的培养,而应用工作过程体系模式开发的课程是培养工作能力的课程,相对于学科体系的课程,工作过程系统化的课程以专业理论知识及其实践经验为依据,将学习对象、理论知识与学习过程这三种结构在工作过程中予以集成,更适合于职业教育。

职业院校应构建和使用"任务驱动"和"工作过程"的,基于教学标准的,采用专业知识系统化、课程模式工作过程化、操作步骤规范化、多媒体教学资源库建设和模块课程一体化的项目课程。这样才能提高教学效率,提升专业教学质量,夯实学习者的职业活动和个人职业生涯发展所需要的综合职业能力。

课程开发的基本原则是要基于国家教学标准、基于课程标准。课程开发的核心是改变现有的课程模式。课程模式应该以工作任务为导向,以学生为主体,模拟的是学生今后工作中遇到的任务。课程模式应该专注于学生学习的专业核心内容及其与学科外部知识的关联。课程模式应该注重学生毕业后要遵守的行业标准和职业技术规范。

项目课程强调工作过程的真实性、应用性、逻辑性,强调任务型、结构化,是实践性学习的内容,符合职业课程学习者的认知特点、认知能力和发展水平,适应职业课程培养职业能力的目标要求。项目课程是培养创新型、复合型人才的重要学习方式。在项目执行过程中持续互动,经历综合性、复杂性的工作或问题的解决过程,获得了理论知识与职业技能,强化了实践操作应用能力,培养了创新能力,加强了合作沟通能力,工作过程的观念、专业系统化观念、思维方法逐渐形成。

项目课程适合工作过程的学习内容,符合职业课程培养职业能力的目标要求,符合职业课程学习者的特点。因此,可以将项目课程作为改造现有课程模式的工具。

项目课程针对汽车机电专业学生的培养目标，以问题为引领，以工作任务为驱动，以岗位工作过程为依据，将传统的汽车机电课程结构进行解构，并根据企业的工作任务和岗位能力进行项目化。

项目课程通过完成工作任务把知识、能力、技术有机整合成工作任务型的知识结构。项目课程改变知识的结构方式，通过对工作任务的分析，来确定课程内容中的知识、能力、技能、素质。项目课程的基本思想是综合，易于融入复杂多样的职业技术知识，有利于培养学习者的综合职业能力，具有整体性较强、容量较大的特点。而模块化课程的基本思想是分解，所以将项目课程的内容进行多层分解，通过模块课程进行组织，这样就使项目课程内容变得具体且易于操作。

1. 模块的设计原则

(1) 基于典型的岗位工作内容设计模块。

汽车机电维修岗位项目课程中的模块内容按照国家教学标准、行业标准和企业技术规范，以及实际工作过程来构建。每个模块所对应的是汽车机电维修工作岗位典型的工作任务，模块中的内容根据完整的工作过程进行梳理、排列、修订，然后对这一具体工作过程进行教学化处理。

(2) 基于教学规律设计模块。

每个模块中的内容包含一项汽车机电维修岗位能力中特定的技能或知识，学生学习时不会因内容庞杂、互相干扰而影响学习效果，更不会给教师造成困扰。同时，由追求单个模块内容的工作过程的准确性，专业内容、方法及步骤的正确性，专业内容的严密与系统性转变为模块群内部的衔接与完善，使各模块之间由相互隔离转变为相互贯通、相互关联，模块之间纵向有效衔接而横向又协调配合，既相互关联转变又相互补充。在模块的排列顺序方面，主要采用平行、递进、延续的形式，基础内容的模块（拆装、维护的内容）排列在前，难度系数相同的内容平行排列，然后递进到难度系数大一些的，即检修、检测的内容（系统检测、电路检测的内容）排列在后。一个项目有多个模块，先完成第一个模块，第二个模块的内容可以是独立的、在难度上是递进的，也可能是延续第一个模块的、在难度上相同或递进的内容。这样的编排从工作过程及其难度上看既是独立的又是递进的，而且还是延续的，从而更符合学生学习能力发展的规律。

(3) 基于"学为中心"设计模块。

模块的建设应该帮助学生有效地进行学习，应该使教师的"教"服务于学生的"学"，应方便学生的"学"而设计，应以"学"的基础定教的起点，以"学"的规律定教的方法，以"学"的目的定教的目标，以"学"的需要定教的策略，而不是为彰显"教"的精彩而设计模块。模块设计适用于学生分组学习，引导小组内成员合理分工。把完成这项模块中的任务所需要承担的责任交付给他们，尽可能让每位学生在小组合作中完成各自的工作，以此来培养富有工作激情、团结协作、具有岗位工作能力的员工。另外，"勤问"这个习惯有时会让学生变得惰于思考，阻碍了学生自主学习能力的发展。为此，设计模块时，有意识地帮助学生克服一遇到困难就习惯性地直接求助的毛病。当学生遇到问题求教时，引导他们去查阅资料，去阅读理论知识，先独立思考、自我摸索，然后小组讨论，再尝试去实践，教师在其中可以做些辅助。这样以"学"为中心的设计，改变原来以"教"为中心的课程模式，可以在工作过程中培养学生自主学习、分工协作和独立解决问题的能力。

2. 多纬度的模块内容

基于以上的观点和设计原则，模块课程中的内容设计为模块名称、模块作用、模块分析、模块目标、模块要求、模块步骤、模块实施、模块练习、模块评价等九个部分的内容。模块作用描述的是实际工作过程中的任务，以此为任务驱动；模块分析中列举出完成该模块内容所要具备的知识和技能；模块目标将教学目标细化到每个模块中，提出了具体的知识目标和技能目标；模块要求提出了质量要求、安全要求、文明要求和环保要求，是对学生职业素养的全面要求；模块实施将完整的岗位工作任务转化为详细的操作步骤，突出了动手能力的培养；以模块作用为任务驱动，以模块分析为引领，以模块目标为基准，以模块要求为准备，以模块步骤为线索，以模块实施为过程，以模块练习来巩固，以模块评价为结尾，首尾紧密相连。

3. 项目课程中的多媒体教学资源

（1）多媒体教学资源的运用。

在多媒体教学资源运用上力求整合与实用。整合的目的是将教学多媒体资源与理论知识和工作过程连接融合，把媒体技术融入其中。整合的目的是提高教学效率，突出知识技能的重点，突破知识技能的难点，增强直观性。实用就是用在关键处，用在情境创设处，用在知识点的生成处，用在工作过程中操作的要领处，用在工作过程中的重点处，用在工作过程中的难点处，用在学生思维的障碍处，用在知识的延伸处，用在思维的拓展处等。这样在模块中将资源库建设和课程内容设计为一体，构成多样的教学内容生态，起到“辅教、助学、助训”的作用。

在方式上，以模块课程中的知识点、技能点为载体，融入碎片式的多媒体教学资源。在每一个项目课程中建立一个多媒体教学资源文件夹，其中包含这一项目课程中每一模块的大量视频、动画、图片、文档。每一个模块先以视频或动画来创设情境，突出以“任务驱动”的岗位工作过程；在模块实施过程中，关键的操作步骤链接操作视频，起到示范、引领的作用；对于模块课程中出现的重点、难点链接操作动画、视频，揭示专业课程中不易感知的事物的过程和特征，起到助学、突破的作用；对于模块课程中出现的原理、构造、工作过程链接视频或动画，将原来学科体系的课程中大量的文字叙述转化为清晰的具象，以呈现事物的形象或它的变化过程，帮助学生认识事物和理解概念；对于模块课程中新的知识点，链接视频或动画、文档可以使学生在操作的同时认知事物，拓展知识。

（2）多媒体教学资源技术手段的选用。

在制作和选取多媒体教学资源时，把握“适度、够用”原则。以内容、过程、结果为核心，以模块课程中相关的工作过程、工作原理、工作流程为素材，转化为实际的多媒体教学资源，视频录制时间简短、精炼，每一段最多不超过3分钟。其他多媒体教学资源的运用也避免占用太多时间，防止多媒体教学资源在课程中由助学、辅教变成课程的主导，防止产生“多媒体主导”而“工作过程淡漠”的不良倾向。另外，对多媒体教学资源进行了标准化制作，使用起来更简单，更易于操作。

4. 项目课程中的练习

在项目课程中按模块建立了练习题库，其中的练习题基于国家教学标准和课程标准，基于模块中的工作过程、理论知识和多媒体教学资源的内容。练习题采用客观和主观两种题型，既能满足考核学生了解、认识、理解或掌握汽车机电专业基础知识的要求，又能满足对学生掌握实际操作过程的情况进行客观评价的要求。

5. 项目课程中对学生学习过程的评价

职业教育的课程对学生的考核应该是全面的、综合的、动态的评价过程。采用模块课程就必须将模块学习中的实践操作能力、知识的掌握程度及工作过程中的状况等多元性评价列入考核体系。还要评价学生学习过程的专注度，参与深度，以及评价学生在完成工作任务时，小组内成员分工合作的状况，小组内成员对整个团队的贡献度。不仅要评价学生在单一模块学习中的收获和成果，还要评价学生学习整体项目的愿望。这就必须建立基于工作过程课程模式的评价方案，建立多方位、多角度、多时段的评价机制。

模块课程中一个模块的完整评价包括两个部分：一个是模块学习过程中各个学生的过程性自评、学生互评和教师评价及模块完成后的个人小结和教师小结，设置小结的目的是为有效反思提供依据，使思之有“物”、思之有“据”，使学生在模块学习中不断自省、不断提高，也促进专业教师进行教学反思，提高业务水平；另一个是在各模块完成后建立了与之对应的基于工作过程和多媒体教学资源的理论试题，在学生完成工作任务后进行练习，以评测学生掌握知识技能的情况。

两部分的评价各占一定比例，由此来综合评定各模块的成绩。一个完整项目的评价包括多模块的评价结果，一个项目中多模块的成绩总和即可以反映每个学生完成一个项目的实际水平，而所有项目的评定形成最终的专业课成绩。这样，在评价考核内容的选择方面，做到既考核知识又评价能力和素养，是对学生专业能力、方法能力、适应能力和学习过程性等的综合考核评价体系。评价模式符合课程标准的要求，符合企业岗位能力培养的要求，实现了人才培养的目标。

6. 结束语

采用专业知识系统化、课程模式工作过程化、操作步骤规范化、多媒体教学资源库建设和模块课程一体化的课程模式，提高了教学效率，提升了专业教学质量，夯实了学生的职业活动和个人职业生涯发展所需要的综合职业能力。这样的教学实践，才能提升学生自我学习的能力，才能实现学生“顺利就业、适应岗位、开创事业”这一职业发展路径。

编　者

2021 年 2 月

目录

模块一

工具

一、模块作用

车辆维修行业中，传统的“三分工具，七分技术”已经倒过来变成“三分技术，七分工具”。例如，通用售后车间的维修专用工具成本就超过 100 万元以上。4S 店或维修服务店的技术实力非常重要，这是修车质量的一个根本保证。正确地选用工具对汽车维修来说也是非常重要的，但很多维修技术人员不太重视工具的使用方法，使用工具不规范，导致不能顺利地完成维修工作。

二、模块分析

本模块主要学习螺母和螺栓的作用、螺母和螺栓的各部分名称、规定力矩的必要性以及拧紧力矩的感觉、螺母和螺栓的类型、塑性区螺栓以及拧紧方法、塑性以及弹性的概念。通过实践操作，学习如何选择工具；学习每种工具的功能和正确用法。

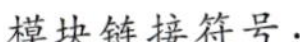
模块链接符号：

动画、视频链接

资料、手册、理论链接

警示

操作指示

模块练习

模块评价

三、模块目标

知识目标　掌握螺母和螺栓的作用
掌握螺母和螺栓的各部分名称、规定力矩的必要性以及拧紧力矩的感觉
掌握螺母和螺栓的类型、塑性区螺栓以及拧紧方法
掌握塑性、弹性的概念

技能目标　学习如何选择工具
学习每种工具的功能和正确用法

四、模块要求

质量要求　熟练掌握操作时根据行进的速度、旋转扭矩的大小、工具的大小和应用、用力强度的工具选择及使用方法
熟练掌握套筒的尺寸、套筒的深度、套筒的钳口类型及使用方法
熟练掌握套筒接合器、万向节、加长杆、旋转手柄、滑动手柄、棘轮手柄的作用及其使用方法
熟练掌握梅花扳手、开口扳手、可调扳手、火花塞套筒、螺丝刀、尖嘴钳、鲤鱼钳、剪钳、锤子、黄铜棒、垫片刮刀、中心冲头、销冲头的作用及其使用方法
熟练掌握冲击式风动扳手、棘轮式风动扳手、充电电动扳手的作用及其使用方法
熟练掌握预置型、板簧式扭矩扳手的作用及其使用方法
掌握根据零件形状、尺寸、工作场地、位置和其他条件选择适合的工具的方法

安全要求　不可将工具用于规定之外的用途，否则工具会损坏，而且零件也会损坏导致工作质量降低
确保在工作部件上正确使用工具，用在工具上的力要恰当，工作姿势也要正确
遵守操作时的个人防护要求

文明要求　遵守工具放置有序，放在容易拿到的位置，使用后放回原来的正确位置的要求
严格坚持工具的维护和管理。工具在使用后立即清洗并在需要的位置涂油。如需要修理就要立即进行，这样工具就可以永远处于完好状态
遵守 5S 规定

时间要求　90 分钟

设备要求　本课程常用工具、设备、仪器

耗材要求

五、模块步骤

第一步　工具
第二步　套筒
第三步　梅花扳手
第四步　开口扳手
第五步　可调扳手
第六步　火花塞套筒
第七步　螺丝刀
第八步　尖嘴钳
第九步　钳子
第十步　锤子
第十一步　黄铜棒
第十二步　垫片刮刀
第十三步　中心冲头
第十四步　销冲头
第十五步　风动、电动工具
第十六步　扭矩扳手

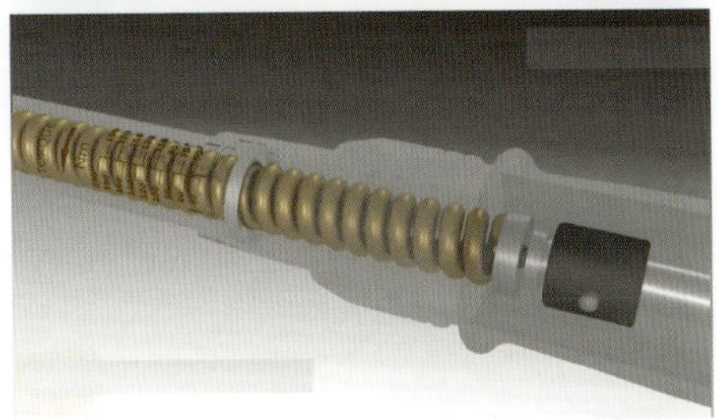

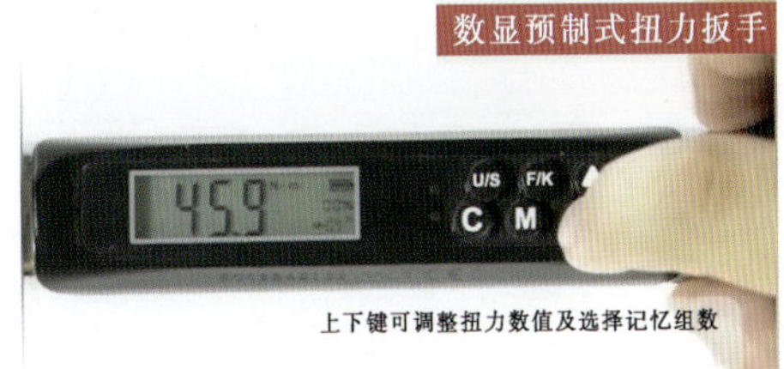

六、模块实施

汽车修理要求使用各种工具。这些工具有特殊的使用方法，只有使用得当才能保证工作安全和准确。

1. 工具

1）选择工具

根据工作的类型选择工具。为拆下和更换螺栓/螺母或拆下零件，汽车修理中普遍使用成套套筒扳手。如果由于工作空间限制不能使用成套套筒扳手，则可按其顺序选用梅花扳手或开口扳手。

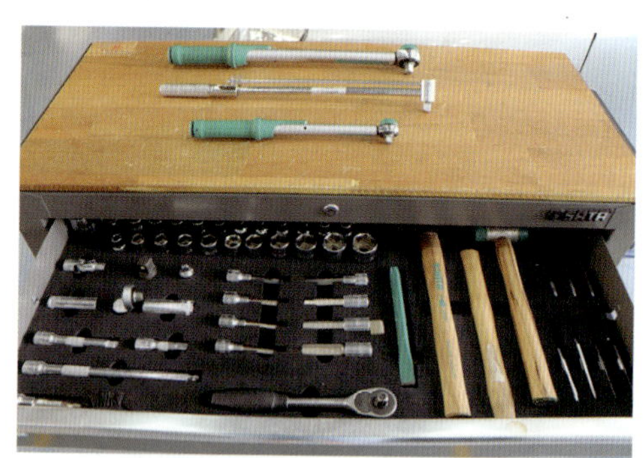

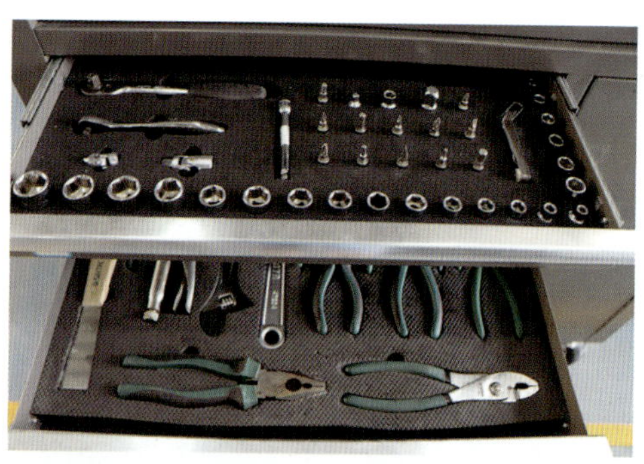

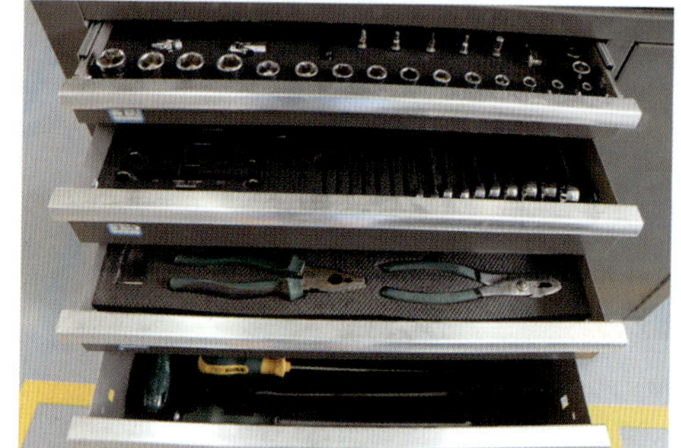

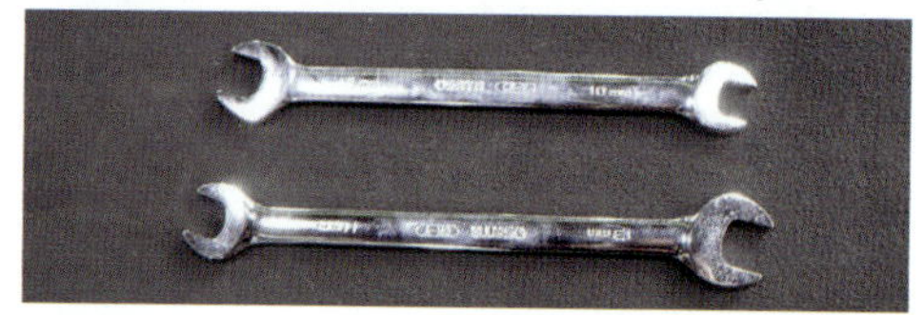

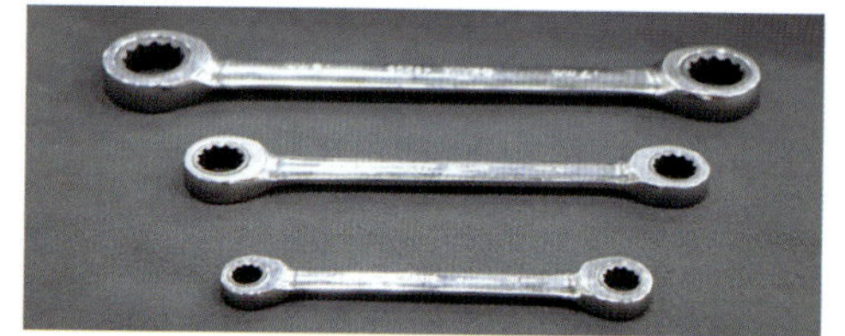

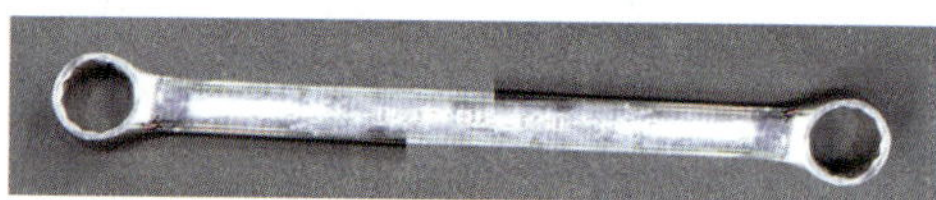

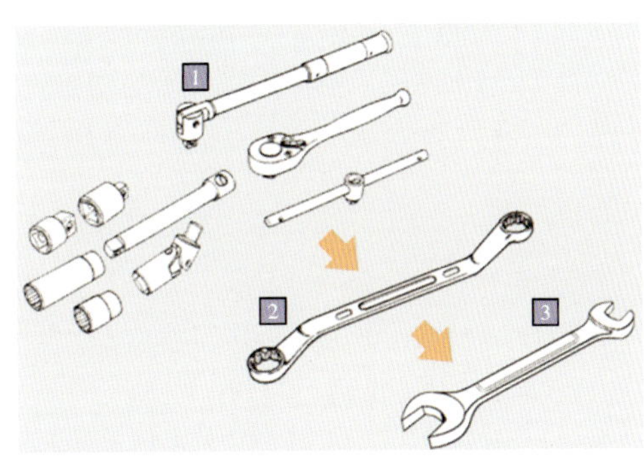

1—成套套筒扳手;2—梅花扳手;3—开口扳手(扳手)

2)根据工作行进的速度选择工具

(1)套筒扳手的用处在于它能旋转螺栓/螺母而不需要重新调整,这样就可以迅速转动螺栓/螺母。

(2)套筒扳手可以根据所装的手柄以各种方式工作。

① 棘轮手柄适合在狭窄空间中使用。然而,由于棘轮的结构,它不可能获得很高的扭矩。

② 滑动手柄要求极大的工作空间,但它能提供最快的工作速度。

③ 旋转手柄在调整好手柄后可以迅速工作。但此手柄很长,很难在狭窄空间使用。

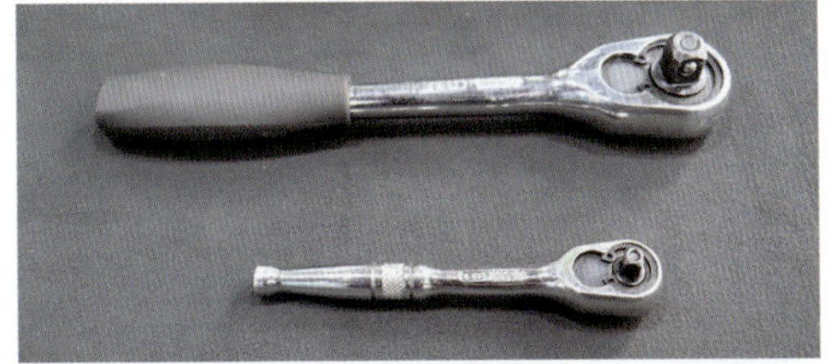

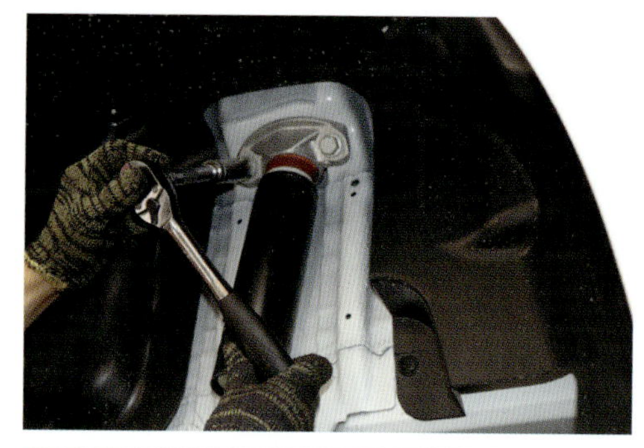

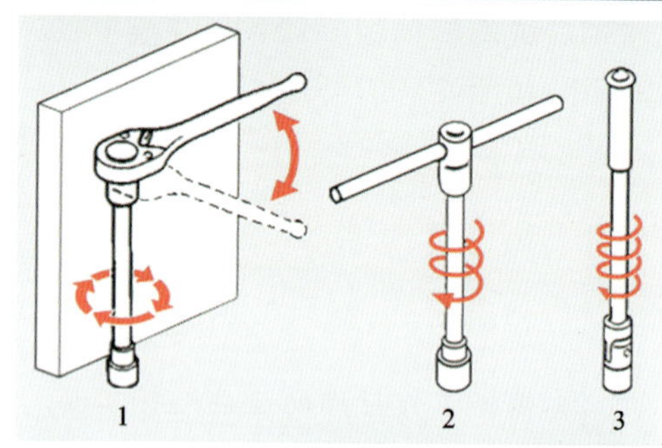

3）根据旋转扭矩的大小选用工具

如果最后拧紧或开始拧松螺栓/螺母需要大扭矩，则使用允许施加大力的扳手。

可以施加的力的大小取决于扳手手柄的长度。手柄越长，用较小的力得到的扭矩就越大。

如果使用了超长手柄，则有扭矩过大的危险，螺栓有可能折断。

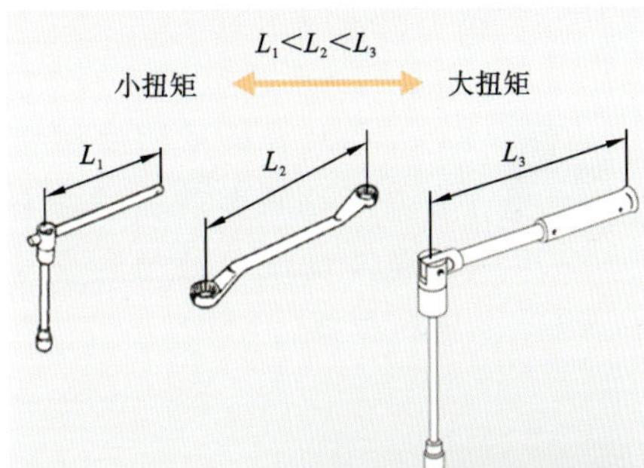

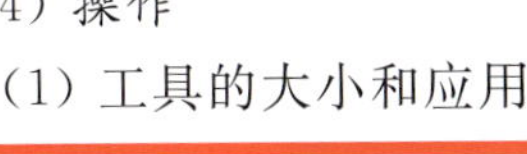
4）操作

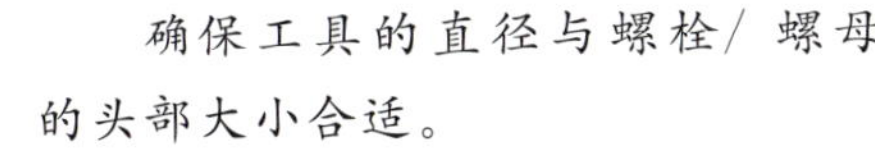
（1）工具的大小和应用。

确保工具的直径与螺栓/螺母的头部大小合适。

使工具与螺栓/螺母完全配合。

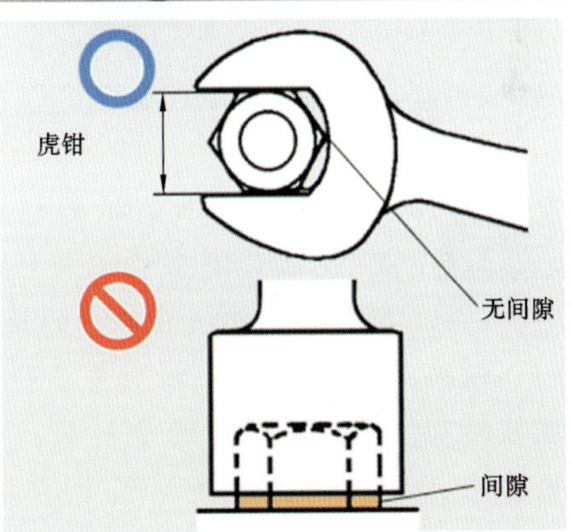

（2）用力强度1。

始终转动工具，以便拉动它。

如果由于空间限制无法拉动工具，则用手掌推它。

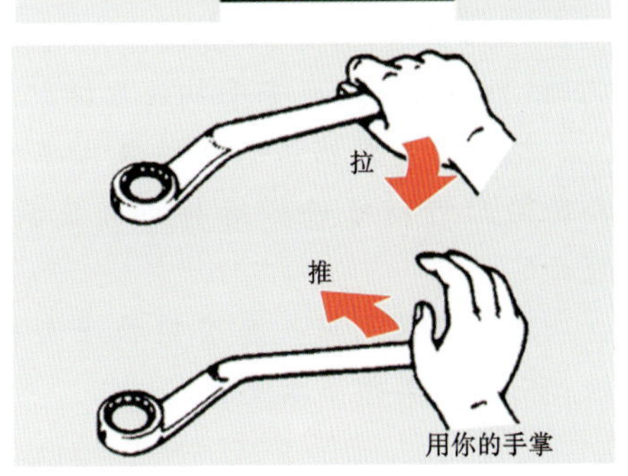

（3）用力强度 2。

已经拧得很紧的螺栓/螺母可以通过施加冲击力轻松松开。但是不能使用锤子和管子（用来加长轴）来增加扭矩。

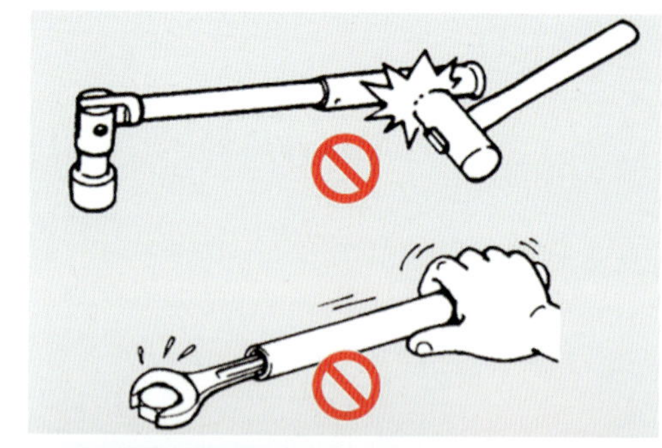

（4）使用扭力扳手。

最后的拧紧始终用扭力扳手来完成，以便将其拧紧到标准值。

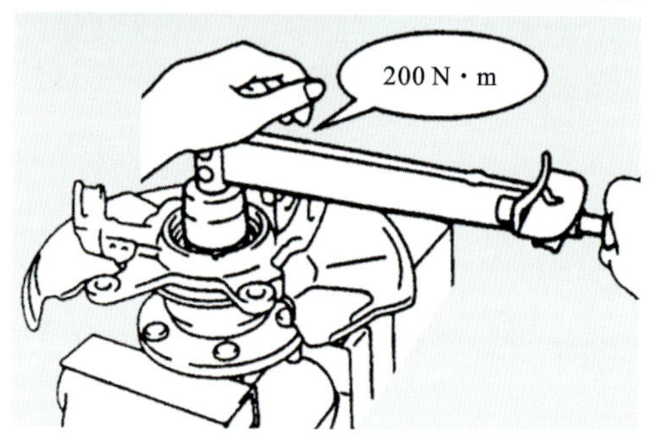

2. 套筒

套筒扳手是拆卸螺栓最方便、灵活且安全的工具。使用套筒扳手不易损坏螺母的棱角。

根据工作空间大小、扭矩要求和螺栓或螺母的尺寸来选用合适的套筒头。套筒呈短管状，一端内部呈六角形或十二角形，用来套住螺栓头；另一端有一个正方形的头孔，该头孔用来与配套手柄的方榫配合。

这种工具根据工作条件装上不同手柄和套筒后可以很轻松地拆下并更换螺栓/螺母。

这种工具利用一套套筒扳手夹持住螺栓/螺母，将其拆下或更换。

1）套筒尺寸

套筒可分为大、中、小三个系列，并以配套手柄方榫的宽度来区分。常见的有 6.3 mm 系列、10 mm 系列和 12.5 mm 系列，如使用英寸表示，则对应为 1/4 in 系列、3/8 in 系列和 1/2 in 系列。大的套筒可以获得比小的套筒更大的扭矩。

2）套筒深度

有两种类型：标准型和深型，后者比标准的深 2～3 倍。较深的套筒可用于螺栓突出的螺帽。

3）套筒钳口

有两种类型：双六角形和六角形的。六角部分与螺栓/螺母的表面有很大的接触面，这样就不容易损坏螺栓/螺母的表面。

除常见的标准套筒外，还有很多特殊套筒，如六角长套筒、六角或十二角花形套筒、风动套筒、旋具套筒等。如头部制成特殊形状的螺栓、螺母，就必须采用专用套筒进行拆卸。

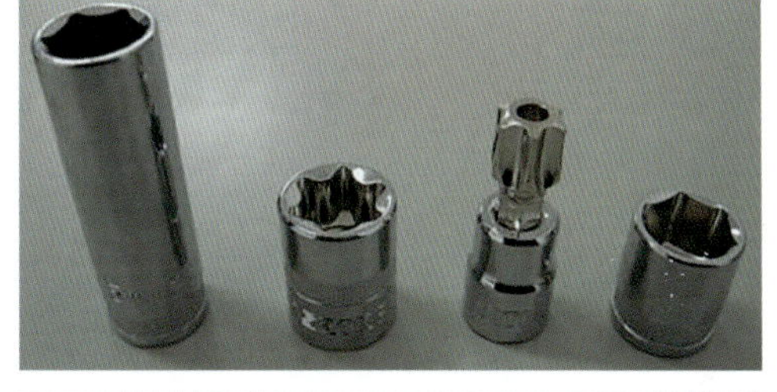

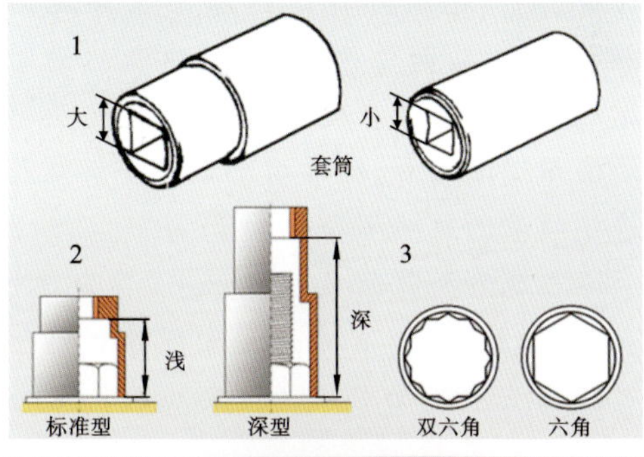

风动套筒专门配套气动冲击扳手使用，如使用普通套筒，气动冲击扳手工作时产生瞬间强力冲击，可能会损坏套筒。

风动专用套筒使用特殊铬钢合金制作，并且在制作工艺上加大壁厚，降低强度，增强韧性，使其能适应恶劣的工作环境。气动冲击扳手的方榫部设计有 O 形锁圈，用来防止套筒在工作时从气动扳手上甩出。

套筒内径形状有六角和十二角（双六角）两种类型。内六角花形套筒与螺栓、螺母的表面接触面大，不易损坏螺栓、螺母表面；十二角花形套筒各角之间只间隔30°，可以很方便地套住螺栓，适合于在狭窄的空间中拆卸螺栓。十二角花形套筒不能拆卸大扭矩或棱边已磨损的螺栓，因为它与螺栓的接触面小，容易损坏螺栓的棱角或出现滑脱产生安全事故。

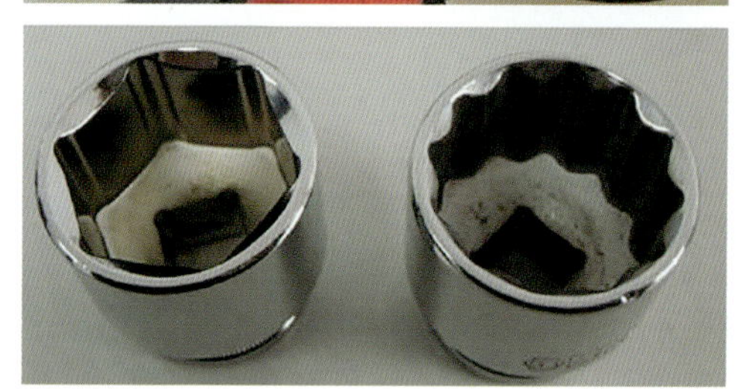

花形套筒是专门用来拆卸花形头螺栓的。在拆卸时，花形套筒可与这种螺栓头实现面接触，并采用曲面结构，在缩小体积的同时可增加拆卸扭矩。在现代车型上，花形头螺栓的使用逐渐增多，经常用于车门安装螺栓或进气歧管的双头螺栓等。

在花形套筒的尺寸标识中，首先是“T”和“E”的区分，然后才是尺寸数字区别。花形旋具头被称为T形（柱头），而花形套筒头被称为E形（沉头）。

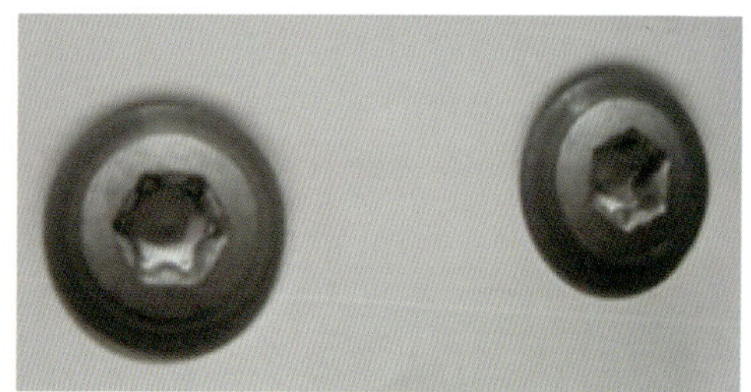

一字旋具套筒；十字形旋具套筒；

内六角旋具套筒；内六花旋具套筒；

米字形旋具套筒；花形旋具套筒。

4）套筒接合器（成套套筒扳手）

用作一个改变套筒方形套头尺寸的连接器。

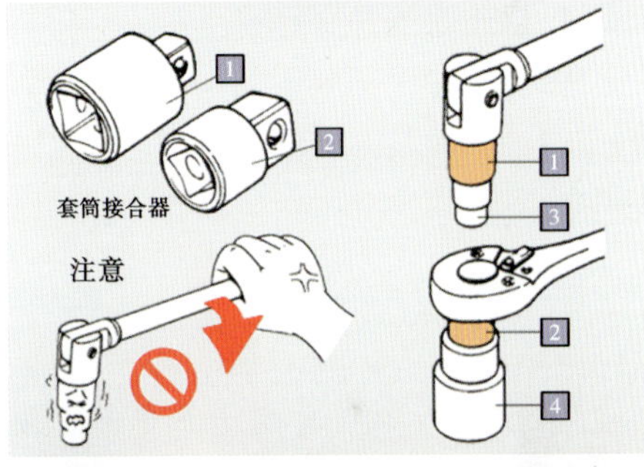

超大力矩会将负载施加在套筒本身或小螺栓上。力矩要根据规定的拧紧极限施加。

1—套筒接合器（大—小）；2—套筒接合器（小—大）；3—小尺寸套筒；4—大尺寸套筒

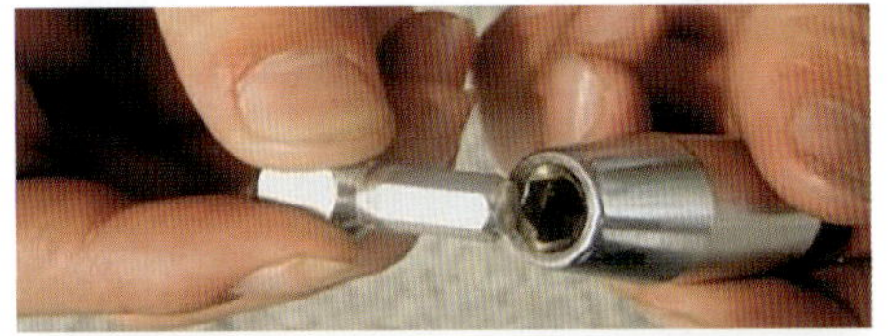

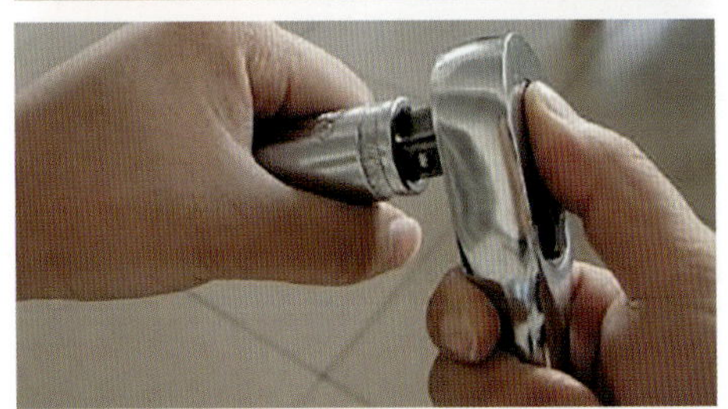

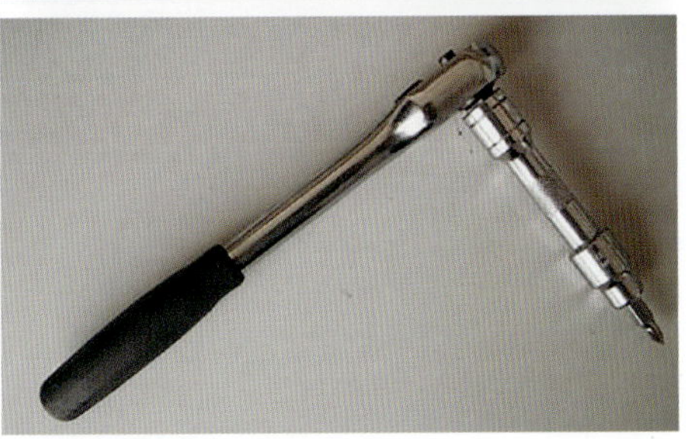

5）万向节（成套套筒扳手）

套筒的方形套头部分可以前后或左右移动，手柄和套筒扳手之间的角度可以自由变化，使其成为在有限空间内工作的有用工具。

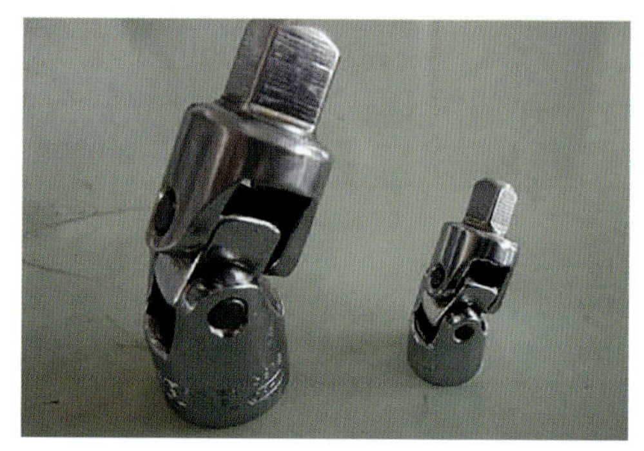

（1）不要使手柄倾斜较大角度来施加扭矩。

（2）勿用于风动工具。球节由于不能吸收旋转摆动而脱开，并造成工具、零件或车辆损坏。

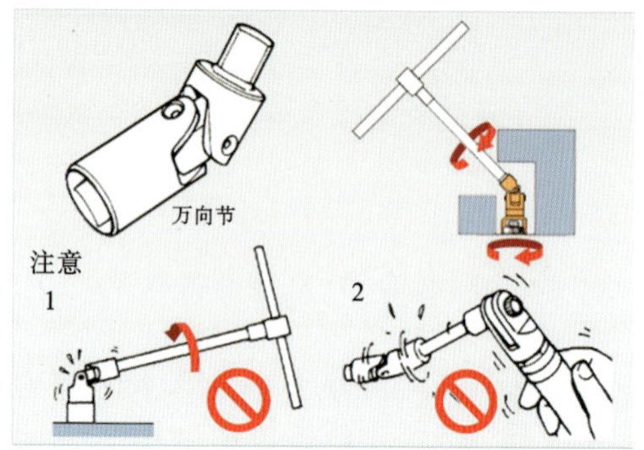

6）加长杆（成套套筒扳手）

（1）可用于拆下和更换装得太深而不易接触的螺栓/螺母。

（2）加长杆也可用于将工具抬离平面一定高度，以便使用。

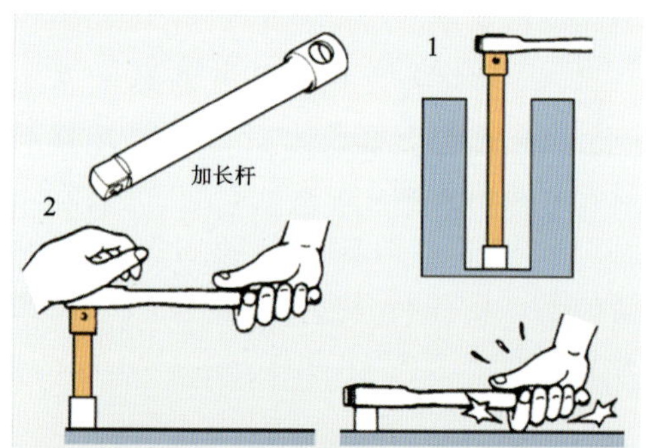

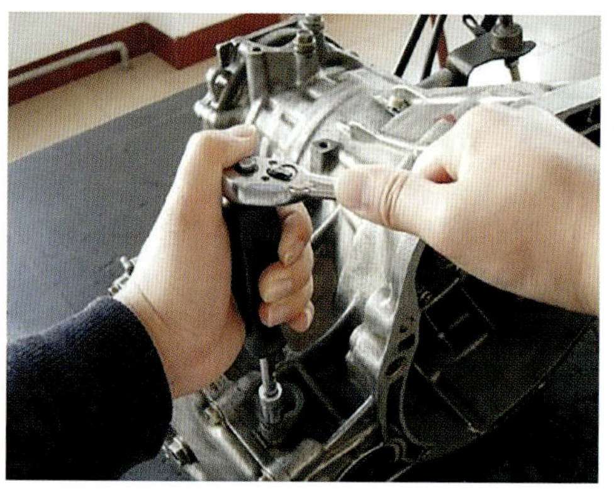

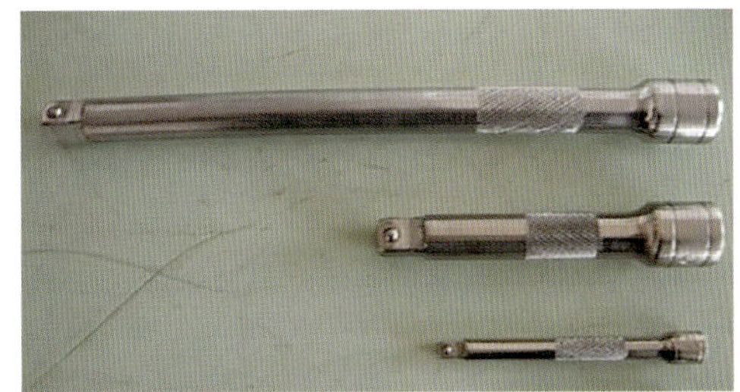

接杆有 7 5 mm、125 mm、150 mm 和 250 mm 等不同长度可供选用，即常说的长接杆和短接杆。使用接杆的主要作用是加装在套筒和配套手柄之间，用于拆卸和更换装得很深，仅凭套筒和手柄无法接触的螺栓、螺母。

另外，在拆卸平面上的螺栓、螺母时，工具会紧贴在操作面上，妨碍正常拆卸，甚至会产生安全事故。

所谓转向接杆，是指普通接杆与套筒连接的方榫部，经过改进再装上套筒后，会产生 10° 左右的偏角，因而使用非常方便。使用时，将套筒向外拔出一点便可使套筒产生偏角。

锁定接杆是指接杆具有套筒锁止功能。也就是说，在使用中再也不用为套筒或万向接头的掉落而烦恼了。操作时按下锁定按钮，然后将套筒套入接杆方榫内，松开锁定按钮后，套筒即被锁止。如再按一次按钮，套筒就可以轻松地取下。此锁止机构操作简单，只需单手操作即可。

禁止把接杆当作冲子使用。汽车维修常用工量具使用中，因为锤子的敲击会使接杆两端的方榫和方孔严重变形。

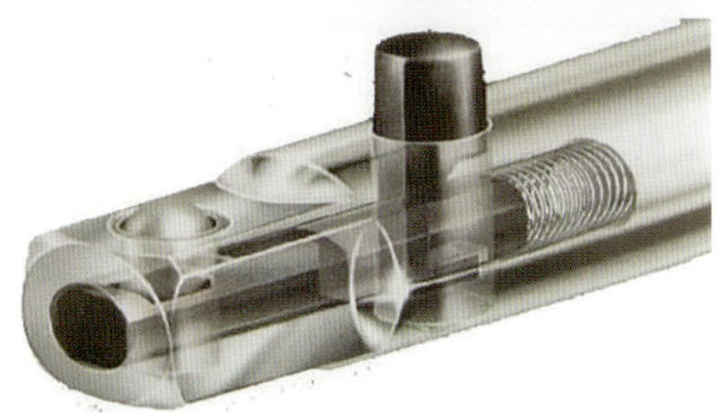

7）旋转手柄（全套套筒扳手）

（1）此手柄用于拆下和更换要求用大力矩的螺栓/螺母。

（2）套筒扳手头部可作铰式移动，这样可以调整手柄的角度使之与套筒扳手相配合。

（3）手柄滑动，允许改变手柄长度。

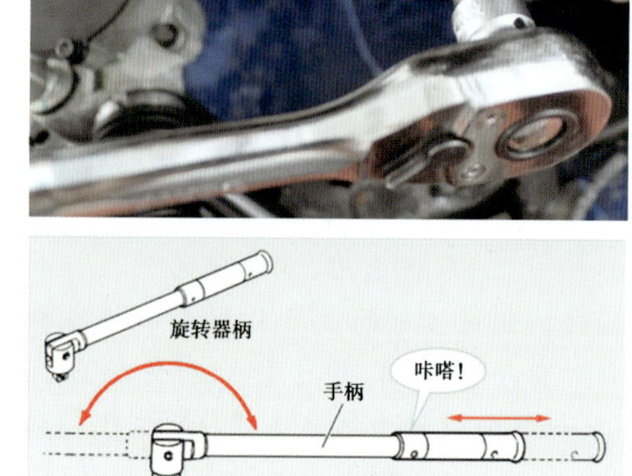

滑移手柄直到其碰到使用前的锁紧位置。如果不在锁紧位置上，手柄在工作时可以滑进滑出。这样会改变技术员的工作姿势并造成人身伤害。

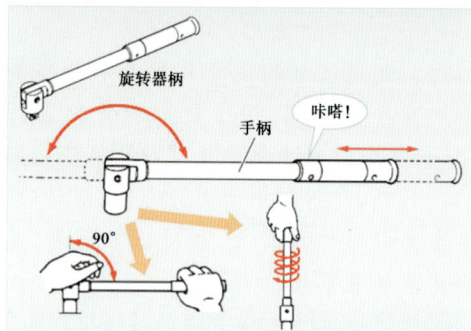

8）滑动手柄（成套套筒扳手）

通过滑动套筒的套头部分，手柄可以有两种使用用法。

（1）L形：改进扭矩。方榫位置在一端，形成L形结构，从而增加力矩，达到拆卸或紧固螺栓的目的，与L形扳手类似。

（2）T形：增加速度。方榫部分在中部位置，形成T形结构，两只手同时用力，可以增加拆卸速度，但要求的工作空间很大。

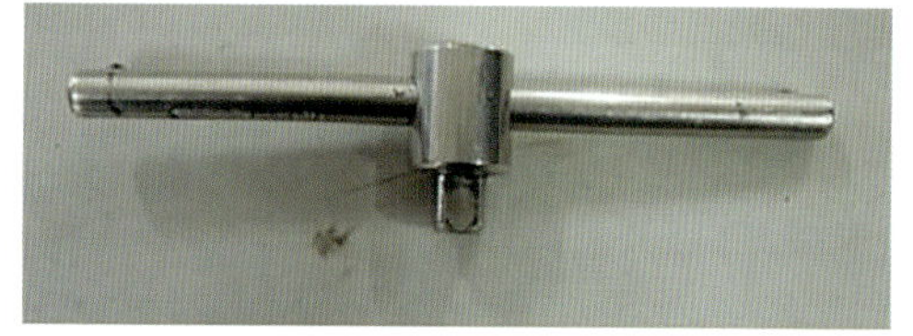

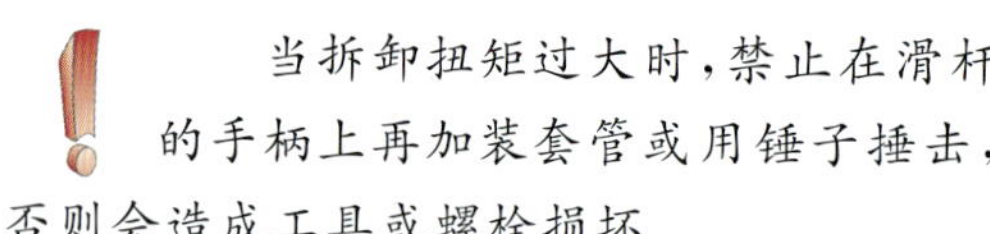

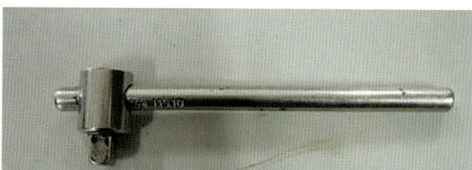

当拆卸扭矩过大时，禁止在滑杆的手柄上再加装套管或用锤子捶击，否则会造成工具或螺栓损坏。

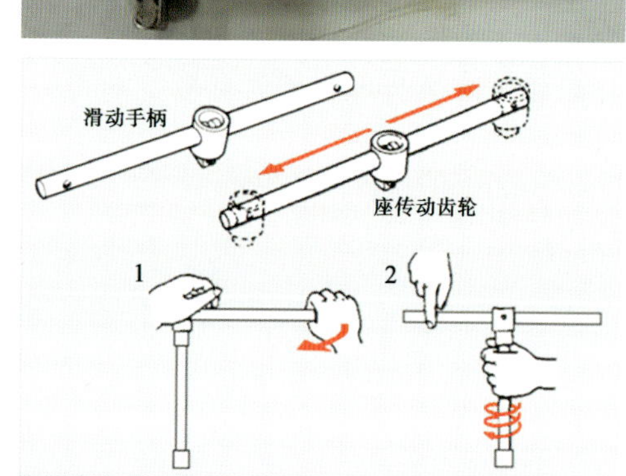

9）棘轮手柄（成套套筒扳手）

棘轮手柄头部设计有棘轮装置，在不脱离套筒和螺栓的情况下，可实现快速单方向的转动。螺栓/螺帽可以不需要使用套筒扳手而单方向转动。

套筒扳手可以以小的回转角锁住，可以在有限的空间中工作。

棘轮手柄是最常见的套筒手柄。套筒手柄是装在套筒上用于扳动套筒的配套手柄，如果没有配套手柄，套筒将无法独立工作。

通过调整锁紧机构可改变其旋转方向：将锁紧机构手柄调到左边，可以单向顺时针拧紧螺栓或螺母；将锁紧机构手柄调到右边，可以单向逆时针松开螺栓或螺母。单手操作转向功能使操作更加方便。

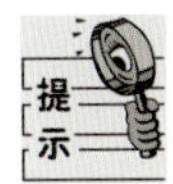

棘轮手柄使用方便但不够结实。不要使用棘轮扳手对螺栓或螺母进行最后的拧紧。另外，严禁对棘轮手柄施加过大的扭矩，否则会损坏内部的棘爪结构。

棘轮扳手设计有套筒锁止及快速脱落功能，只需单手操作，可防止在使用过程中，套筒或接杆脱落。使用时，按下锁定按钮，将套筒头套入棘轮扳手的方榫中，松开锁定按钮，套筒即被锁止，如再次按下锁定按钮，即可解除套筒锁定。

不要施加过大扭矩。这可能损坏棘爪的结构。

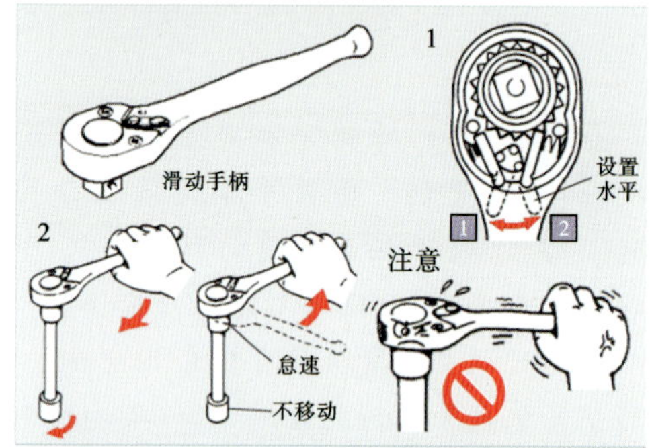

1—拧松;2—拧紧

3. 梅花扳手

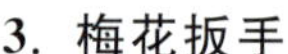

梅花扳手用在补充拧紧和类似操作中，可以对螺栓/螺母施加大扭矩。

(1) 因为扳手钳口是双六角形的，可以容易地装配螺栓/螺母。

(2) 由于螺栓/ 螺母的六角形表面被包住，因此没有损坏螺栓角的危险，并可施加大扭矩。

(3) 由于轴是有角度的，因此可用于在凹进空间里或在平面上旋转螺栓/螺母。

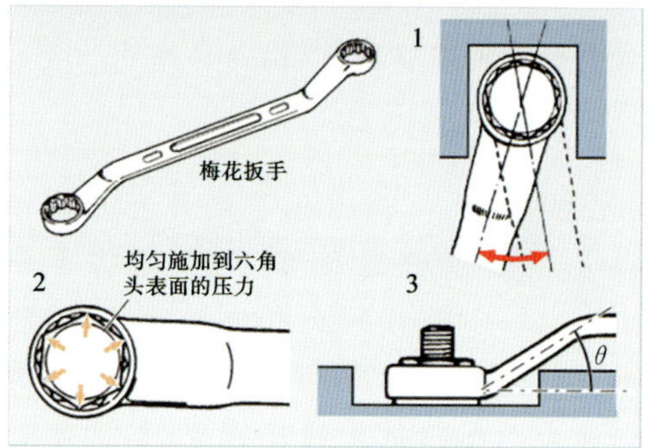

4. 开口扳手

用在不能用成套套筒扳手或梅花扳手拆除或更换螺栓/螺母的位置。

(1) 扳手钳口以一定角度与手柄相连。这意味着通过转动开口扳手(扳手),可在有限空间中进一步旋转。

(2) 为防止相对的零件也转动,如在拧松一根燃油管时,用两个开口扳手去拧松一个螺母。

(3) 扳手不能提供较大扭矩,由此不能用于最终拧紧*。

* 最终拧紧:最终拧紧螺栓/螺母。

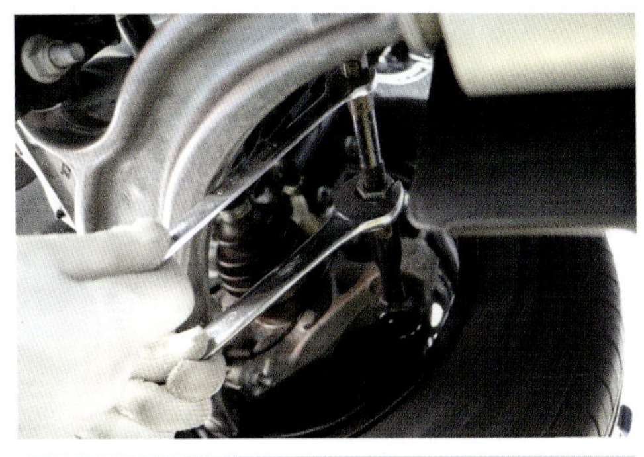

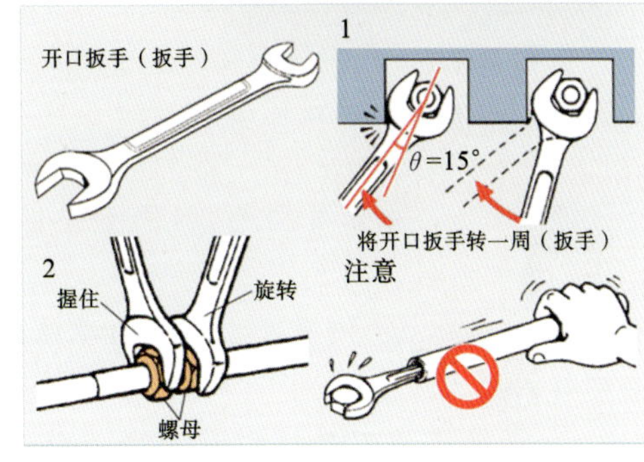

不能在扳手手柄上接套管,这会造成超大扭矩,损坏螺栓或开口扳手(扳手)。

5. 可调扳手

适用于尺寸不规则的螺栓/螺母。

☆旋转调节螺丝改变孔径。一个可调扳手可用来代替多个开口扳手(扳手)。

☆不适于施加大扭矩。

转动调节螺杆,使孔径与螺栓/ 螺母头部配合完好。

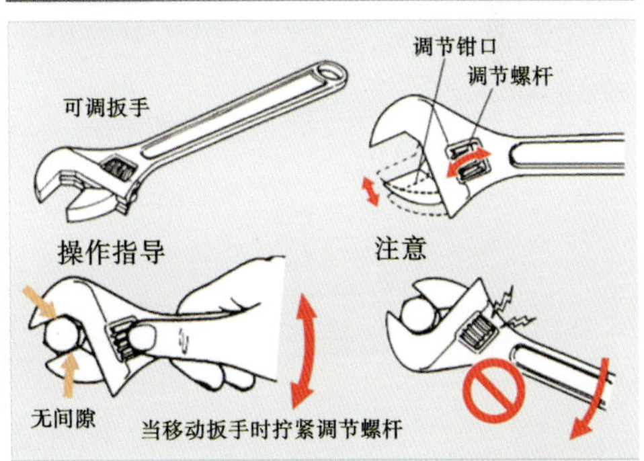

使调节钳口在旋转方向上来转动扳手。如果不用这种方法转动扳手,则压力将作用在调节螺杆上,使其损坏。

6. 火花塞套筒

☆此工具专用于拆卸及更换火花塞。

☆有大、小两种尺寸,要配合火花塞尺寸。

☆扳手内装有一块磁铁,用以保持住火花塞。

(1) 磁性可保护火花塞,但仍要小心,不要使其坠落。

(2) 为确保火花塞正确地插入,首先要用手仔细地旋转它。

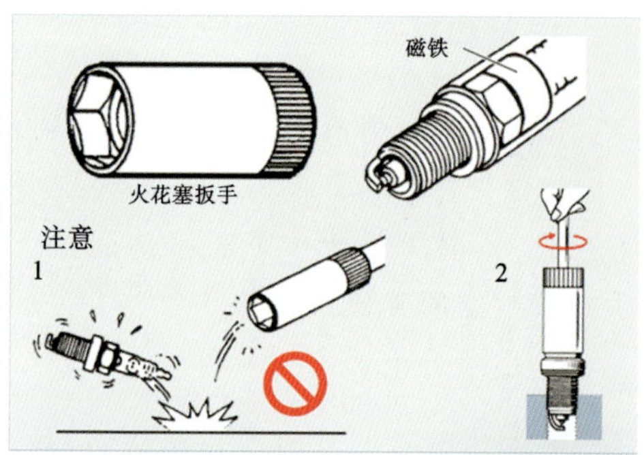

7. 螺丝刀

(1) 用于拆卸和更换螺钉。

分正负型号,取决于尖部的形状。

① 使用尺寸合适的螺丝刀,与螺钉的槽大小合适。

② 保持螺丝刀与螺钉尾端成直线,边用力边转动。

切勿用锂鱼钳或其他工具过度施加扭矩。这可能刮削螺钉的凹槽或损坏螺丝刀尖头。

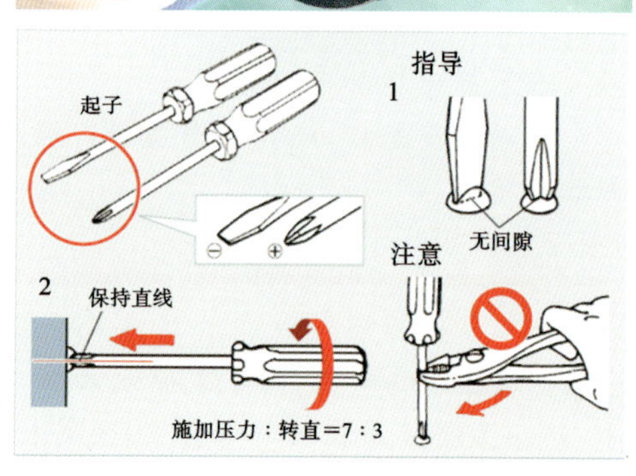

(2) 按照用途选择螺丝刀。

虽然普通螺丝刀使用最为频繁,但以下型号的螺丝刀也在不同用途中得以使用。

A 穿透螺丝刀:用于上紧固定螺钉。

B 短柄螺丝刀:可用在有限的空间内拆卸并更换螺钉。

C 方柄螺丝刀:可用在需要大扭矩的地方。

D 精密螺丝刀:可用于拆卸并更换小零件。

1—尾端全部穿透手柄;

2—尾端是方的

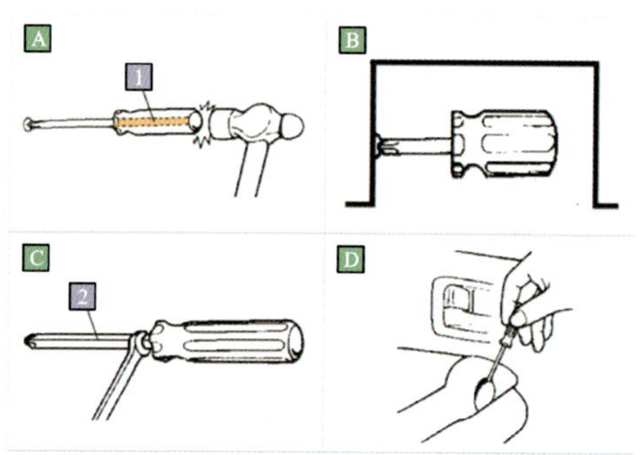

8. 尖嘴钳

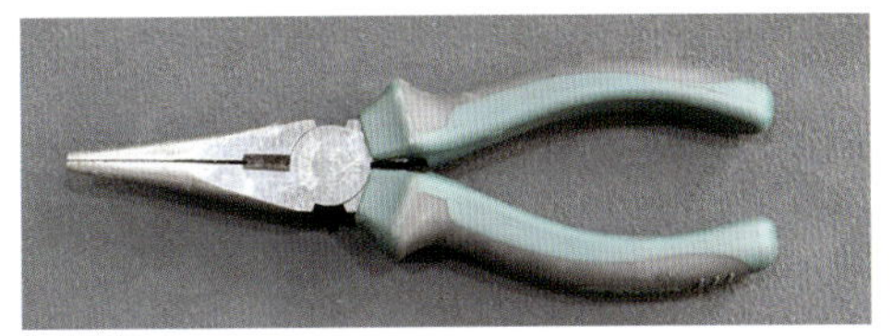

用在密封的空间里操作或夹紧小零件。

☆钳子是长而细的，使其适于在密封空间里使用。

☆包括一个朝向颈部的刀片，可以切割细导线或从电线上去掉绝缘层。

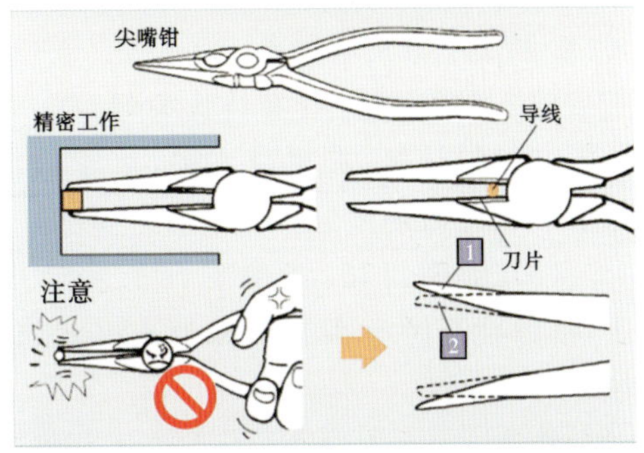

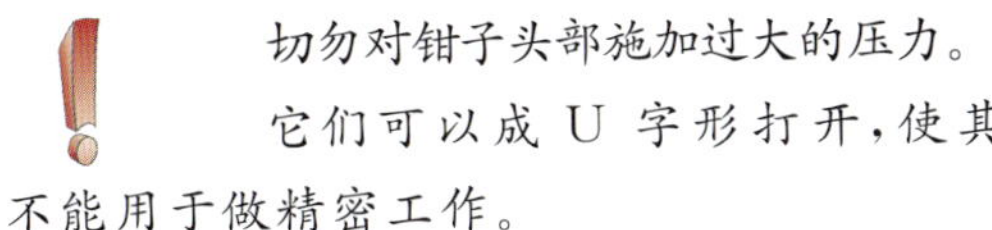

切勿对钳子头部施加过大的压力。

它们可以成 U 字形打开，使其不能用于做精密工作。

1—变形；2—变形前

9. 钳子

1）鲤鱼钳

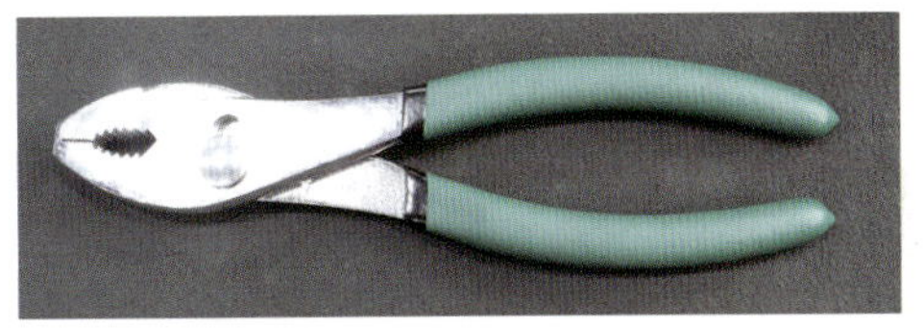

用以夹东西。

☆改变支点上的孔的位置使钳口打开的程度可以调节。

☆可用钳口夹紧或拉动。

☆可在颈部切断细导线。

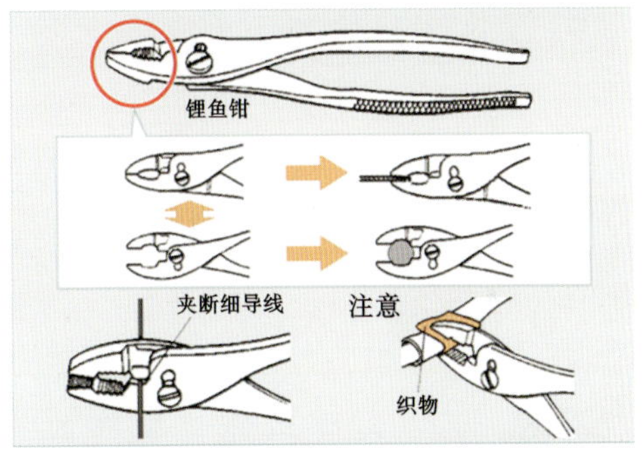

在用钳子夹紧前，须用防护布或其他防护罩遮盖易损坏件。

2）剪钳（钳子）

用于切割细导线。

由于刀片尖部为圆形，它可用以切割细线，或者选择所需的线从线束中切下。

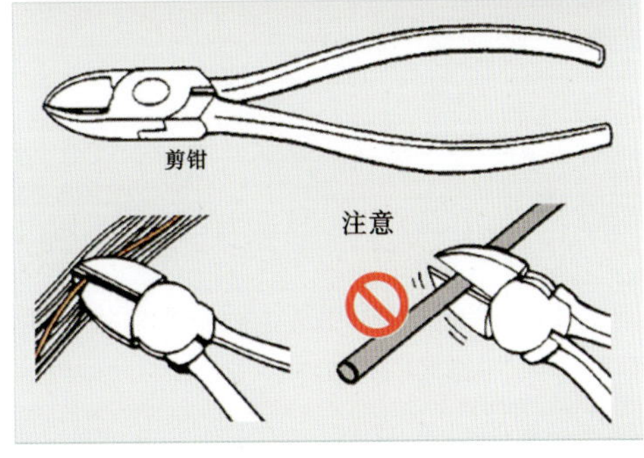

不能用于切割硬的或粗的线。这样做会损坏刀片。

10. 锤子

可通过敲击来拆卸和更换零件,并且根据声音来测试螺栓的松紧度。有以下类型可供使用,它取决于应用或材料。

(1) 球头销锤子:有铸铁头部。

(2) 塑料锤:有塑料头部,用于必须避免撞坏物件的地方。

(3) 检修用锤:用带有细长柄的小锤子,根据敲击时的声音和振动来测试螺栓/螺母的松紧度。

指导:

(1) 通过直接敲击打进去。例如,用以拆卸和更换销子。

(2) 通过直接敲击拆卸。例如,用以分开盖和壳体。

(3) 通过间接敲击拆卸。

轻轻地敲击螺栓。例如,用以检查螺栓的松紧度。

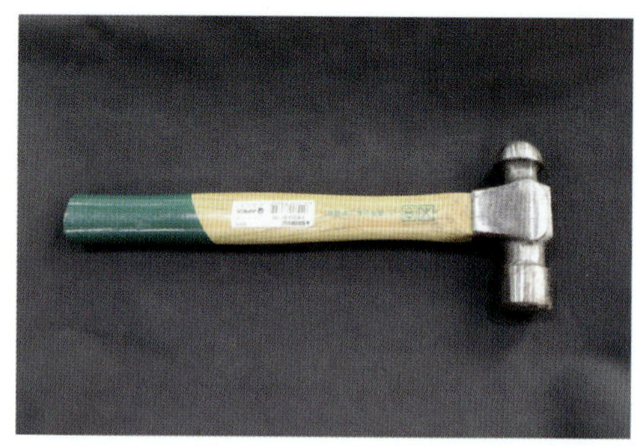

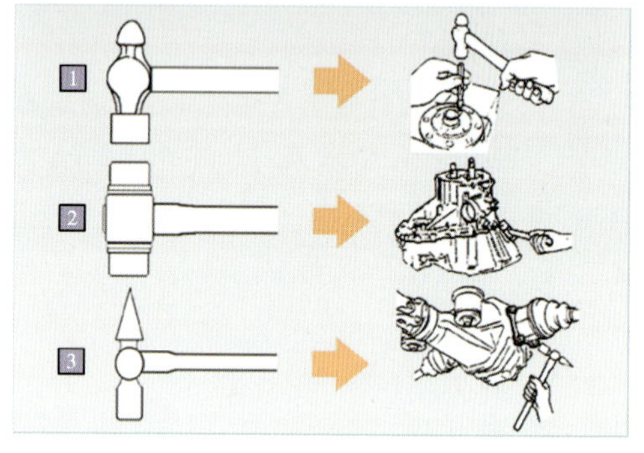

11. 黄铜棒

☆防止锤子损坏的支撑工具。

☆用黄铜制成,所以不会损坏零件(因为零件变形前它将会变形)。

如果尖头变形,则用磨床研磨。

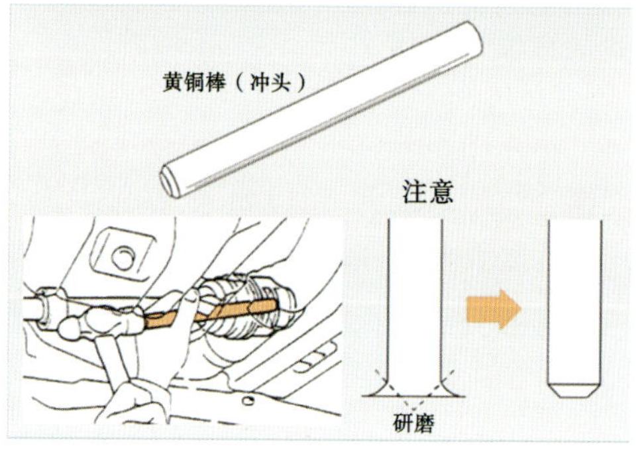

12. 垫片刮刀

用于拆卸气缸盖垫片、液态密封剂、胶黏物以及表面上的其他东西。

刮的效果取决于刀片方向：

(1) 由于刀刃切入垫片，刮的效果会更好些，但是容易刮到表面。

(2) 刀刃未很好地切入垫片，意味着难以获得整齐的效果，但是被刮的表面未被损坏。

当使用在易于破损的表面上时，刮刀应包裹塑料带(除刀片外)。

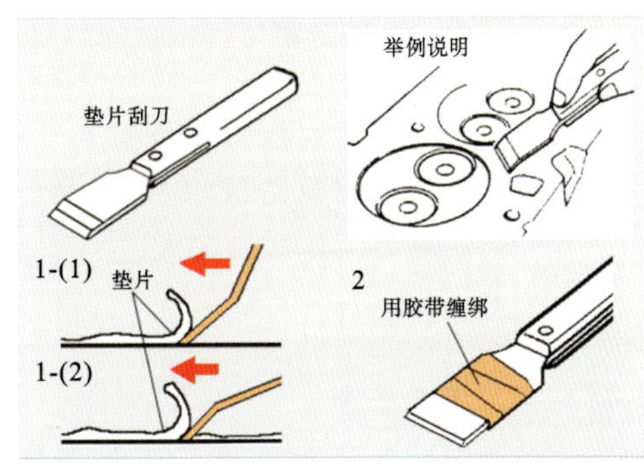

切勿把手放在刀片前，因为刀片可能会伤害你。

切勿在磨床上把刀片磨得太快。经常在油石上磨刀片。

13. 中心冲头

用以给零件作标记。

刀刃淬火硬化。

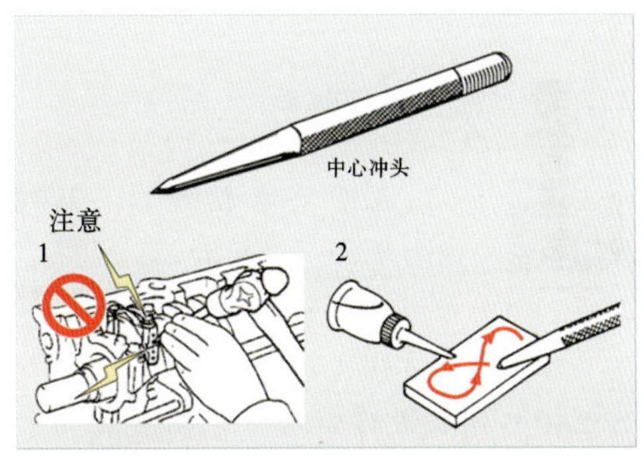

(1) 作标记时切勿用力太重。

(2) 刀刃用油石来保养。

14. 销冲头

☆用于拆卸和更换销子并调节销子。

☆冲头尖端已淬火硬化。

☆冲头尖端的两个尺寸与所有销配合。

☆装一个橡胶缓冲垫，确保在敲击时零件不会损坏。

指导：

☆对销子垂直用力。

☆也可以将橡胶缓冲垫覆盖在冲头和销上，并且边用力边固定销。

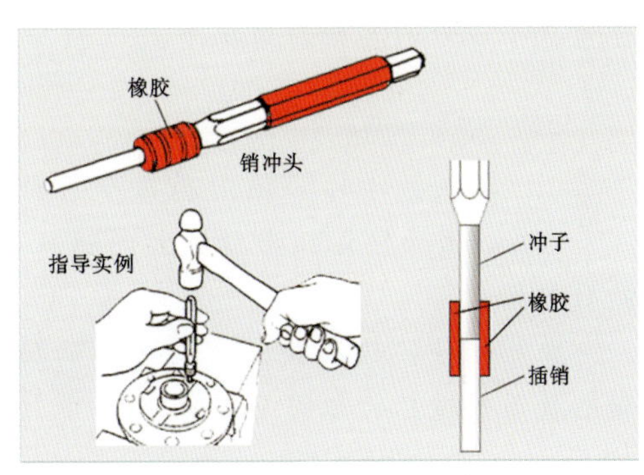

15. 风动、电动工具

风动工具使用压缩空气,并用于拆卸和更换螺栓/螺母。它们能使工作很快完成。

操作警告:

(1) 永远在正确的气压下使用(正确值:686 kPa (7 kg/cm^2))

(2) 定期检查风动工具并用风动工具油润滑和防锈。

(3) 如果用风动工具从螺丝上完全取下螺母,则旋转力可使螺母飞出。

(4) 往往先用手将螺母对准螺钉。如果一开始就打开风动工具,则螺纹会被损坏。注意不要拧得过紧,使用较小的力拧紧。

(5) 最后,使用扭矩扳手检查紧固扭矩。

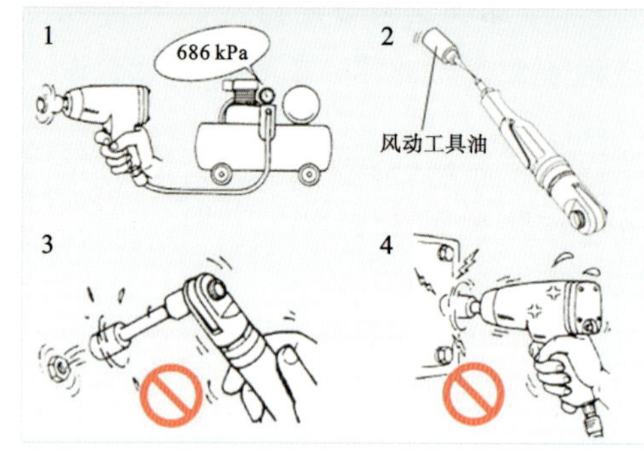

1) 冲击式风动扳手

用于要求较大扭矩的螺栓/螺母。

(1) 扭矩可调到 4～6 级。

(2) 旋转方向可以改变。

(3) 与专用的套筒扳手结合使用。专用的套筒扳手经过专门加工,其特点是能防止零件从传动装置上飞出。切勿使用专用套筒扳手以外的其他套筒扳手。

在操作时必须用两只手握住工具。因为按按钮会释放大的扭矩,可能引起振动。

扭矩调整按钮和旋转方向按钮的位置和形状因制造厂的不同而不同。

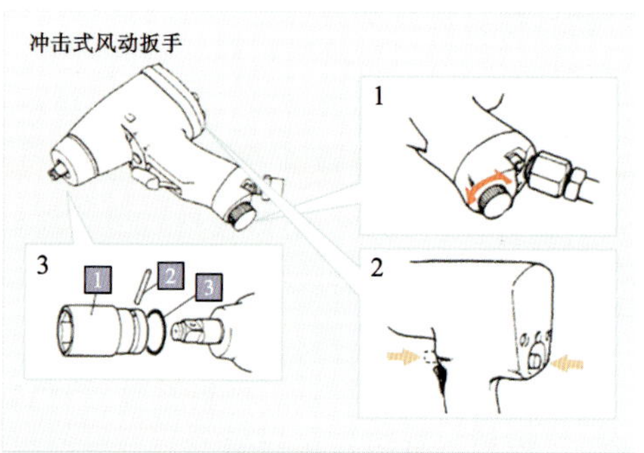

1—专用套筒;2—销;3—O 形圈

2）棘轮式风动扳手

用于不需要大扭矩的螺栓/螺母的快速拆卸和更换。

（1）可改变旋转方向；

（2）可与套筒、加长杆等结合使用；

（3）在没有压缩空气的情况下使用时，其使用方法与棘轮扳手相同；

（4）不能调整扭矩。

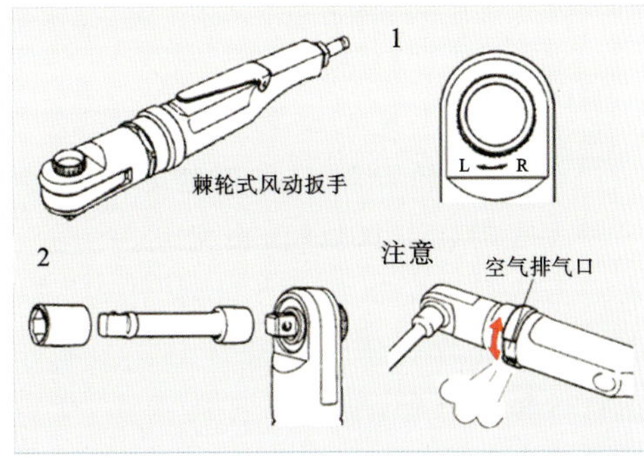

确保排风口不会对着螺栓、螺母、小零件、机油或废物。

3）充电电动扳手

充电电动扳手可分为扭矩不可调和扭矩可调两种，用于要求较大扭矩的螺栓/螺母。扭矩不可调充电电动扳手有各种扭力规格。

（1）旋转方向可以改变。

（2）与专用的套筒扳手结合使用。专用的套筒扳手经过专门加工，其特点是能防止零件从传动装置上飞出。切勿使用专用套筒扳手以外的其他套筒扳手。

扭矩不可调
充电电动扳手

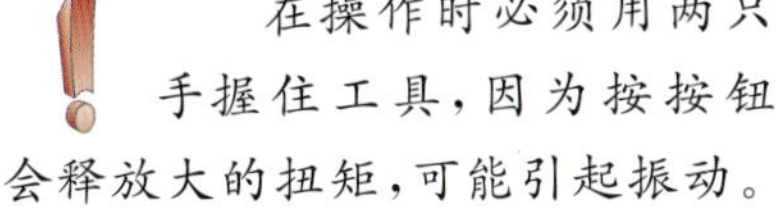

在操作时必须用两只手握住工具，因为按按钮会释放大的扭矩，可能引起振动。

扭矩调整按钮和旋转方向按钮的位置和形状因制造厂的不同而不同。

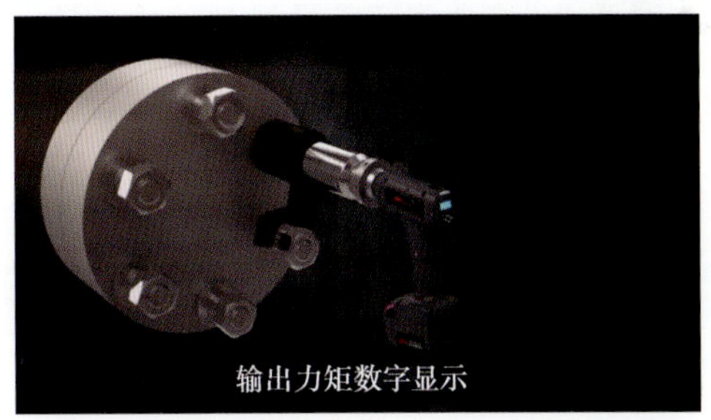
输出力矩数字显示

16. 扭矩扳手

用以拧紧螺栓/螺母达到规定的扭矩。

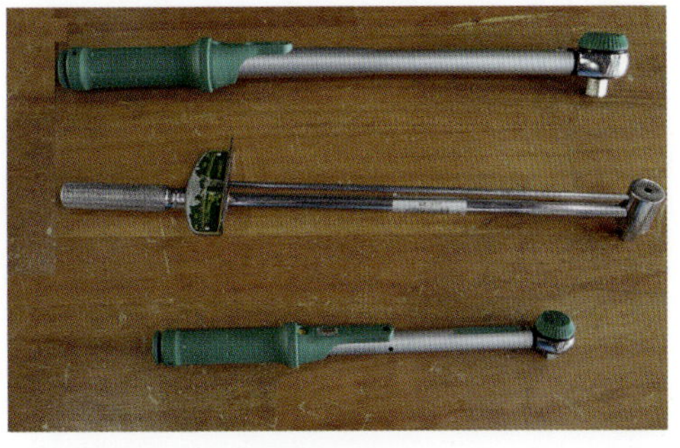

1）预置型

通过旋转套筒可预设所要求的扭矩。当螺栓在这些条件下拧紧达到设定扭矩时，会听到“咔嗒”声，表明已达到规定扭矩。当听到“咔嗒”声后，立即停止旋力以保证扭矩正确。当扳手设在较低扭力值时，警告声可能很小，所以应特别注意。预置力式扭力扳手刻度的读取与外径千分尺的类似。

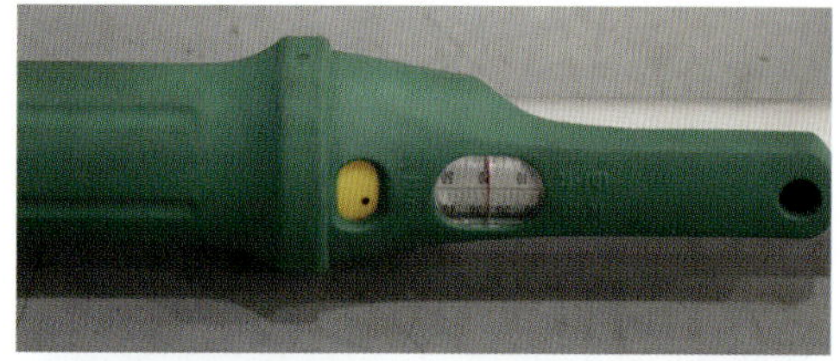

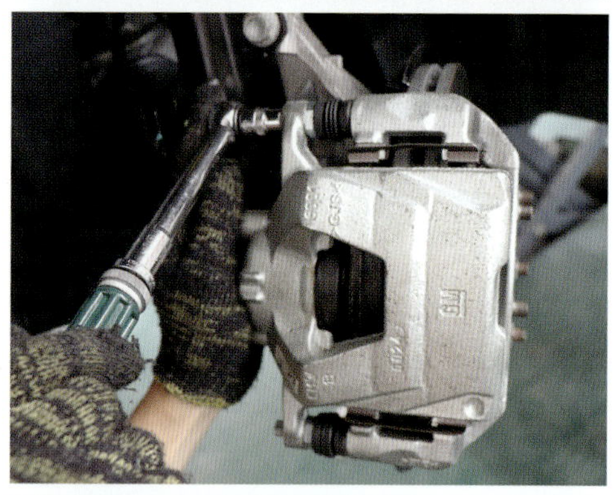

2）板簧式

（1）标准式。

转矩扳手通过弯曲梁板，借助作用到旋转手柄上的力进行操作，此梁由钢板弹簧制成。作用力可通过指针和刻度读出，以便取得规定的扭矩。指针式扭力扳手结构相对比较简单，它有一个刻度盘，当紧固螺栓时，扭力扳手的杆身在力的作用下发生弯曲，这样就可以通过指针的偏转角度大小表示螺栓、螺母的旋转程度，其数值可通过刻度盘读出。汽车维修中常用扭矩扳手的规格为 300 N·m。使用指针式扭力扳手时，应注意左手在握住扳手与套筒连接处时，不要碰到指针杆，否则会造成读数不准。

（2）小扭矩最大值约 0.98 N·m，用于测量预负荷。用其他扳手在扭矩扳手拧紧前预先拧紧*，这样工作效率高。如果从一开始就用扭矩扳手拧紧，则工作效率较低。

*预先拧紧：在最终拧紧前，暂时拧紧螺栓/螺母。

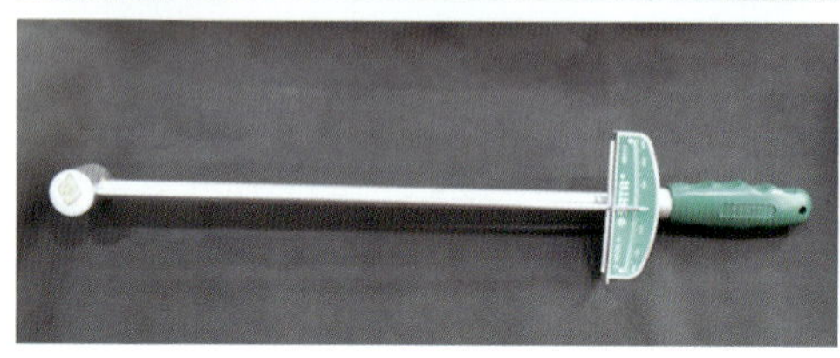

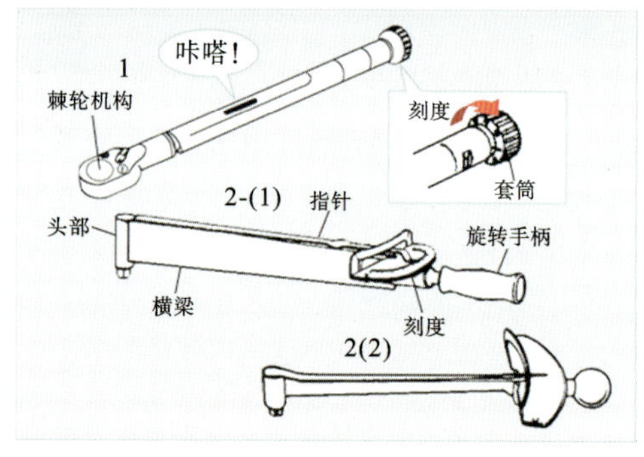

① 如果拧紧几个螺栓，在每个螺栓上均匀施加扭力，重复2～3次。

② 如果专用维修工具与转矩扳手一起使用，则要按照修理手册中的说明计算扭矩。

(3) 板簧式的使用注意事项：

① 使用到扭矩扳手上刻度的50%～70%量程，以便施加均匀的力；

② 不要用力太大使手柄接触到杆。如果压力不是作用在销上，则不能获得精确的扭矩测量值。

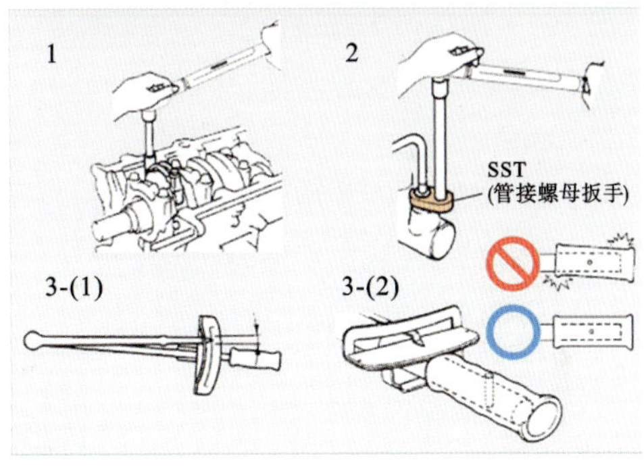

(4) 在使用扭力扳手拧紧时要用左手握住套筒，并保持扭力扳手的方榫部及套筒垂直于紧固件所在平面；右手握紧扭力扳手手柄，向自己这边扳转。禁止向外推动工具，以免滑脱而造成身体伤害。拧紧螺栓、螺母时，不能用力过猛，不可施加冲击扭力。当旋紧阻力不断增加时，旋转的速度应相应放缓，以免损坏螺纹。当扭力过大时，禁止在扭力扳手的手柄上再加装套管或用锤子捶击。

(5) 切勿在达到预置扭力后继续施力，如继续施力，会使扭力大大超出预设值，除对扳手造成严重损害外，还会损坏螺栓、螺母。

扭矩计算：

带有加长工具的扭矩扳手的拧紧扭矩：

(1) 接上加长工具可以增加扭矩扳手的有效长度。如果使用这种组合来拧紧螺栓/螺母，直到在扭矩扳手上读出规定扭矩，那么实际扭矩会超过规定的拧紧扭矩。

(2) 除了规定的拧紧扭矩外，修理手册列出典型的扭矩扳手的T'读数。如果没有同类型的扭矩扳手，通过计算公式可取得扭矩扳手的读数。

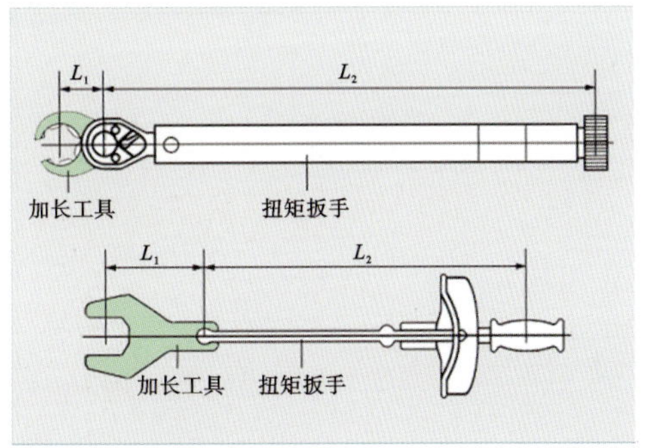

(3) 举例说明修理手册中一些值。

标准值：

T=80 N·m (816 kgf·cm)(规定拧紧扭矩)

T'=65 N·m (663 kgf·cm)(带有加长工具的扭矩扳手 1300 F 读数)

(4) 公式：$T'=T\cdot L_2/(L_1+L_2)$

式中：T'为带有加长工具的扭矩扳手读数，N·m(kgf·cm)；

T 为规定的拧紧扭矩，N·m(kgf·cm)；

L_1 为加长工具的长度，cm；

L_2 为扭矩扳手的长度，cm。

17. 清洁整理工作现场

整理、整顿、清扫、清洁。

七、模块练习

要求：完成练习。

八、模块评价

过程、结果评价。

模块二

举升装置

一、模块作用

汽车举升机是汽车维修企业的常用设备之一，给修理工作带来极大的方便。它能将施修的汽车进行举升，使其离开地面一定高度，以便维修技术人员能在车下以舒适的姿势进行各项工作。

举升机的种类很多，不同种类的举升机在结构、功能等方面是有差异的。应首先根据实际使用状况和使用要求选择举升机，并合理正确使用举升机。

千斤顶在车辆修理时主要起着起重、支撑等作用，其起重高度小于1 m，是一种用钢性顶举件作为工作装置，通过顶部托座或底部托爪在行程内顶升重物的简单的起重设备。

二、模块分析

本模块主要学习汽车举升机的类型；认识各种汽车举升机的作用、结构和工作过程；掌握千斤顶的作用、结构和工作原理；理解马凳的作用和使用方法。通过实践操作，会操作各种类型的汽车举升机；使用各种千斤顶顶升、降下车辆；使用马凳配合各种千斤顶举升、支撑汽车。

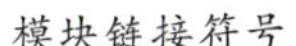

模块链接符号：

 动画、视频链接

 资料、手册、理论链接

 警示

操作指示

模块练习

模块评价

三、模块目标

知识目标	掌握汽车举升机的类型 认识各种汽车举升机的作用、结构和工作过程 掌握千斤顶的作用、结构和工作原理 理解马凳的作用和使用方法
技能目标	操作各种类型的汽车举升机 使用各种千斤顶顶升、降下车辆 使用马凳配合各种千斤顶举升、支撑汽车

四、模块要求

质量要求	熟练操作各种类型的汽车举升机举升、降下车辆 熟练使用各种千斤顶顶升、降下车辆 会使用马凳配合各种千斤顶举升、支撑汽车
安全要求	举升车辆时，车辆低速平稳地驶入举升平台正中央，将挡位挂入空挡，松开手制动 遵守车辆的举升支点位置的规定 在升降过程中，随时注意举升机及车辆的升降情况 遵守举升、顶起和降下车辆时，排除周围障碍物，举升机平台和周围不能站人，检查举升机两边同步上升、下降的安全要求 遵守对举升机进行锁止、解锁操作的安全要求 遵守千斤顶顶升吨位不同而不超限使用的规定 遵守使用马凳的安全要求
文明要求	遵守5S规定 遵守废物归类的要求
时间要求	135分钟
设备要求	(1) 四柱式举升机、摇臂式双柱举升机、平板式举升机、千斤顶、马凳
耗材要求	(2) 雪佛兰科鲁兹车辆

五、模块步骤

第一步	汽车举升机
第二步	千斤顶、马凳

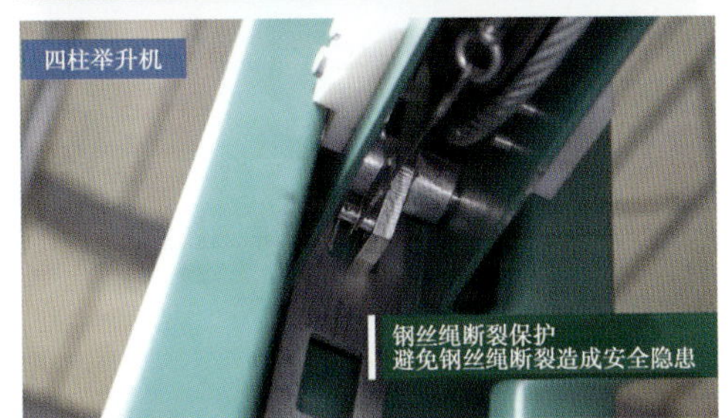

六、模块实施

1. 汽车举升机

将车辆抬高以便技术人员能在车下以舒适的姿势工作。举升机有三种类型，具有不同的升降功能、支承柱和支承方法。

(1) 板条型，包括小剪举升机和大剪举升机。小剪举升机和大剪举升机按照安装方式可分为地藏式、地面安装式，小剪举升机还有移动式。

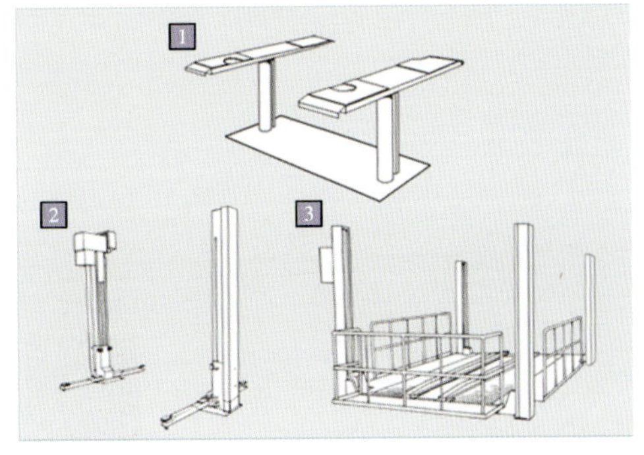

（2）双柱摆臂型，按安装方式可分为地藏式、地面安装式。普通式双柱举升机设计主要包括举升装置的设计、立柱的设计、支撑机构的设计、平衡机构的设计及保险机构的设计。额定举升载荷一般不超过 4 t。

（3）四柱提升型，按汽车被举升的部位可分为车桥举升式、车架举升式和车轮举升式。

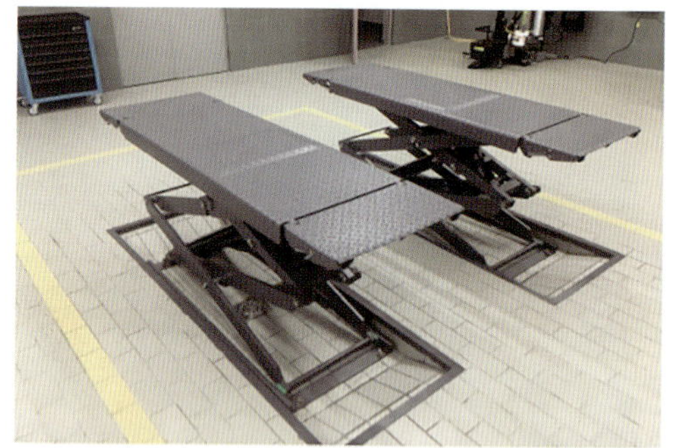

柱子
托底
电机

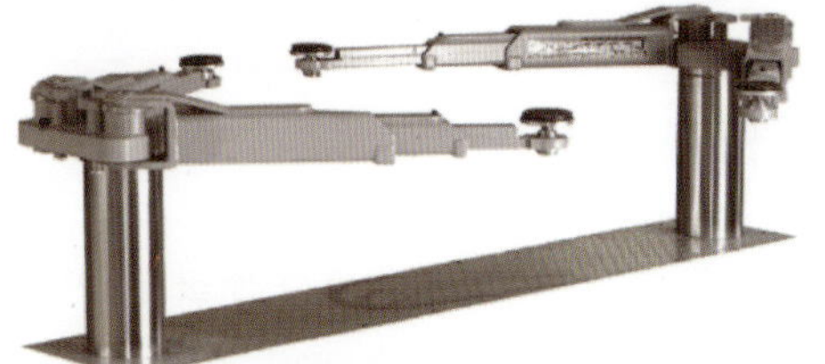

brembo

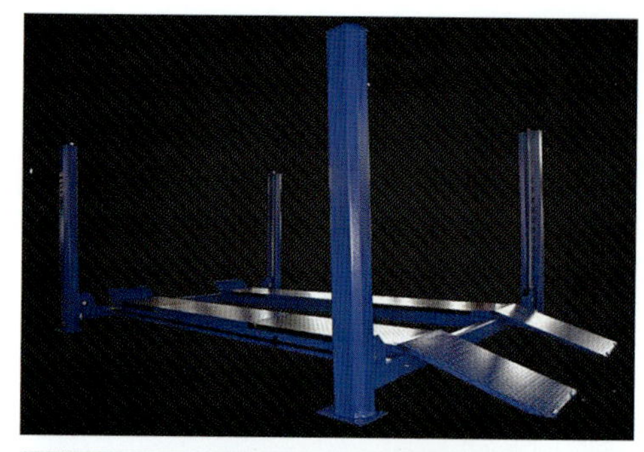

1）操作

（1）把车辆置于举升机中心。

1—起吊中心　2—重心

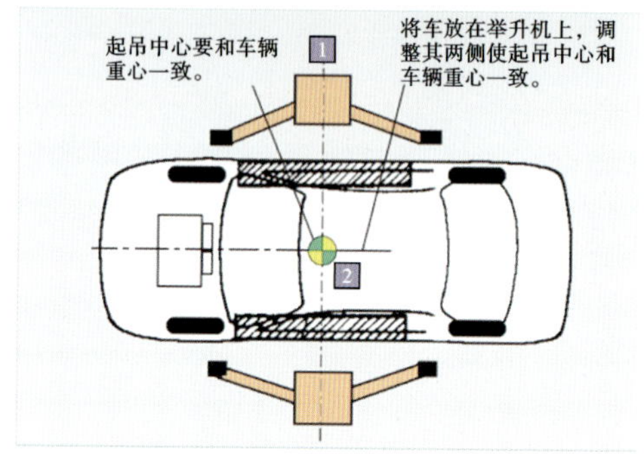
起吊中心要和车辆重心一致。
1
将车放在举升机上，调整其两侧使起吊中心和车辆重心一致。
2

A. 双柱摆臂型：调整支架，直到车辆保持水平为止；始终要锁住臂。

B. 四柱提升型：使用车轮挡块和安全机构。

C. 板条型：如修理手册所指出的使用板提升附件。

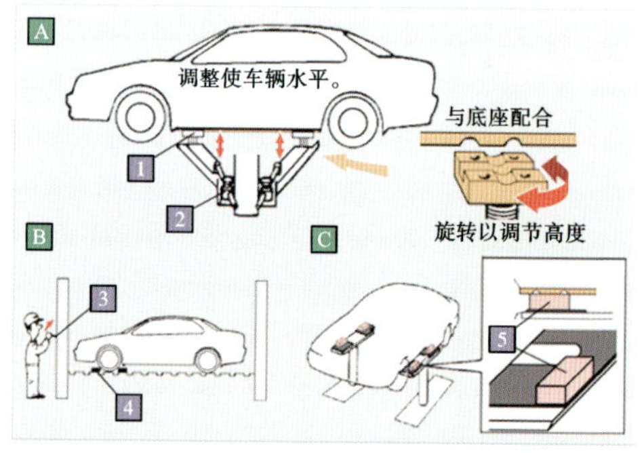
A
调整使车辆水平。
与底座配合
1
2
旋转以调节高度
B
C
3
4
5

① 将板提升附件位置对准车辆被支撑部位。

② 切勿让板提升附件伸出板外。

1—支架；

2—臂锁；

3—锁；

4—车轮挡块；

5—板提升附件

（2）操作四柱提升型举升机。

① 将车辆低速平稳驶入举升平台正中央，将挡位挂入空挡，松开手制动。

② 排除周围障碍物，举升机平台和周围不能站人。

③ 举升车辆，举升机两边应同步上升，当发现平台两边不同步时，应停机，排除故障后再使用。

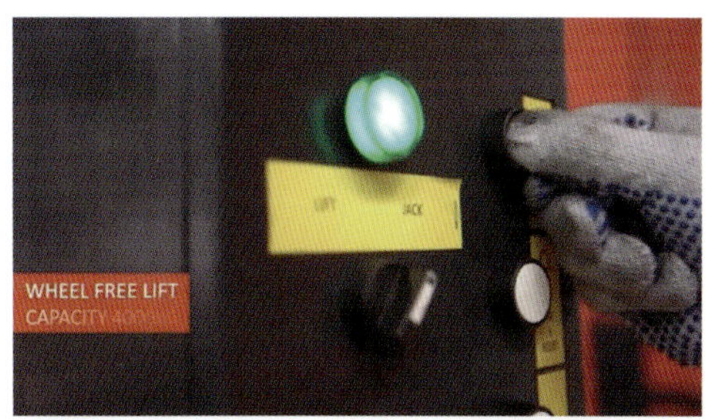

④ 在升降过程中，随时注意举升机及车辆的升降情况，升降过程中挡块平稳地锁在保险板上。

⑤ 举升机停稳后才可进行操作。

⑥ 举升机下降。按向上标记按钮，待举升机横梁的挡块脱离保险板后，按转动手柄，再按向下标记按钮，举升机便自行下降。不得在不松动挡块的情况下，随意按转动手柄或向下标记按钮。

使用四柱提升型举升机的注意事项：

- 遵照说明书操作以保证安全。
- 将所有的行李从车上搬出并提升空车。
- 检查一下除支承部件外，没有其他部件在现场。
- 在提升车辆时切勿移动车辆。
- 使用车轮挡块固定车辆。
- 切勿提升超过举升机提升极限的车辆。
- 提升车辆时，切勿将车门打开。
- 如果在一段时间内未完成作业，则要把车放低一些。

(3) 操作双柱摇臂型举升机。

① 打开举升机电源旋钮(控制面板上电源指示灯亮)。

② 将举升机降到最低位置。推动摆动臂向两边伸展成一直线，为车辆入位提供方便。

③ 将车辆行驶至合适位置，调整车辆以使得车辆重心尽可能靠近举升机的中心。然后松开手制动，停好车辆。

④ 慢慢转动摆动臂和托盘至车辆的合适位置。调节摆动臂长度，伸长到合适位置。

⑤ 通过旋转托盘将其调到合适高度，使车辆保持水平，并准确对齐托盘凹槽与车身支撑点位，对好四个支撑点(汽车底盘的指定位置上)。

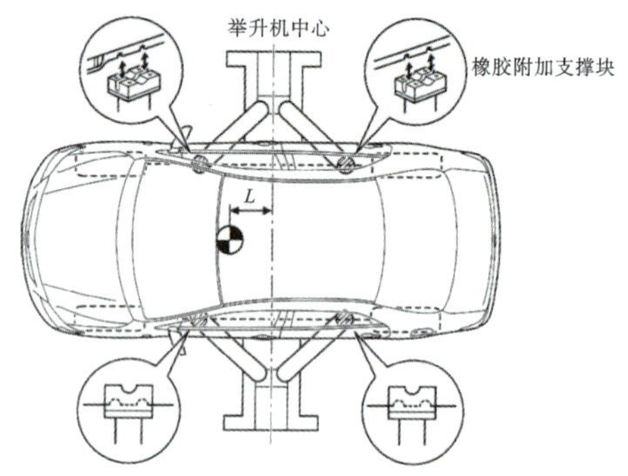

⑥ 按下上升按钮，举升车辆，直至轮胎离开地面，晃动车辆以确保车辆平稳。

⑦ 开动举升机，待支撑点与车辆接触后，重新检查支撑点位置，确定无误后将车辆举升离地 300 mm。

⑧ 举升到需要高度时，必须确认锁销已保险，确保安全可靠才可开始车底作业。

举升车辆时，工作人员应离开车辆，举升机下禁止站人。

⑨ 放下车辆前应先举升车辆，将安全保险锁销打开，再按下降按钮使车辆缓慢下降至举升臂放至最低为止，移开举升臂，驶出车辆。

使用双柱摇臂型举升机使用注意事项：

● 使用时，载荷分布应符合使用说明书中规定的托臂额定载荷分布规定。将所有的行李从车上搬出并提升空车。

● 确保一下除支承部件外，没有其他部件在现场。

● 举升车辆前应调整好各支架的高度，使支撑点保持在同一水平面上。

● 车辆受托举的裙边或大梁必须置于支架中心，尽量使车辆重心位于支撑面中心处。

● 使用带橡胶附加支撑块的支架。

● 支架就位后，确定托臂可靠后才可启动举升机。

● 当汽车举升机升至距离地面 10 cm 时，晃动车辆以确保车辆平稳，举升机运行正常后，再启动举升机至所需工作高度。举升过程中，严禁任何人进入车辆下面。

● 确保在操作期间锁止摇臂。

● 切勿提升超过举升机提升极限的车辆。

● 在拆除和更换大部件时要小心，因为汽车重心可能会发生改变。

● 提升车辆时，切勿将车门打开。

● 带有空气悬架的车辆因其结构关系需要特别处理。请参考维修手册说明。

● 注意电源不能接反，否则限位开关不起作用。

● 严禁在托臂下面放置修理工具、汽配零件或其他物品，以免损坏举升机。

● 应定期补充润滑油，保证丝杠螺母充分润滑，防止早期磨损。不得自行更改举升机电路，以免发生故障，造成危险和意外损失。

● 如果在一段时间内未完成作业，则要把车放低一些。

(4) 操作板条型举升机。

① 举升机不得举升超过额定重量的车辆。

② 将举升的车辆低速平稳开到举升平台正中央，松开手制动，垫上垫块。

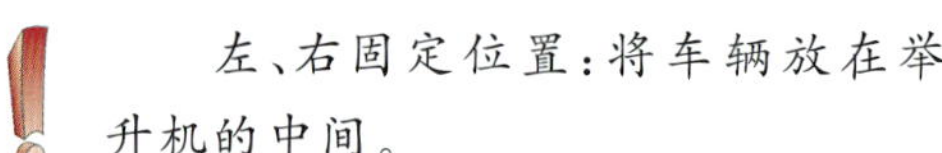

左、右固定位置：将车辆放在举升机的中间。

前、后固定位置：将连接板的缓冲垫橡胶对准附加支撑块下端(A 和 C)。将附加支撑块上端(B)对准门槛凸缘前侧凹槽。

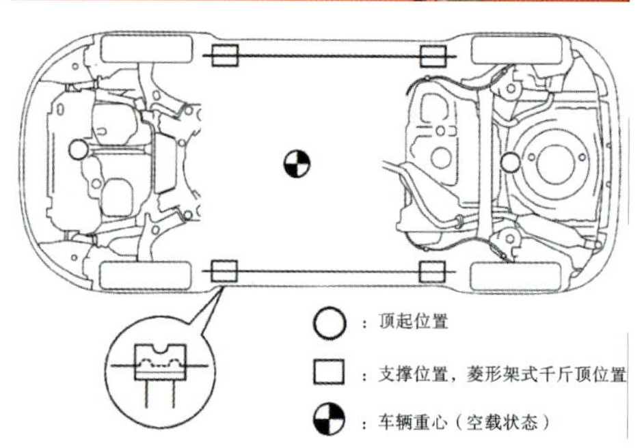

维修。

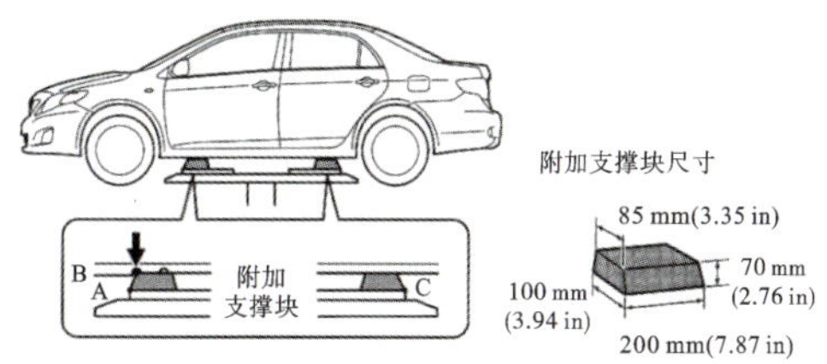

③ 排除周围障碍物，并注意举升机平台和周围不能站人。

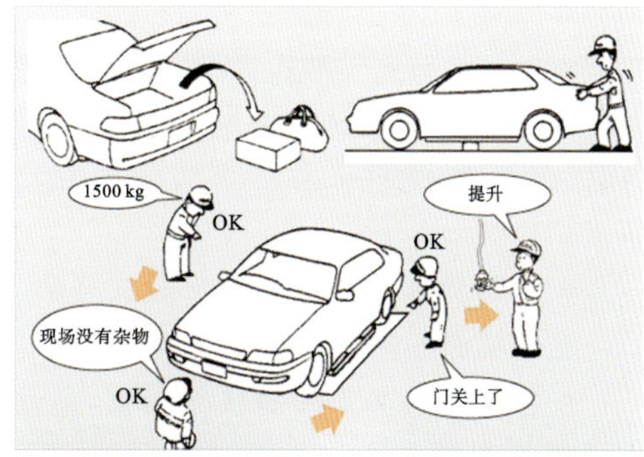

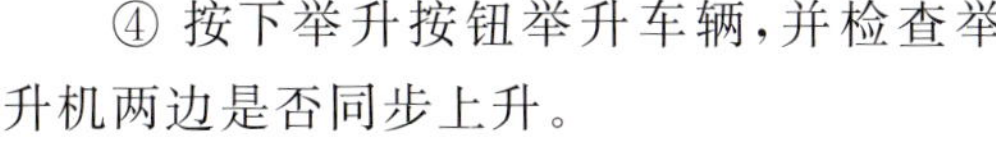

④ 按下举升按钮举升车辆，并检查举升机两边是否同步上升。

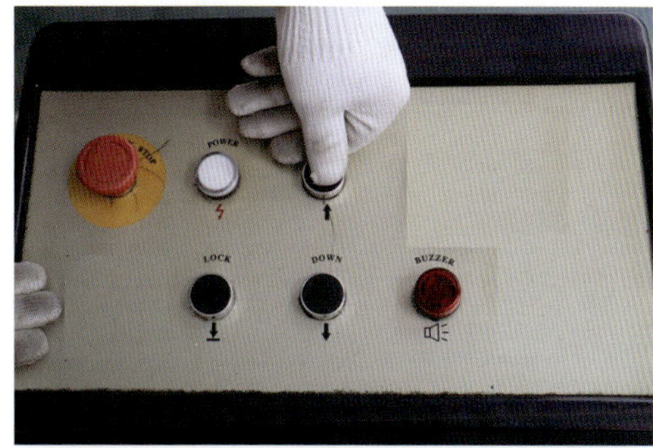

⑤ 举升车辆时，若发现平台两边不同步，则应停机，并排除故障后再使用。

⑥ 在升降过程中必须随时注意举升机及车辆的升降情况，升降过程中挡块平稳地锁在保险板上，待举升机停稳后方可进行维修。

⑦ 举升机下降时，必须先按向上标记按钮，待举升机横梁的挡块脱离保险板后，按转动手柄，再按向下标记按钮，举升机便自行下降，不得在不松动挡块的情况下，随意按转动手柄或向下标记按钮。

使用板条型举升机的注意事项：

● 遵照举升机说明书操作以保证安全。

● 使用板条型举升机时附加支撑块。

● 确保将车辆固定在规定位置。

● 举升车辆直至轮胎稍微悬空，晃动车辆以确保车辆平稳。

● 严禁在托臂下面放置修理工具、汽配零件或其他物品，以免损坏举升机。

● 不得自行更改举升机电路，以免发生故障，造成危险和意外损失。

2. 千斤顶

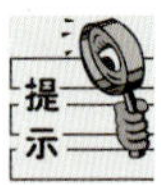

A. 千斤顶

(1) 使用液压提升车辆的一端。

(2) 操作手柄会增加油压并使臂提升。

(3) 某些型号的千斤顶使用空气压力来增加油压。

(4) 有各种型号的千斤顶，其提升力不尽相同(以吨计)，包括气动千斤顶、电动千斤顶、液压千斤顶和机械式千斤顶。机械式千斤顶常用的有齿条千斤顶(包括人字形布局和菱形布局齿条千斤顶)；液压千斤顶有螺旋液压千斤顶和卧式液压千斤顶。

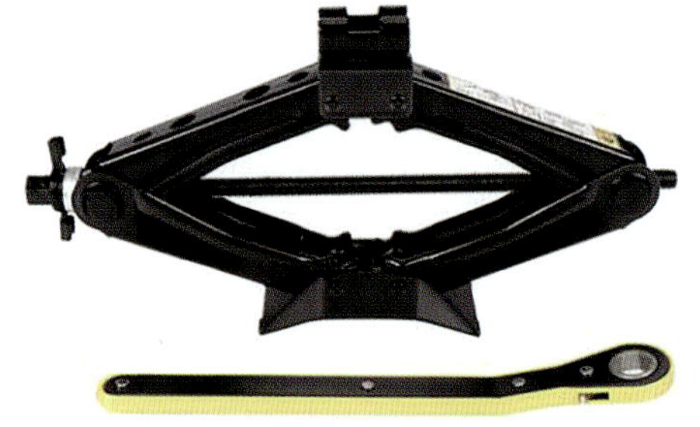

B. 马凳

用千斤顶举升车辆，可通过改变销的位置来调整高度。

1—释放把手；

2—把手；

3—臂；

4—盘；

5—滚子；

6—小脚轮；

7—提升钮(气动型)；

8—空气软管(气动型)；

9—销子；

10—定位孔

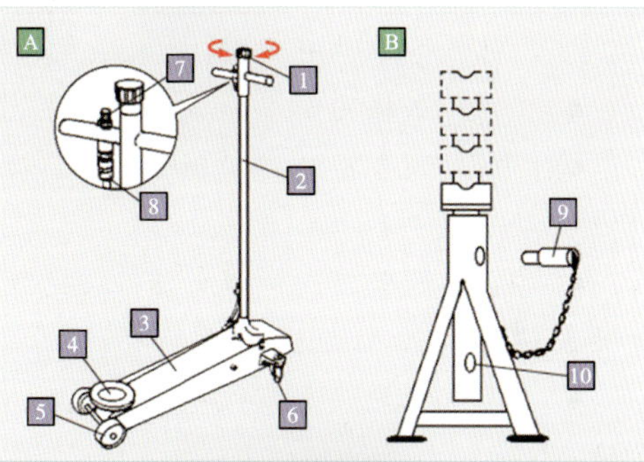

1）准备

（1）在顶升前，要检查修理手册中说明的车辆举升点和马凳的支架支承点。

（2）确保马凳调到相同高度，将其放在车辆附近。

（3）将车轮挡块放在左前轮胎和右前轮胎的前面（如果车辆从后面顶升的话）；或将车轮挡块放在左后轮胎和右后轮胎的后面（如果车辆从前面顶升的话）。

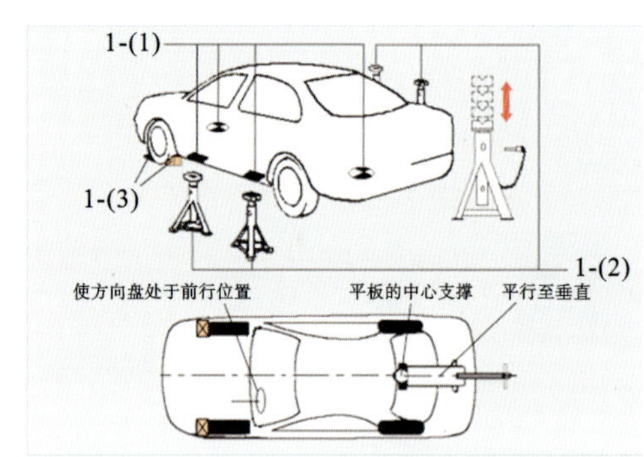

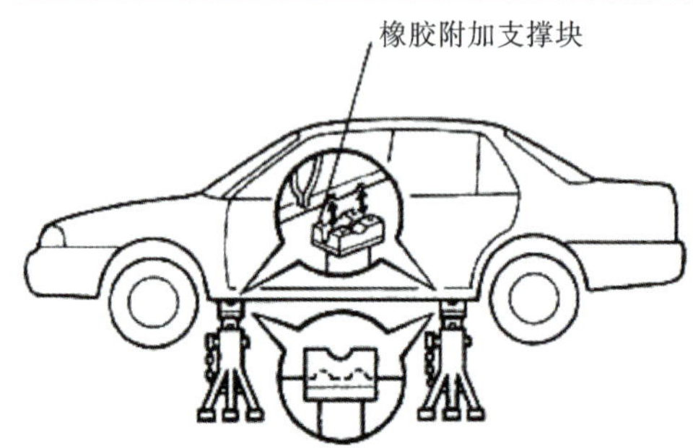

2）举升

（1）将释放把手拧紧。

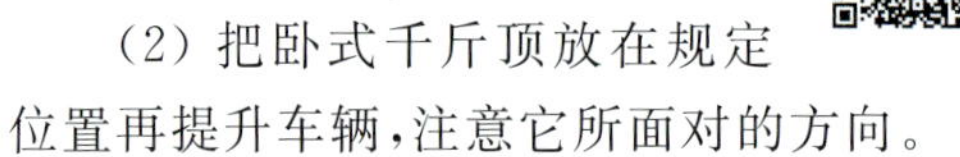

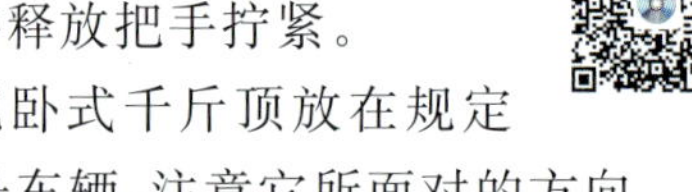

（2）把卧式千斤顶放在规定位置再提升车辆，注意它所面对的方向。

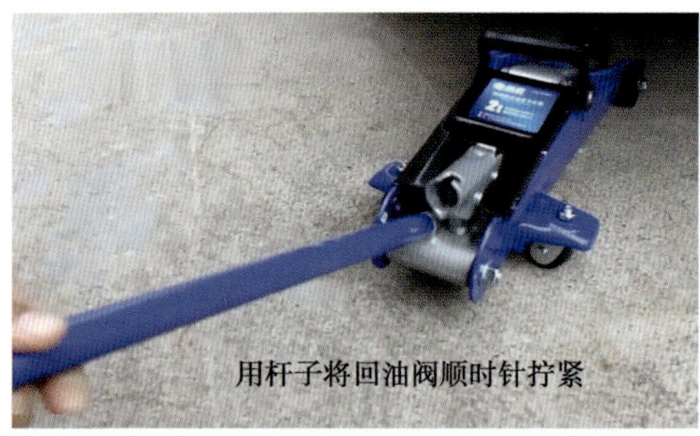

① 通常从尾部顶起车辆。但是，顶起顺序会因车型而异。

② 千斤顶适配器用于带有偏置差动齿轮的4WD车辆。

③ 切勿顶升超过千斤顶最大允许荷载的任何车辆。

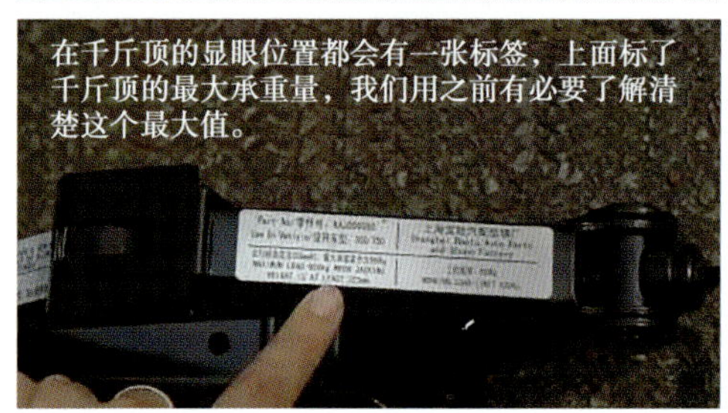

在千斤顶的显眼位置都会有一张标签，上面标了千斤顶的最大承重量，我们用之前有必要了解清楚这个最大值。

④ 切勿将千斤顶放在扭矩梁车桥上顶升。

⑤ 在平地上操作时务必使用车轮挡块。

⑥ 使用带橡胶附加支撑块的安全底座。

⑦ 正确使用千斤顶和安全底座支撑规定位置。

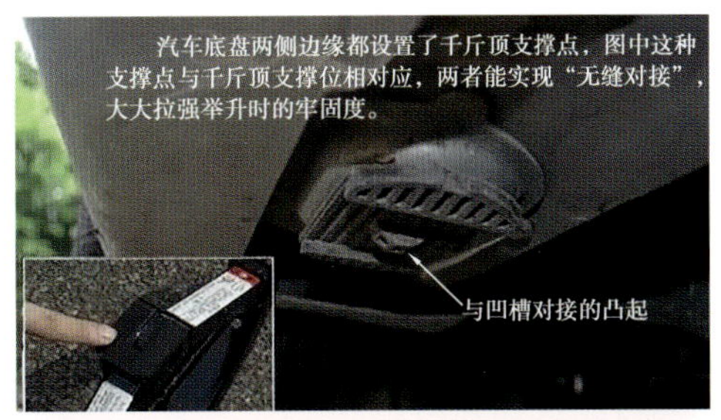

汽车底盘两侧边缘都设置了千斤顶支撑点，图中这种支撑点与千斤顶支撑位相对应，两者能实现“无缝对接”，大大拉强举升时的牢固度。
与凹槽对接的凸起

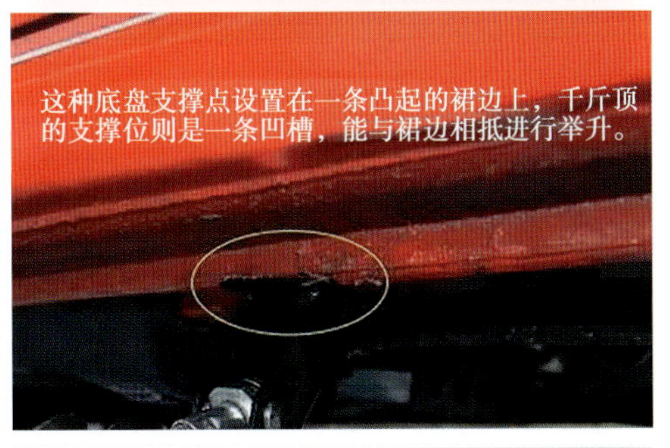

这种底盘支撑点设置在一条凸起的裙边上，千斤顶的支撑位则是一条凹槽，能与裙边相抵进行举升。

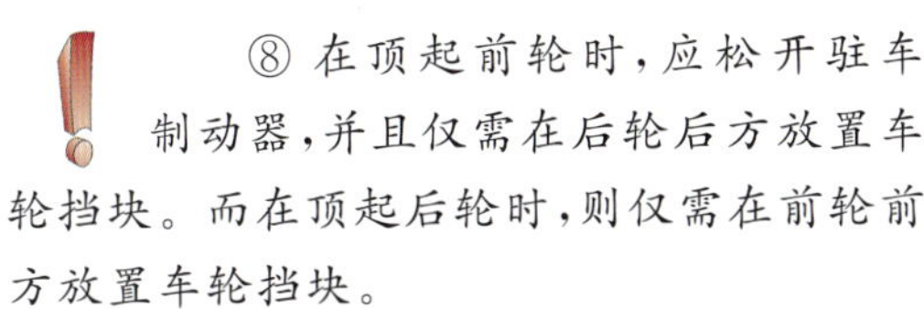

⑧ 在顶起前轮时，应松开驻车制动器，并且仅需在后轮后方放置车轮挡块。而在顶起后轮时，则仅需在前轮前方放置车轮挡块。

⑨ 请勿仅用千斤顶来支撑车辆或进行操作，确保使用安全底座来支撑车辆。装好马凳后才可进入车下。

⑩ 当仅顶起前轮或后轮时，在接触地面的车轮的两侧放置车轮挡块。

⑪ 一次切勿使用多个修车千斤顶。

⑫ 必须一直在平整的地面上修车，顶起车辆前必须卸载车辆负荷。切勿顶起或举升装载重物的车辆。

⑬ 拆卸发动机和传动桥等较重的零件时，车辆重心会移动。请放置一块平衡配重块以免车辆摇摆，或使用变速器千斤顶进行支撑。

⑭ 带有空气悬架的车辆因其结构关系需要特别处理。请参考维修手册说明。

⑮ 在顶升或拆除马凳时切勿进入车下。

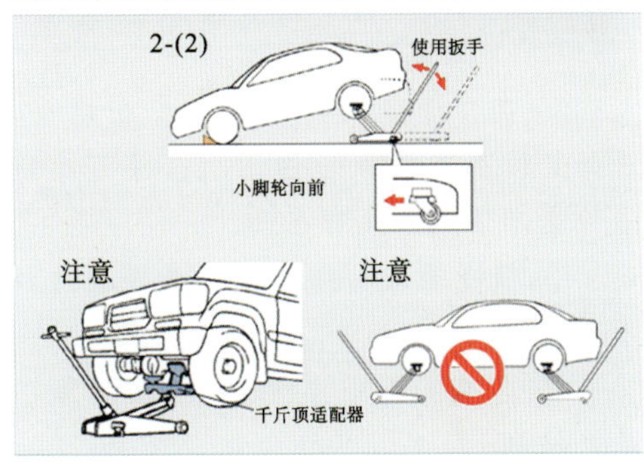

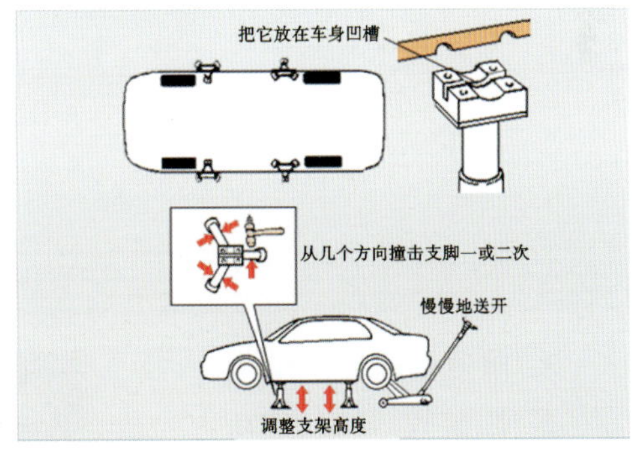

3）带有马凳的支架

（1）支架按说明放置，并将马凳上的橡胶槽对准车体。

（2）重新检查架子高度，使车辆处于水平位置。

(3) 慢慢地松开释放把手，当荷载放在马凳上时，用锤子慢慢地敲击支架，以检查它们是否完全接触。

(4) 检查完成后拆除千斤顶。

4) 用千斤顶降下

(1) 把修车千斤顶放在规定位置，举升车辆，注意其方向。

(2) 拆下马凳。

(3) 缓慢松开释放把手并轻轻地放下手柄。

(4) 当轮胎已完全落地时，使用车轮挡块。

① 通常从车辆前部用千斤顶降下车辆，但是，降下顺序会因车型而异。

② 在升降车辆前须进行安全检查，并告知其他人即将开始作业。在降下车辆前须检查车下应该没有东西。

③ 慢慢地放松释放把手并轻轻地放下手柄。

④ 当不使用修车千斤顶时，须降下臂并升起柄。

1—释放把手；

2—臂；

3—把手

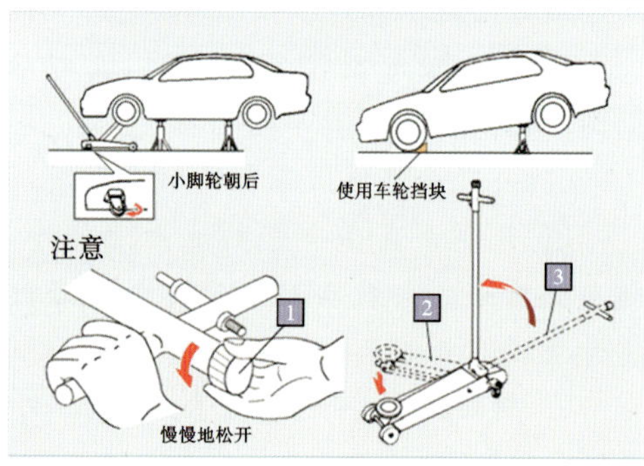

3. 清洁整理工作现场

整理、整顿、清扫、清洁。

七、模块练习

要求：完成练习。

八、模块评价

过程、结果评价。

模块三

车辆信息

一、模块作用

车辆信息包括车辆的各种配置和参数，体现了车辆的各种功能，同时也影响着整车的各项性能，如安全性、动力性、舒适性、经济性等。当车辆维修维护时，了解车辆的各种配置和参数，再通过系统化的专业知识的学习，可以充分认识车辆的组成、结构和工作原理，对进行正确、规范的维修维护有着至关重要的作用。另外，了解车辆的各种配置和参数，还可以在选购车辆时根据实际需求进行选择。

二、模块分析

本模块主要学习铭牌在车上的位置以及铭牌中的车辆信息；车辆识别号在车上的位置以及其中数字的含义；车辆型号包括的信息，主要尺寸所包括的项目，以及车辆重量包括的标准物品；车辆性能中最高速度代表的含义，燃油消耗率的测算方法，最大爬坡能力的表征内容，最小回转半径表明的车辆行驶状态参数，风阻系数的计算方法及其意义；发动机的放置位置及其种类，发动机的结构形式，发动机的进气方式，发动机的气缸数及气缸的缸径和行程，发动机的总排气量，发动机气缸的压缩比，发动机扭矩，发动机的功率输出，发动机性能曲线，发动机的每缸气门数，发动机的凸轮轴和气门的布置形式；四冲程发动机的工作循环以及特点；发动机的排放水平和标准；发动机的燃料类型、机油容积、冷却液容积；发动机的缸盖、缸体材质；变速器的功能、变速器挡位个数、变速器类型、变速器挡把类型；制动系统车轮制动器的类型、驻车制动的类型；汽车的驱动方式、悬挂类型、助力转向系统类型；车体的结构类型。通过实践操作，就本课程所配置的车辆，对照上述的知识点进行分析。

动画、视频链接　资料、手册、理论链接　警示　操作指示　模块练习　模块评价

三、模块目标

知识目标　理解铭牌在车上的位置以及铭牌中的车辆信息

掌握车辆识别号在车上的位置以及其中数字的含义

掌握车辆型号包括的信息，主要尺寸所包括的项目，以及车辆重量包括的标准物品

理解车辆性能中最高速度代表的含义，燃油消耗率的测算方法，最大爬坡能力的表征内容，最小回转半径表明的车辆行驶状态参数，风阻系数的计算方法及其意义

掌握发动机的放置位置及其种类，发动机的结构形式，发动机的进气方式，发动机的气缸数及气缸的缸径和行程，发动机的总排气量，发动机气缸的压缩比，发动机扭矩，发动机的功率输出，发动机性能曲线，发动机的每缸气门数，发动机的凸轮轴和气门的布置形式

掌握四冲程发动机的工作循环以及特点

掌握发动机的排放水平和标准

掌握发动机的燃料类型、机油容积、冷却液容积

掌握发动机的缸盖、缸体材质

掌握变速器的功能、变速器挡位个数、变速器类型、变速器挡把类型

掌握制动系统车轮制动器的类型、驻车制动的类型

掌握汽车的驱动方式、悬挂类型、助力转向系统类型

掌握车体的结构类型

技能目标　就本课程所配置的车辆，对照上述的知识点进行分析

四、模块要求

质量要求	在本课程所配置的车辆上，找出铭牌、车辆识别号、车辆型号在车上的位置，并准确解析其中的含义；对照车辆的参数配置（网络中查找），准确解析其含义、表征内容或意义；准确分析发动机的工作循环类型、结构形式、进气方式、气缸数、燃料类型、冷却液容积，缸盖、缸体材质；对照车辆的参数配置（网络中查找），准确分析发动机气缸的缸径和行程、总排气量、压缩比、扭矩、功率输出、性能曲线、每缸气门数、凸轮轴和气门的布置形式、排放水平和标准；观察实际车辆并结合车辆的参数配置（网络中查找），准确分析变速器的功能、变速器挡位个数、变速器类型、变速器挡把类型；观察实际车辆，准确分析制动系统车轮制动器的类型、驻车制动的类型，汽车的驱动方式、悬挂类型、转向助力系统类型，以及车体的结构类型
安全要求	遵守举升、顶起和降下车辆时安全要求 遵守操作时的个人防护要求
文明要求	遵守 5S 规定
时间要求	270 分钟
设备要求	(1) 雪佛兰科鲁兹车辆 (2) 本课程常用工具、设备、仪器
耗材要求	

五、模块步骤

第一步	铭牌位置
第二步	铭牌
第三步	车辆型号
第四步	发动机
第五步	变速器
第六步	制动系统
第七步	驱动方式
第八步	前/后悬挂类型
第九步	助力转向系统
第十步	车体结构

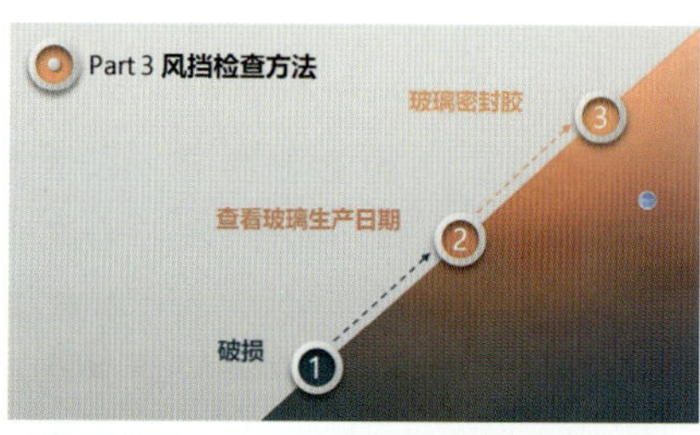

Enhanced agility
Wheel-selective torque control slightly brakes wheels on inside of bend

六、模块实施

1. 铭牌位置

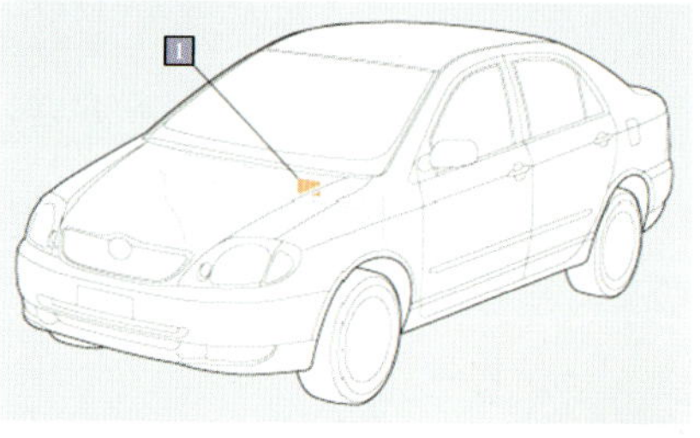

例子：

- 车型代码
- 车身颜色代码
- 装饰代码
- 变速器代码
- 车轴代码

这些车辆信息都标示在车辆的铭牌或认证书规范标签中。

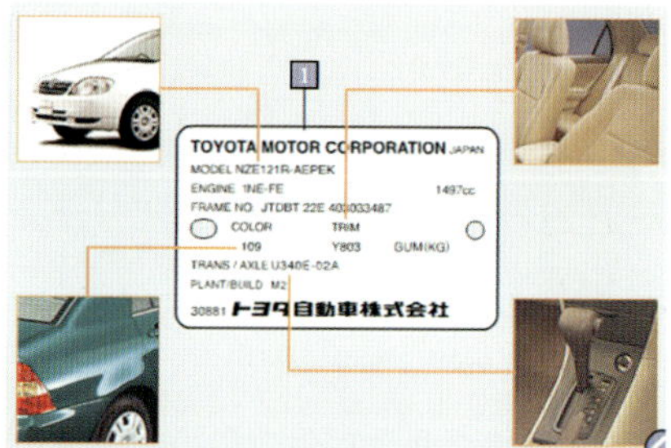

2. 铭牌

铭牌也可称为“厂商牌”，其内容根据车辆目的国的不同而不同。轿车的铭牌装在车颈板上，修理手册中显示出铭牌的准确位置。

A. 美国和加拿大的汽车铭牌示例。

B. 欧洲国家的汽车铭牌示例。

C. 其他国家的汽车铭牌示例。

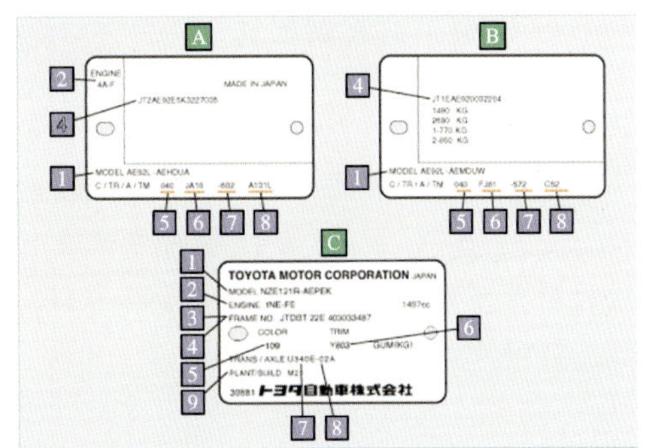

1：车型代码。车型代码是根据发动机、车身型号和车辆的基本规格不同而各异的。车型代码是由字母数字混编而成的。

2：发动机机型及总排气量。发动机机型及总排气量标注在铭牌上，具有同样型号标识的车辆不一定具有同样的发动机型号和活塞总排量。

3：底盘号代码。底盘号代码用以确定车辆的车架号，是打印在车身或车架上的一组数字，车架号包括基本车型代码和系列号。

4：车辆识别代码。车辆识别代码是用来区别车辆的，是进口国法律所要求的。

5：车身颜色代码。车辆的外观颜色也用代码代表，颜色代码在定购车身油漆和有颜色的外部零件（如保险杠和外部门镜）时是必需的。

6：装饰颜色代码。装饰颜色代码代表车辆内部的颜色。此代码在定购有颜色的内部零件（如转向盘、座椅、门装饰等）时是必需的。

7：变速器代码。变速器代码代表具体车辆上使用的变速器类型。具有同样车型标志的车辆不一定装有同一型号的变速器或传动轴。

8：车轴代码。车轴代码是由字母数字混编而成的，它代表齿圈直径、齿轮传动比、小齿轮的数量和是否有 LSD（限滑差速器）等信息。

9：厂名代码。厂名代码代表汽车生产厂的厂名，此代码不是订购零件所必需的。

1）车辆识别代码位置

除了铭牌外，在发动机舱或底盘等处还印有车架号或车辆识别号，因为打印的部位会因车辆的型号不同而不同，请参照修理手册。

1—VIN（车辆识别代码）；2—铭牌

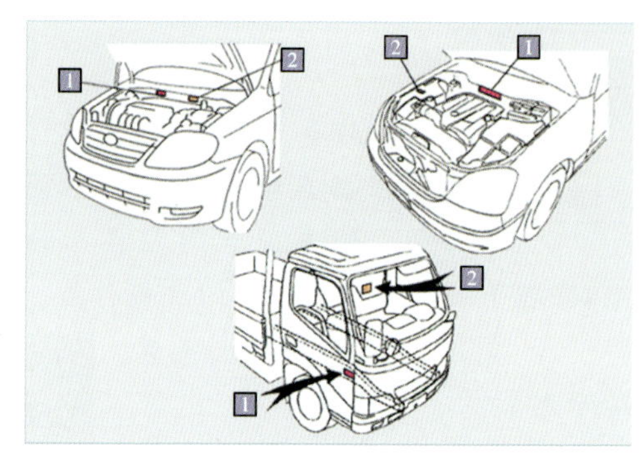

2）VIN（车辆识别代码）

车辆出口目的国的法律要求VIN（车辆识别代码）打印在铭牌或车身上。车辆识别代码有17位数字，包括世界制造厂商识别代码、车辆说明部分和车辆指示器部分。

车辆指示器部分和车架号的系统号一样，也包括生产时间。

车辆识别号可用于下列国家或地区：

● 美国和加拿大（包括美国的托管地）；

● 欧洲（包括法国的托管地）；

● 澳大利亚、新西兰、巴西、印度尼西亚、南非等。

右图显示了用于美国和加拿大的车辆识别代码。

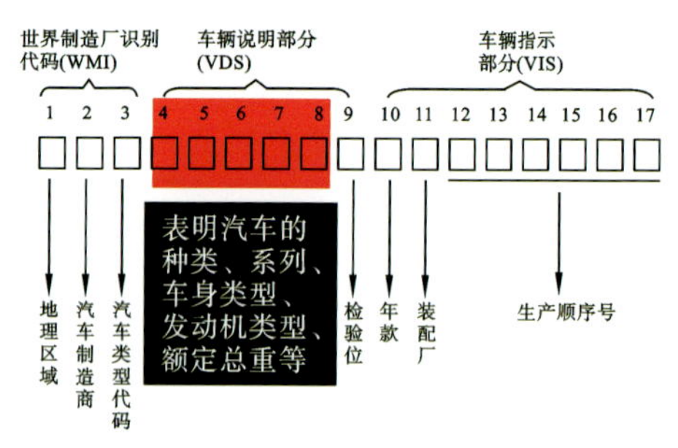

第1位所代表的国家；

第2位表示一个特定地区内的一个国家。美国汽车工程师协会（SAE）负责分配国家代码；

第3位表示某个特定的制造厂，由各国的授权机构负责分配；

第4位表示车辆种类；

第5位表示车型系列代码与生产厂家有关；

第6位表示车身（车辆外观）类型代码；

第7位表示发动机类型代码；

第8位表示所装备变速箱类型；

第9位代表校验位，通过一定的算法防止输入错误；

第10位代表生产年份，即汽车对应的车型年款。

WMI：世界制造商识别器；

VDS：车辆说明部分；

VIS：车辆指示器部分。

3. 车辆型号

1）车辆规格

车辆规格（包括车辆尺寸、性能和其他信息）包括在产品介绍书和新车特性手册等中。

技术员应熟悉车辆规格的各个项目。

项目 \ 区域				
	车型			
	级别			XLi or GLi
	型号		NZE120R-AEMDK	NZE120R-AEMD
发动机	发动机机型		2NZ-FE	←
	配气系统		16-Valve,DOHC	←
	内径和冲程 mm(in.)		75 x 73.5 (2.95 x 2.89)	←
	发动机排气量 cm³(cu.in)		1299 (79.3)	←
	压缩比		10.0 : 1	←
	汽化器类型或喷油泵类型（柴油机）		EFI	←
	燃油号或十六烷值（柴油机）		91或更高	←
	最大功率（EEC） kW/rpm		60/6000	←
工作情况	最大扭矩（EEC） N-m/rpm		199/4400	←
	最高车速 km/h (mph)		175 (190)	←
	最大巡航车速 km/h (mph)		160 (99)	←
	加速	0 to 100 km/h 秒	12.2	←
		0 to 400 km/g 秒	18.1	←
	最大允许速度	1档 km/h(mph)	46 (28)	←
		2档 km/h(mph)	86 (53)	←
		3档 km/h(mph)	125 (77)	←
		4档 km/h(mph)	168 (104)	←
	最小转弯半径	轮胎 m(ft.)	4.9 (16.1)	←
		车身 m(ft.)	5.3 (17.4)	←

2）主要尺寸和车辆重量

（1）汽车重量。

这是车辆的重量，其中包括车辆运行必需的一些标准物品，如燃油、冷却剂、机油、备胎和车载工具等，但不包括行李和乘员，通常单位为千克(kg)。

车辆总重：这是车辆重量，已加上了乘员重量和设计最大载重量。

前桥重：这是加在前车桥上的车辆重量。

前桥总重：这是施加在前车桥上的车辆重量，是车辆总重的一部分。

后桥重量：这是施加在后车桥上的车辆重量。

后桥总重：这是施加在后车桥上的重量，是车辆总重的一部分。

（2）主要尺寸。

主要尺寸如下：

① 总宽度。这是不包括外门镜在内的车辆最大宽度。车宽度方向两个极端点间的距离，也就是车身左、右最凸出位置之间的距离。根据业界通用的规则，车身宽度是不包含左、右后视镜

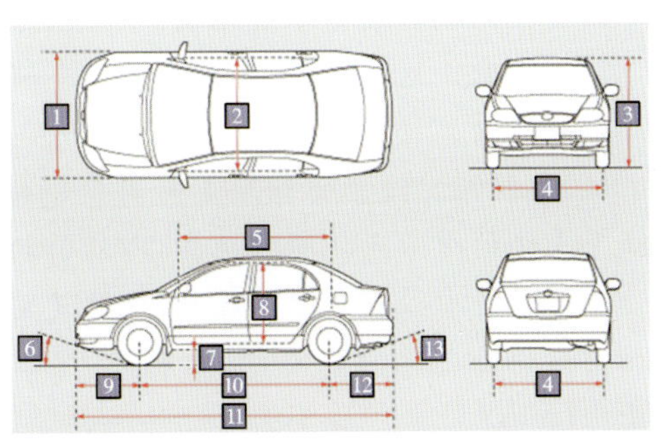

伸出的宽度,即后视镜折叠后的宽度的。

2:车厢宽度。这是从左右车门至驾驶室中心的最大距离。

3:总高度。这是车辆空载时从地面算起,到汽车最高点的距离。而所谓最高点,也就是车身顶部最高的位置,但不包括车顶天线的长度。

4:轮距。这是左右轮胎中心的间距。轮距分为前轮距和后轮距,而轮距即左、右车轮中心间的距离,通常单位为毫米(mm),较宽的轮距有更好的横向稳定性与较佳的操纵性能。车轮着地位置越宽大的车型,其行驶的稳定度越好,因此越野车的轮距都比一般轿车车型的要宽。

5:车厢长度。这是从靠近驾驶室中心的仪器盘到后座椅背的距离。

6:接近角。接近角(approach angle)是指在汽车满载静止时,汽车前端突出点向前轮所引切线与地面的夹角,即水平面与切于前轮轮胎外缘(静载)的平面之间的最大夹角,通常单位为度(°)。前轴前面任何固定在车辆上的刚性部件不得在此平面的下方。

7:离地间隙。汽车的最小离地间距,就是在车辆总重条件下在水平面上汽车底盘的最低点与地面的间距,通常单位为毫米(mm)。不同车型其离地间距也是不同的,离地间距越大,车辆的通过性就越好。所以通常越野车的离地间隙要比轿车的大。

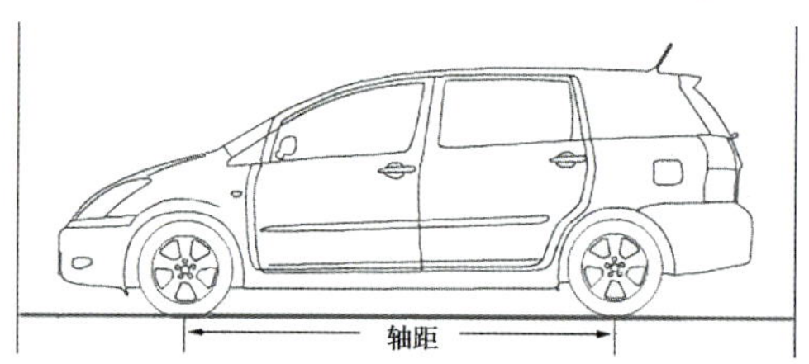

8:客厢高度。这是在车厢中心部位从车顶篷至地板的最大垂直距离。

9:前悬。这是从前轮轴中心到车辆前端部分距离。

10:轴距。汽车的轴距是同侧相邻前后两个车轮的中心点之间的距离,即从前轮中心点到后轮中心点之间的距离,也就是前轮轴与后轮轴之间的距离,简称轴距,单位为毫米(mm)。

根据轴距的大小，国际上通常把轿车分为如下几类。

微型车：通常指轴距为 2400 mm 以下的车型称为微型车。

小型车：通常指轴距为 2400～2550 mm 的车型称为小型车。

紧凑型车：通常指轴距为 2550～2700 mm 的车型称为紧凑型车，这个级别车型是家用轿车的主流车型。

中型车：通常指轴距为 2700～2850 mm 的车型称为中型车，这个级别车型通常是家用和商务兼用的车型。

中大型车：通常指轴距为 2850～3000 mm 的车型称为中大型车，这个级别车型通常是商务用车的主流车型。需要说明的是：通常的中大型车轴距都在 2900 mm 左右，不过由于中国人比较喜欢大车，所以很多车型引入中国后都进行了加长，轴距都达到了 2950 mm 以上，个别车型轴距达到了 3000 mm 以上。

豪华车：通常指轴距在 3000 mm 以上的车型称为豪华车。豪华车的轴距通常都在 3300 mm 以上。

根据各国车型的特点，一般同一类型的车型，欧洲品牌车型的轴距比较小，而美国品牌车型的轴距比较大，日韩系车是中间水平。

11：总长。这是从车辆最前端到最后端的距离。汽车长度方向两个极端点之间的距离，即从车前保险杆最凸出的位置量起，到车后保险杆最凸出的位置，这两点之间的距离，为车的总长。

12：后悬。这是后轮轴中心至车辆后端部的距离。

13：离去角。离去角是指汽车满载静止时，自车身后端突出点向后车轮引切线与路面之间的夹角，即水平面与切于车辆最后车

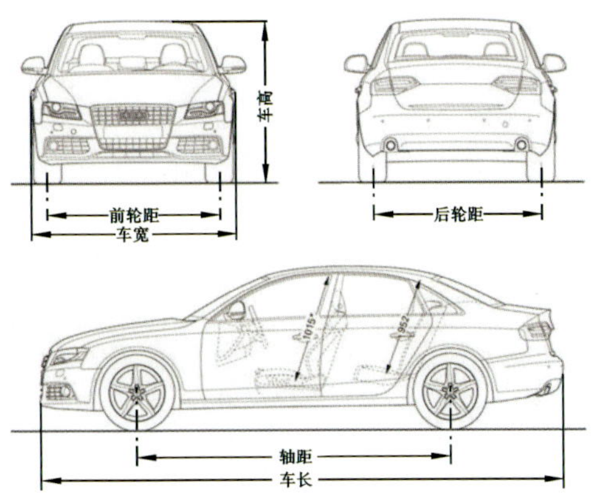

轮轮胎外缘(静载)的平面之间的最大夹角,通常单位为度(°)。位于最后车轮后面的任何固定在车辆上的刚性部件不得在此平面的下方。它表征了汽车离开障碍物(如小丘、沟洼地等)时,不发生碰撞的能力。离去角越大,则汽车的通过性越好,如图中为37°。

14:通过角。通过角指的是汽车空载、静止时,分别通过前、后车轮外缘做切线交于车体下部较低部位所形成的夹角,通常单位为度(°),如图中为25°。

15:最大涉水深度。最大涉水深度指的是汽车所能通过的最深水域,也是安全深度,通常单位为毫米(mm),这是评价汽车越野通过性的重要指标之一。

16:行李箱容积。行李箱也叫后备箱,行李箱容积的大小是衡量一款车携带行李或其他备用物品多少的能力,单位通常为升(L)。依照车型的大小以及其各自突出的特性,其行李箱容积也因此有所不同,一般来说,越大的车其行李箱也越大。越野车和商务车的行李箱都比较大,而一些跑车由于造型设计原因,行李箱则比较小。

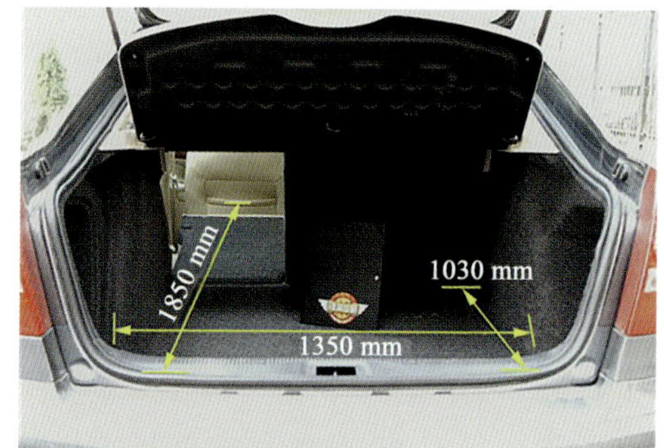

17:油箱容积。油箱容积是指一辆车能够携带燃油的体积,通常单位为升(L)。一般油箱容积与该车的油耗有直接的关系,一辆车一箱油都能行驶500公里以上,比如百公里10升的车,油箱容积都在60升左右!每个车型的油箱容积是不同的,同类车型不同品牌的车油箱容积也不相同,这是由各生产厂家决定的。

18：前后配重（前/后）。前后配重指的是车身前轴与车身后轴各自所承担重量的比。汽车的配重一般在 50∶50 是最平均的。

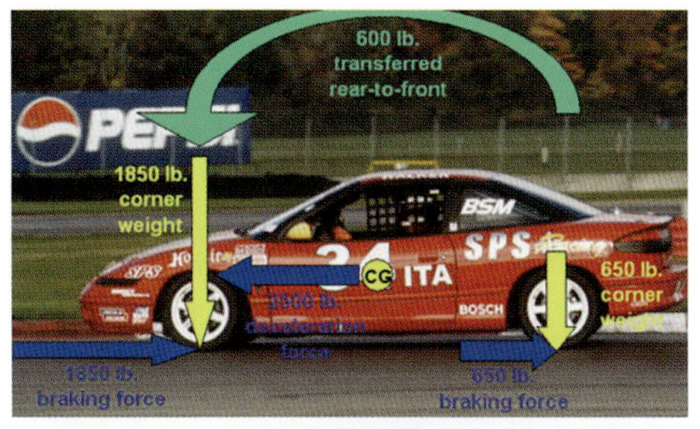

19：车门数。车门数指的是汽车车身上含后备箱门在内的总门数。这项参数可作为汽车用途的标志，普通的三厢轿车一般都是五门，一些运动型轿车很多是三门，个别豪华车有七门设计的。一般的两厢轿车、SUV 和 MPV 都是五门的（后门为掀起式），也有一些运动型两厢车为三门设计。

20：座位数。座位数指的是汽车内含司机座在内的座位，一般轿车为五座：前排坐椅是两个独立的坐椅，后排坐椅一般是长条坐椅。

一些豪华轿车后排则是两个独立的坐椅，所以为四座。

某些跑车则只有前排座椅，所以为两座。

商务车和部分越野车配有第三排座椅，所以为六座或七座。

一般家用轿车多采用5座的设计。

3）性能

（1）最高速度。

这代表车辆的驱动性能。最高速度是在车辆处于总重条件下，在无风的、平坦的、铺面的路上测得的。测量值的单位为 km/h(m/h)。

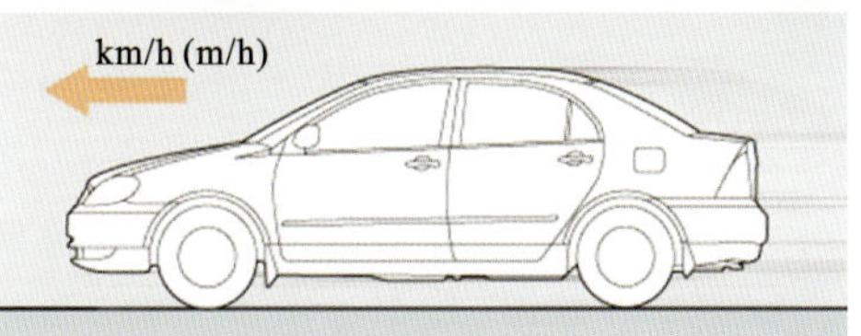

（2）燃油消耗率。

L/100 km
or
km/L

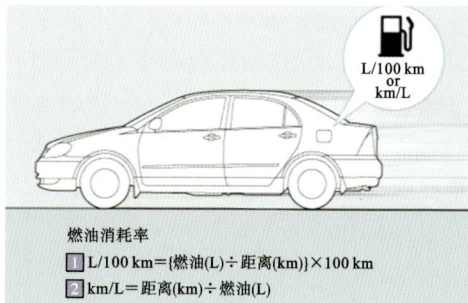

燃油消耗率

1 L/100 km＝{燃油(L)÷距离(km)}×100 km

2 km/L＝距离(km)÷燃油(L)

这代表车辆在行驶规定的距离时发动机的耗油量。有两种计算燃油消耗率的方法：

（1）行驶规定距离(L/100 km）的燃油消耗量；

（2）消耗规定油量所行驶的距离（km/L)。

提示：

根据测量时驾驶条件的不同(如气候、发动机条件、路的坡度等)，燃油消耗率有明显变化。

（3）最大爬坡能力。

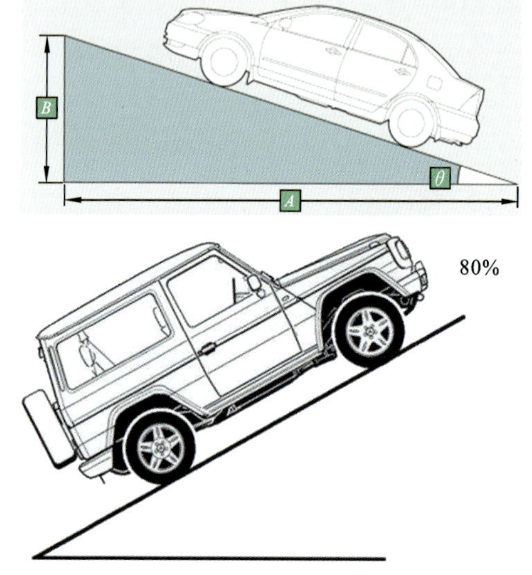

这是车辆在总重时所能爬坡的最大坡度。汽车满载时在良好路面上用第一挡克服的最大坡度角，它表征汽车的爬坡能力。爬坡度用坡度的角度值(以度数表示)或以坡度起止点的高度差与其水平距离的比值(正切值)的百分数来表示，通常用百分比来表示(%)。

A：水平行程距离；

B：爬升高度；

θ：最大坡度；

$\theta = B/A$。

例子：高度 $B=20$ m，距离 $A=100$ m，则 20/100＝0.2 是最大坡度。

提示：如果轮胎和道路表面之间缺少足够的摩擦，则可以达到最大爬坡度。

（4）最小转弯半径。

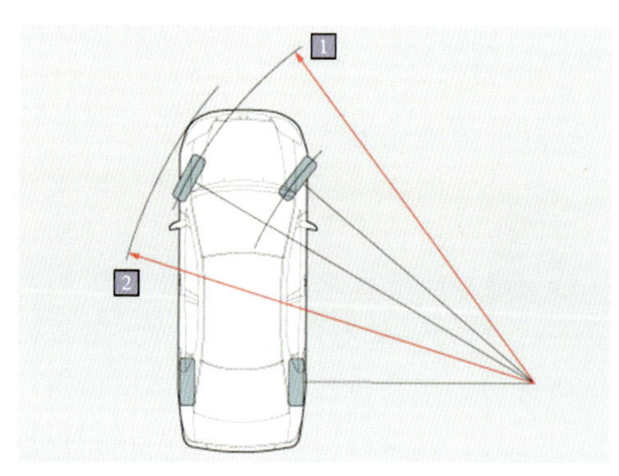

最小转弯半径是指向右或向左将方向盘转动到尽头，车辆在平路上缓慢转弯，车辆旋转中心和最外侧车轮(或车身最外侧)轮胎中心之间所绘圆的半径。即汽车前轮处于最大转角状态行驶时，汽车前轴离转向中心最远车轮胎面中心在地面上形成的轨迹圆直径，

单位为米(m)。最小转弯直径是表明汽车转弯性能灵活与否的参数,由于转向轮的左右极限转角一般有所不同,因此有左转弯直径和右转弯直径。就是将车辆方向盘向某个方向打满,驾驶车辆转一个圈,这个圈的直径就是车辆的最小转弯直径。

1—最小转弯半径(轮胎);

2—最小转弯半径(车身)

(5) 风阻系数。

空气阻力是汽车行驶时所遇到最大的也是最重要的外力。空气阻力系数,又称风阻系数,是计算汽车空气阻力的一个重要系数。

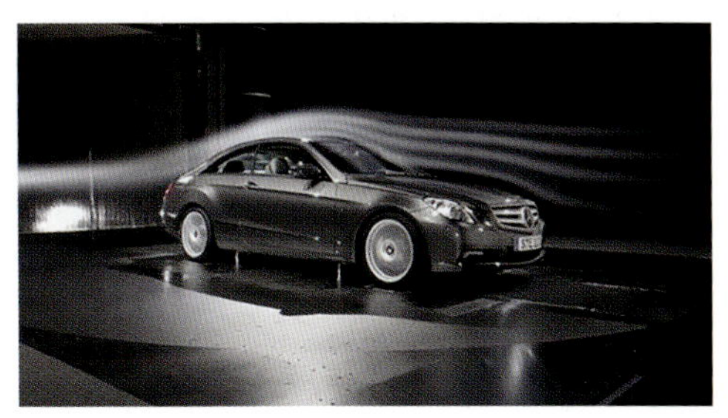

风阻系数可以通过风洞测得。当车辆在风洞中测试时,借由风速来模拟汽车行驶时的车速,再用测试仪器来测知这辆车需花多少力量来抵挡这风速,使车不至于被风吹得后退。在测得所需之力后,再扣除车轮与地面的摩擦力,剩下的就是风阻了,然后再以空气动力学的公式就可算出所谓的风阻系数。

风阻系数=正面风阻力×2÷(空气密度×车头正面投影面积×车速平方)

一辆车的风阻系数是固定的,根据风阻系数即可算出车辆在各种速度下所受的阻力。

一般车辆的风阻系数为0.25～0.4,系数越小,说明风阻越小。

(6) 马力。

最大马力是指一辆车可以实现的最大动力输出,单位为ps,和最大功率数据是一个意思,1 ps等于0.735 kW。

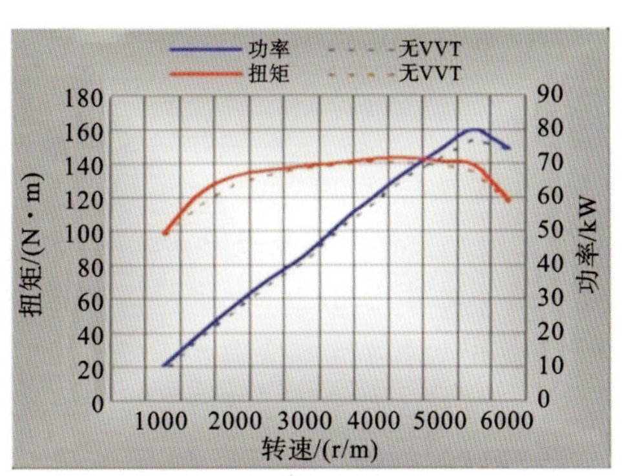

4. 发动机

1）发动机描述

发动机又称为引擎，是一种能够把一种形式的能转化为另一种更有用的能的机器，通常是把化学能转化为机械能（把电能转化为机械能的称为电动机）。装配在汽车上的发动机主要以汽油或柴油为燃料，现在的新能源汽车则包括电动、氢气等形式。

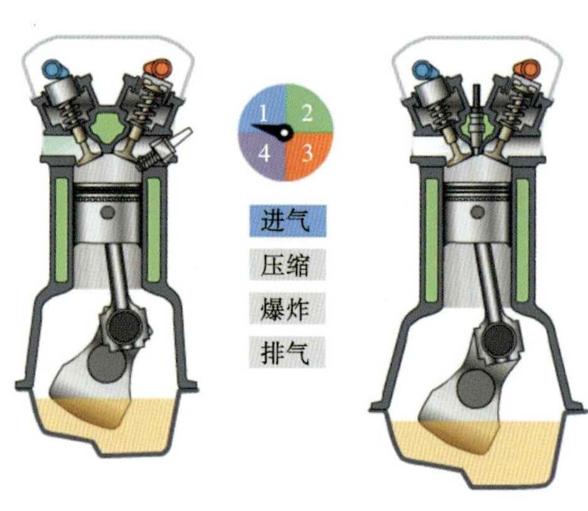

描述发动机参数主要是简要地介绍这款车的发动机情况，标准的描述方式是：排气量＋排列形式＋汽缸数＋发动机特殊功能。

例如，宝马 335i 的“3.0 升直列 6 缸双涡轮增压直喷发动机”，奔驰 C200 的“1.8 升直列 4 缸机械增压发动机”。

2）发动机放置位置

根据发动机相对车身所处的位置和自身安置的方向，我们将发动机放置按以下两种方式划分。

◆ 发动机放置以前后轴划分。

发动机整体在前轮轴前面的称为“前置发动机”（常用英文“F”表示），绝大部分轿车都是前置发动机。

发动机整体在前后轴之间的称为“中置发动机”（常用英文“M”表示），很多双座的超级跑车均采用这种布置方式，如兰博基尼 LP640、法拉利 F430 等。

发动机整体在后轮轴后面的称为“后置发动机”（常用英文“R”表示），这类车型比较少，典型代表车型就是保时捷 911。

◆ 发动机位置以曲轴纵横标准划分。

发动机位置以曲轴位置为标准，我们将发动机分为横向式（常用英文“Q”表示）和纵向式（常用英文“L”表示）两种放置类型。

曲轴和车体方向成直角的叫横置发动机，一般前驱车均为横置发动机，如大众速腾、标致 307、丰田凯美瑞等。

曲轴和车体方向平行的叫纵置发动机，一般后驱车和全驱车多数为纵置发动机，如奔驰 C 级、宝马 3 系、丰田锐志等。不过也有特例，奥迪就是典型的前驱车，但是纵置发动机。

简单而言，如果站在车头前方，发动机横向放在你眼前的就是横置式发动机，纵向呈现在你眼前的则为纵置式发动机。发动机放置位置这一项，就有 6 种情况，分别是：前置发动机，横向；前置发动机，纵向；中置发动机，横向；中置发动机，纵向；后置发动机，横向；后置发动机，纵向。

3）发动机结构形式

发动机结构形式就是汽缸的排列形式，主要有以下几种方式。

（1）直列发动机(lineengine)。

发动机所有汽缸均按同一角度肩并肩排成一个平面，汽缸是按直线排列的，我们称这样的发动机为直列发动机。

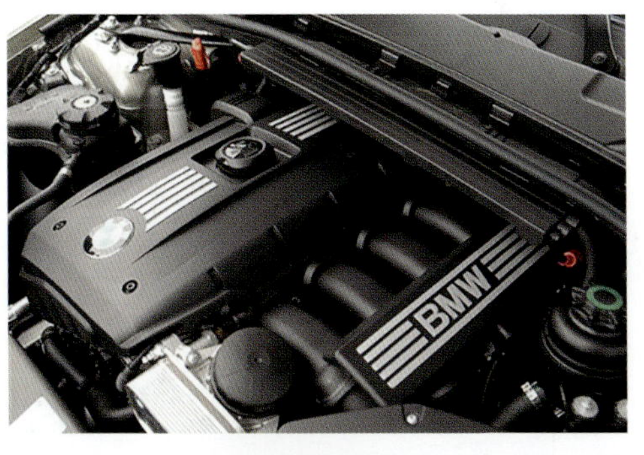

直列发动机的优点是缸体和曲轴结构十分简单，而且使用一个汽缸盖，制造成本较低，尺寸紧凑；直列发动机稳定性高，低速扭矩特性好并且燃料消耗也较少。其缺点是随着排量汽缸数的增加长度大大增加。所以直

列发动机一般都是4缸机，少数有6缸机，如宝马著名的直列6缸发动机。

(2) V型发动机。

将所有汽缸分成两组，把相邻汽缸以一定夹角布置在一起，使两组汽缸形成有一个夹角的平面，从侧面看汽缸呈V字形，故称V型发动机。因为V型发动机是两组汽缸，所以汽缸数均是偶数，如常见的V6、V8、V10、V12等，而且V型发动机排量都比较大，一般都在2.5 L以上。

V型发动机的优点是高度和长度尺寸小，在汽车上布置起来较为方便，也能够为驾驶舱留出更大的空间；V型发动机汽缸对向布置，还可抵消一部分震动，使发动机运转更平顺。其缺点则是必须使用两个汽缸盖，结构较为复杂、成本较高。另外其宽度加大后，发动机两侧空间较小，不易再安排其他装置。

(3) W型发动机。

W型发动机是德国大众专属发动机技术。其原理是：将V型发动机的每侧汽缸再进行小角度错开，简单地说，W型发动机的汽缸排列形式是由两个小V形组成一个大W形。严格来说，W型发动机应属于V型发动机的变种。

W型发动机优点是比V型发动机做得更短一些，有利于节省空间，同时重量也可轻些。其缺点是它的宽度更大，使得发动机室更满。

大众旗下的辉腾6.0和奥迪的A8L 6.0都采用了W12发动机，布加迪威龙则是采用了8.0 L W16发动机，W型发动机一般都是大排量的发动机。

（4）H 型水平对置发动机。

如果将直列发动机看成夹角为 0°的 V 型发动机，当两排汽缸的夹角扩大为 180°时，汽缸水平对置排列，就是水平对置发动机了。

水平对置发动机的优点是由于它的汽缸为“平放”，因此降低了汽车的重心，同时能让车头设计得又扁又低。这些因素都能增强汽车的行驶稳定性。水平对置的汽缸布局是一种对称稳定结构，这使得发动机的运转平顺性比 V 型发动机的更好，运行时的功率损耗也是最小的。不过由于两排汽缸水平放置，造成发动机缸体很宽，使得发动机舱排列会变得比较复杂，所以很少有厂家采用。

目前只有两家公司采用水平对置发动机，分别是斯巴鲁和保时捷。

（5）转子发动机。

上面介绍的几种发动机都是通过汽缸内活塞的往复运动最终驱动车子前进，属于往复式式发动机，发动机及汽缸本身都是相对不动的。而转子发动机则是一种三角活塞旋转式发动机，它采用三角转子旋转运动来控制压缩和排放。

与往复式发动机相比，转子发动机取消了无用的直线运动，因而同样功率的转子发动机尺寸较小，重量较轻，而且震动和噪声较低，具有较大优势。转子发动机的运动特点是三角转子的中心绕输出轴中心公转的同时，三角转子本身又绕其中心自转。在三角转子转动时，以三角转子中心为中心的内齿圈与以输出轴中心为中

心的齿轮啮合，齿轮固定在缸体上不转动，内齿圈与齿轮的齿数之比为 3∶2。

上述运动关系使得三角转子顶点的运动轨迹（即汽缸壁的形状）似“8”字形。三角转子把汽缸分成三个独立空间，三个空间各自先后完成进气、压缩、做功和排气，三角转子自转一周，发动机点火做功三次。由于以上运动关系，输出轴的转速是转子自转速度的 3 倍，这与往复运动式发动机的活塞与曲轴 1∶1 的运动关系完全不同。

转子发动机的优点是尺寸较小、重量较轻、功率很大，并且震动和噪声极低。其缺点是转子技术复杂，制造成本极其高昂，耐用性也低于传统发动机。经典实例：现在使用转子发动机的仅有马自达一家厂家，RX-8 跑车使用的就是 1.3L 的转子发动机。

（6）混合动力系统。

混合动力系统就是在传统的汽柴发动机的基础上，加上一种其他能源的动力系统。现在普遍应用的是油电混合系统，即在汽柴发动机的车上，再加上一个电动机，两个发动机一起工作。

混合动力系统其实是一种在未研究出替代能源之前的一种折中方案，其最大优点是能够有效地降低油耗。现在市场上比较常见的混合动力车型有丰田普锐斯、本田思域混合动力、雷克萨斯 RX400H 等。

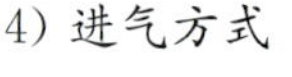
4）进气方式

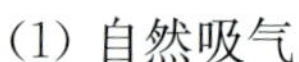
（1）自然吸气。

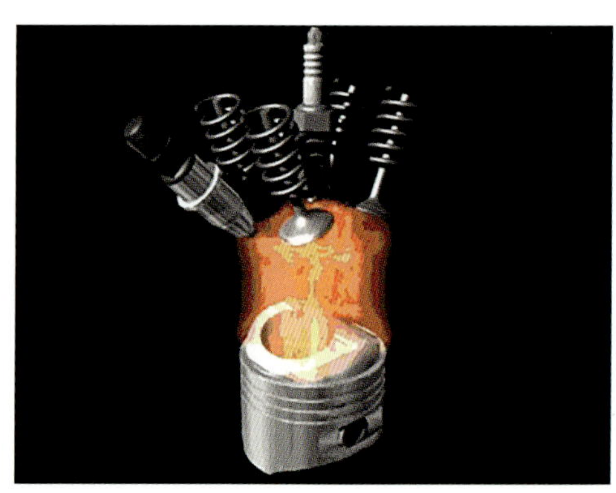

常见的发动机多数为自然吸气式发动机，自然吸气发动机是利用汽缸内产生的负压力，将

外部空气吸入，跟人类吸取空气一样，这种吸气方式的发动机称为自然吸气发动机。

自然吸气发动机的特点是：动力输出非常平顺，不会因为转速的变化而出现骤然的猛加速，而且使用寿命更长，维修更为简便。

（2）涡轮增压。

涡轮增压发动机是依靠涡轮增压器来加大发动机进气量的一种发动机，涡轮增压器（tubro）实际上就是一个空气压缩机。它是利用发动机排出的废气作为动力来推动涡轮室内的涡轮（位于排气道内），涡轮又带动同轴的叶轮（位于进气道内），叶轮就压缩由空气滤清器管道送来的新鲜空气，再送入汽缸。当发动机转速加快，废气排出速度与涡轮转速也同步加快时，空气压缩程度就得以加大，发动机的进气量就相应地得到增加，增加了发动机的输出功率。

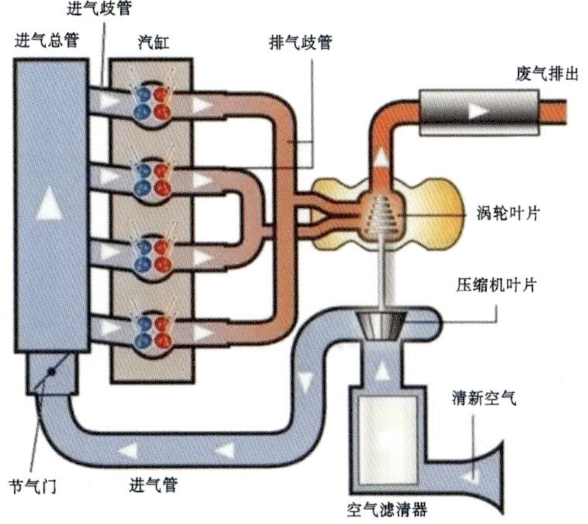

涡轮增压的特点是：一般增压后的发动机动力能比原发动机的动力增加40%或更高；其缺点就是我们常说的“迟滞性”。不过目前经过技术改进，发动机在较低转速时增压器就可以介入，“迟滞性”感觉已很小。目前，除了单涡轮发动机外，很多运动型车为追求高性能还会搭载双涡轮甚至四涡轮发动机。

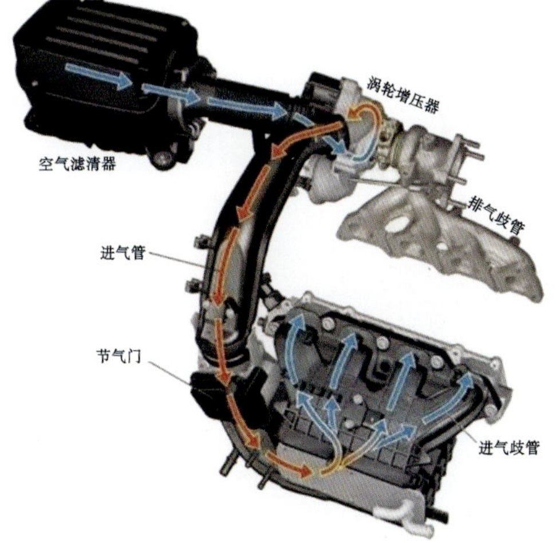

(3) 机械增压。

机械增压器采用皮带与发动机曲轴皮带盘连接，利用发动机转速来带动机械增压器内部叶片，以产生增压空气送入引擎进气歧管内，以此达到增压并使发动机输出动力变高的目的。

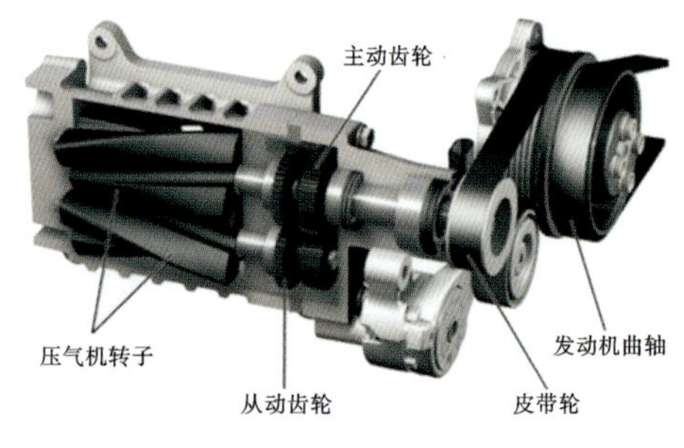

机械增压的特点是“全时介入”，使其在低转速下便可获得增压，加速感受相当线性化而没有增压迟滞感；其缺点就是依靠发动机曲轴带动的机械增压器，将损耗发动机一定量的动力，高转速损耗明显，燃油经济性降低，这点就不如涡轮增压系统的好。目前，普通轿车多采用单机械增压，而一些超跑为了获取更大动力，还搭载两台增压器的双增压发动机，这两个增压器各为一半汽缸服务。

5) 汽缸

(1) 汽缸类型。

按照冷却方式，汽缸分为水冷发动机汽缸和风冷发动机汽缸。

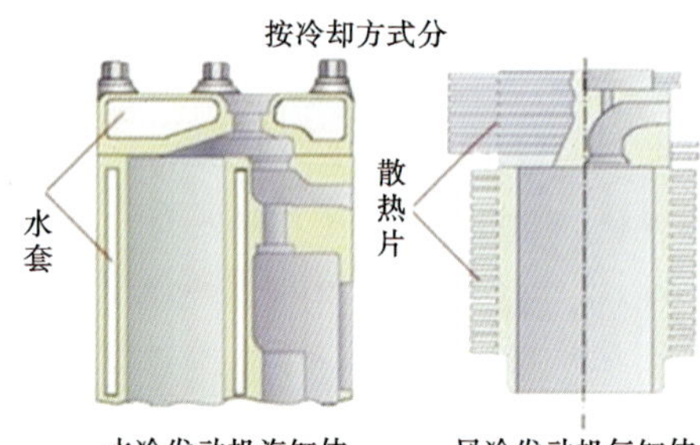

(2) 汽缸数。

汽车发动机常用缸数有 3、4、6、8、10、12、16 缸。

8缸甚至更多缸数的发动机则是被中大型豪华车和超级跑车所采用。这其中，具备1001匹马力的布加迪威龙就是16缸发动机的典型代表车型。

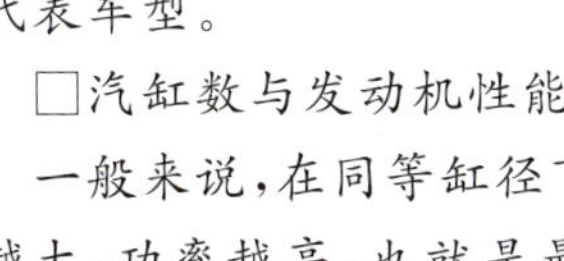

□汽缸数与发动机性能的关系：

一般来说，在同等缸径下，缸数越多，排量越大，功率越高，也就是最高速越高。在同等排量下，缸数越多，缸径越小，转速越高扭矩越大，也就是加速度越快。

6）缸径和行程

发动机按照其汽缸缸径和活塞行程之间的比率可以分为三种类型。

（1）长行程发动机。活塞行程大于气缸缸径的发动机。

（2）等径程发动机。气缸缸径和活塞行程尺寸相同的发动机。

（3）短行程发动机。活塞行程小于气缸缸径的发动机。

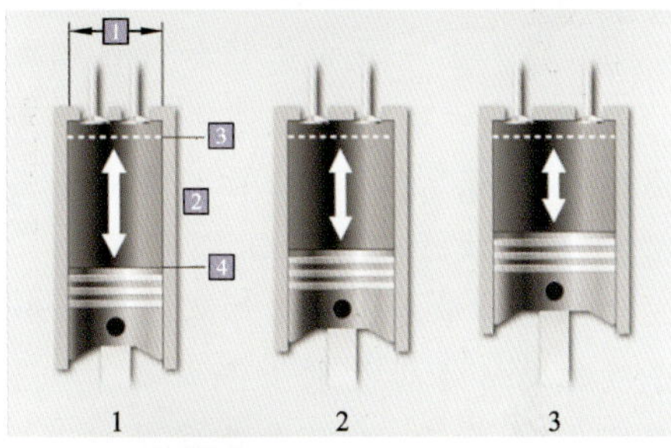

1—缸径；

2—行程；

3—TDC（上止点），当处于高点时活塞在汽缸中的位置；

4—BDC（下止点），当处于低点时活塞在汽缸中的位置

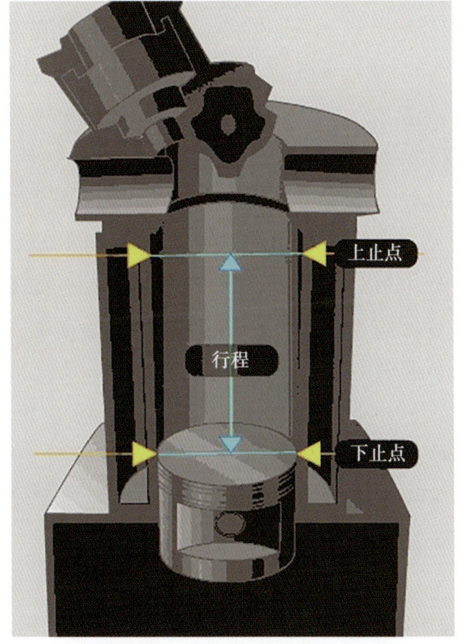

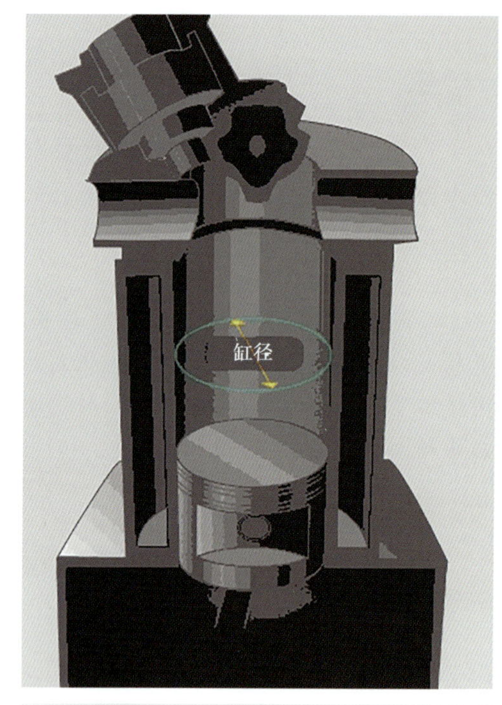

7）总排气量

汽缸的排气量（或简称“排量”）是由缸径和行程来决定的。活塞从上止点到下止点所扫过的气体容积，称为单缸排量，它取决于缸径和活塞行程。

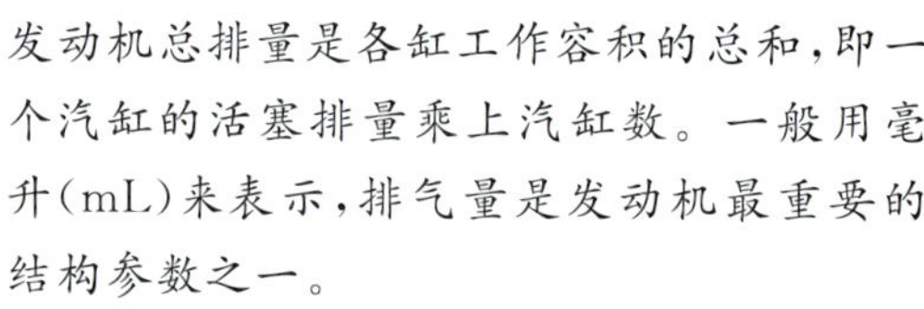

发动机总排量是各缸工作容积的总和，即一个汽缸的活塞排量乘上汽缸数。一般用毫升(mL)来表示，排气量是发动机最重要的结构参数之一。

排气量简单计算公式：活塞直径(mm)×活塞直径(mm)×行程(mm)×0.7854(为一固定常数)/1000(换算为cc数)×汽缸数

理论上排气量越大，功率和扭矩就会越大。但这也不是绝对的，关键还是要看对发动机的调校。同一款发动机，用在跑车上功率调教就会比用在越野车上高，反之越野车的扭矩会比跑车上的高。追求的目的不同，对发动机的调教也会有差别。同时，由于增压技术的介入，小排量已拥有超越更高排量发动机动力的水平。

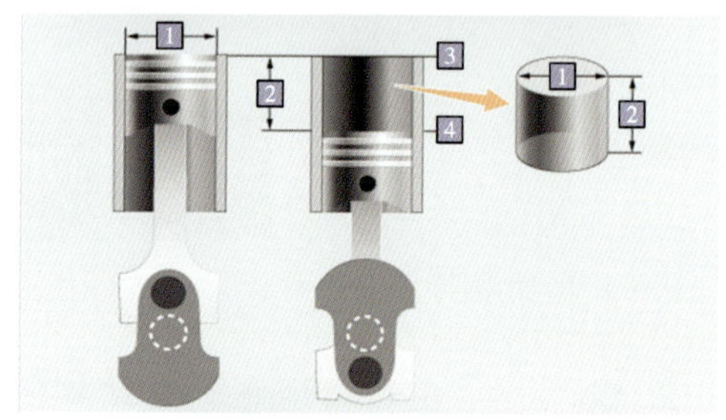

1—缸径；2—行程；3—TDC(上止点)；4—BDC(下止点)

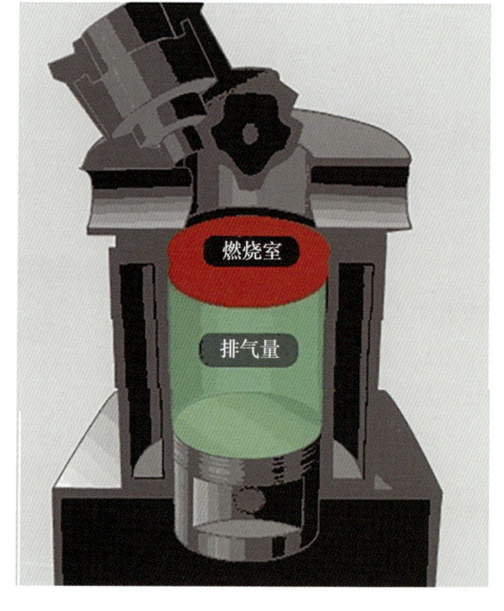

8）压缩比

这是空气燃油混合气被活塞压缩的比率。

压缩比＝$(V_1+V_2)/V_1$

式中：V_1 为燃烧室容量；V_2 为汽缸工作容积（活塞排量）。

1—TDC（上止点）；2—BDC（下止点）

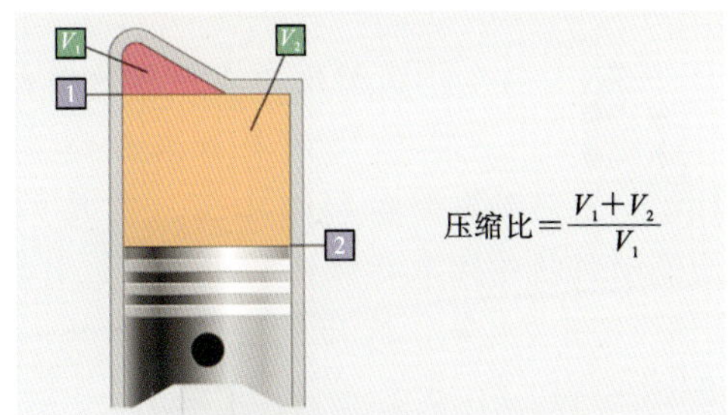

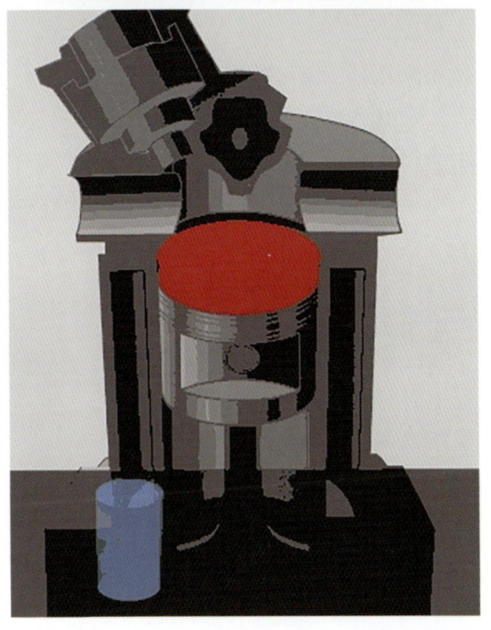

□压缩比的表示和范围：

压缩比就是最大行程容积与最小容积的比值。常见的汽油发动机压缩比表示方法为 9.0：1、9.5：1 或 10.5：1 等。汽油发动机压缩比一般是 8～11，柴油发动机压缩比一般是 16～24。

□压缩比与发动机性能的关系：

压缩比越高，就意味着发动机的动力越大。通常低压压缩比在 10 以下，高压压缩比在 10 以上。目前所知汽油发动机的压缩比最高已经达到了 12：1。

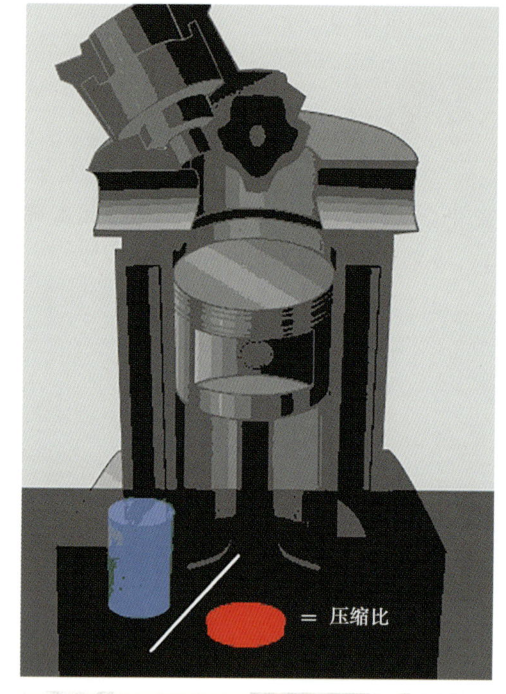

□压缩比与冷却系统的关系：

发动机运转正常的工作温度都设计在 80～110 ℃。压缩比太高可能会导致汽油自燃、预燃，而引起爆震的发生，使发动机无力、损坏机械元件。所以，在提升压缩比的同时又能使发动机保持正常的工作温度是至关重要的。

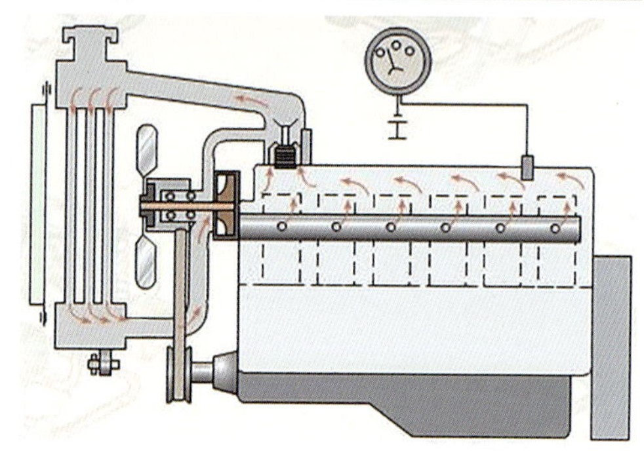

□压缩比与爆震：

正常燃烧是由火花塞的电极间隙附近形成火焰核心造成的，此火焰燃烧速度为 30～40 m/s。而爆震则是远离火花塞的末端未燃混合气经过压缩后达到自燃温度，自身产生火焰提前引燃，此火焰燃烧速度为 200～1000 m/s 以上。比正常燃烧的火焰传播速度高几十倍，很容易造成发动机损坏。

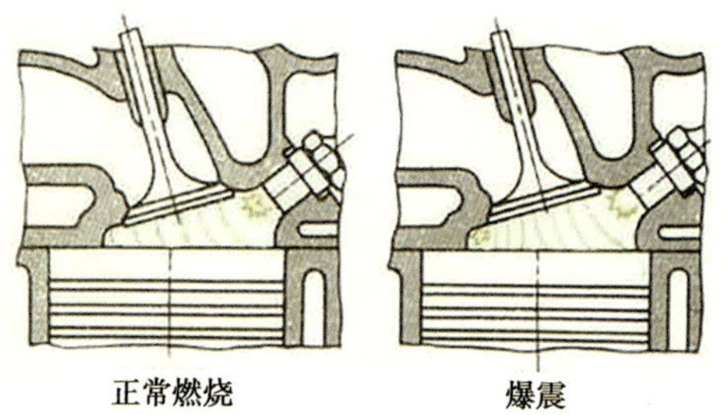

□压缩比与90号、93号、97号汽油：

汽油发动机压缩比越高，引发爆震的可能性越大。我们通常说的标号90号、93号、97号汽油，标号越高，辛烷值越高，抗爆性能就越强，当然价钱也越贵。

□增压与可变压缩比：

增压就是将空气预先压缩然后再供入汽缸，以期提高空气密度、增加进气量的一项技术。现今运用在汽车的增压系统有两大主流：机械增压、涡轮增压。发动机在低速时，增压作用滞后，等发动机加速至一定转速后，增压系统会开始工作，在同等行程容积下，空气密度的提升就相当于压缩比的提高。

□压缩比与环保：

众所周知，发动机汽缸的压缩比高时，燃烧的温度也相对升高，则排放出来的废气中氮氧化合物的含量也就增加，会引起污染。如何才能达到动力与环保的最佳平衡点，也是现今发动机技术的着重研究课题。

9）发动机扭矩

扭矩是发动机性能的一个重要参数，是指发动机运转时从曲轴端输出的平均力矩，俗称发动机的“转劲”。扭矩的大小也是与发动机转速有关系的，在不同的转速下会有不同的扭矩。扭矩越大，发动机输出的“劲”就越大。扭矩决定了汽车的加速能力、爬坡能力和牵引力量。

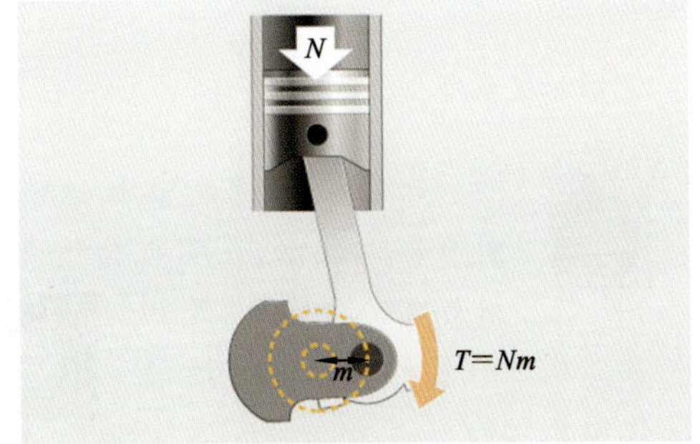

发动机扭矩代表转动曲轴的功率，单位用 N·m 代表，计算如下

$$T=Nm$$

式中：T 为力矩；N 为力；m 为距离。

N(牛顿)是质量单位，与 kgf 关系如下：

1 N=0.11355 kgf，　1 kgf=9.80665 N

10）发动机的功率输出

发动机的功率输出就是在一定时间内产生的功率数量。输出功率与发动机的转速关系很大，随着转速的增加，发动机的功率也相应提高。到了一定的转速以后，功率就不会再增加了，而会成下降趋势。

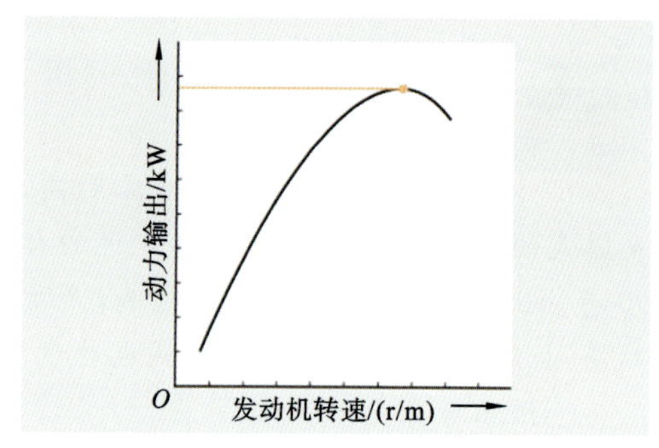

功率输出是发动机转速乘力矩的积。由于在高速时形成进气效率降低导致轴向扭矩减少，因而功率输出升高至一定水平。此峰值称为最大功率输出。

所以，最大功率的标注会同时标注千瓦数与相应的发动机转速，转速的表达方式是每分钟多少转(r/m)。虽然 kW 是国际单位，但也使用 hp、ps 等单位。完整的发动机最大功率表达方式是：千瓦(匹)/转速，如 100 kW (136 ps)/6000 r/m。

kW 和 hp、ps 之间的关系：1 kW＝1.3596 ps(1 ps＝0.7355 kW)；1 kW＝1.3410 hp(1 hp＝0.74571 kW)

11）发动机性能曲线

此曲线图将发动机性能以图解形式表示，表明纵轴代表的扭矩或功率输出，是如何按照横轴代表的发动机转速的变化而变化的。

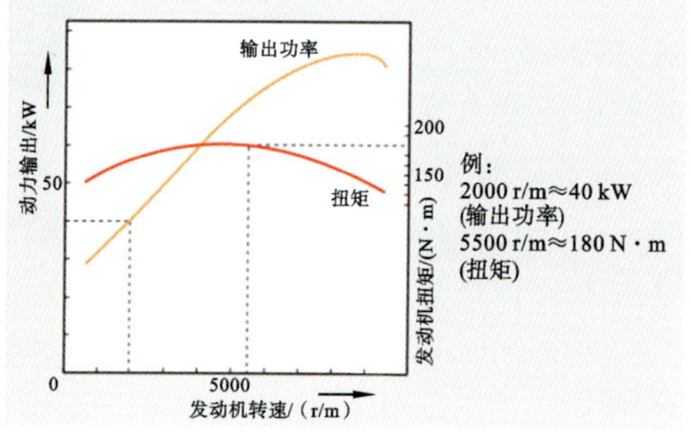

总功率输出：此值可从发动机组件获得。

净功率输出：此值可从实际安装在车上的发动机获得。测量的净功率输出小于总功率输出的10%～15%。

运行性能曲线：这条曲线将装有发动机的车辆性能转换成图解形式。

它允许这三个连接断开：

（1）发动机速度和车辆速度在各个齿轮位置上的关系；

（2）行驶功率和车辆速度在加速器完全工作的情况下在各个齿轮位置上驱动力与车辆速度之间的关系；

（3）行驶阻力和驱动阻力在车辆斜坡上的速度及在0～60％坡度时的关系。

表示发动机功率输出的值

显然，区别取决于如何测量。
以下标准被广泛采用。

- SAE：美国使用的标准
- DIN：德国使用的标准
- EEC & ECE：欧洲使用的标准
- ISO：国际标准

＊这些标准之间没有直接相对应的地方。

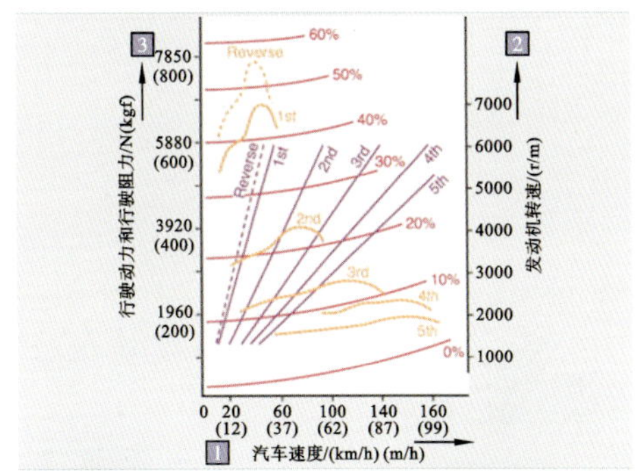

12）每缸气门数

□气门：

指汽缸的进气门和排气门。进气门直接连接进气歧管，是发动机用来吸入混合气（或新鲜空气）的入口；排气门则连接着排气歧管，是发动机排出燃烧废气的出口。

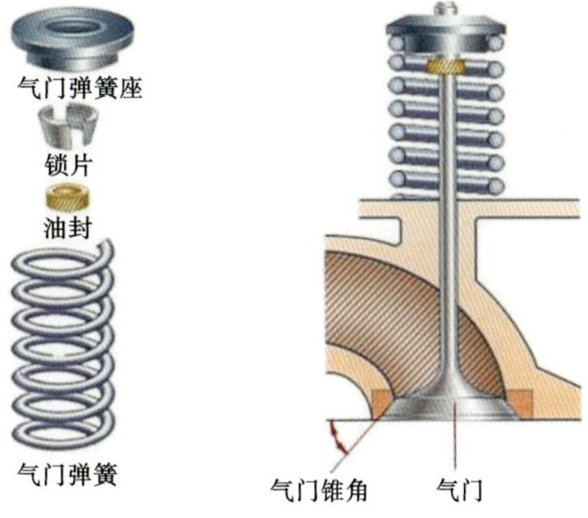

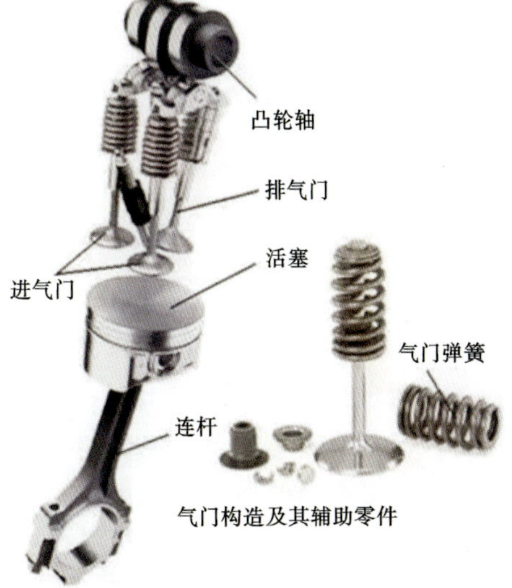

气门构造及其辅助零件

□每缸气门数：

指发动机每个汽缸所拥有的气门数，有两气门、三气门、四气门和五气门几种。达到或超过六气门不仅使配气结构过于复杂，还会导致发动机寿命缩短，气门开启的空间帘区（气门的圆周和气门的升程）也较小，效率下降。因此，四气门技术目前使用最为普遍。

□气门数与发动机性能的关系：

一般来说，同等排量情况下，气门越多，进排气效率越好，就像一个人跑步，累得气喘吁吁时，需要张大嘴巴呼吸。排量较大、功率较大的发动机要采用多气门技术。

汽缸和气门数可以作为判断发动机优劣的标准之一，但不是唯一标准。宝马公司的直列4缸2.0升发动机，由于其独特的可变气门技术，在功率和扭矩输出上丝毫不逊于普通的6缸机，这也是宝马318轿车动力性广受好评的原因。奔驰公司长期采用每缸3气门技术，也达到了很好的功率、扭矩和环保水平。

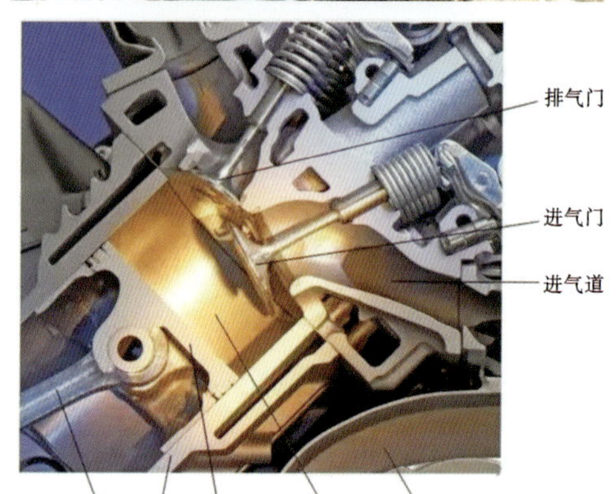

13）凸轮轴和气门的布置

□凸轮轴：

凸轮轴是活塞发动机里的一个部件。它的作用是控制气门的开启和闭合动作。其材质一般是特种铸铁或采用锻件。凸轮轴的主体是一根与汽缸组长度相同的圆柱形棒体，上面套有若干个凸轮，用于驱动气门。凸轮轴的一端是轴承支撑点，另一端与驱动轮相连接。

□凸轮：

凸轮保证汽缸充分的进气和排气。一般来说，直列式发动机中，一个凸轮都对应一个气门，V型发动机或水平对置式发动机则是每两个气门共享一个凸轮。而转子发动机和无阀配气发动机由于其特殊的结构，并不需要凸轮。

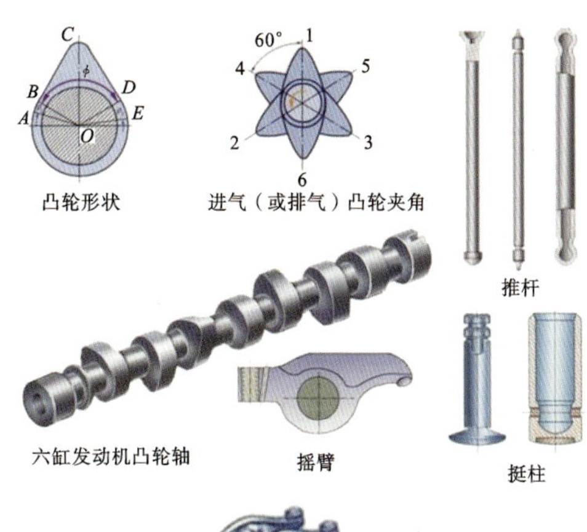

□凸轮轴和气门的布置：

在以前很长的一段时间里，底置式凸轮轴在内燃机中最为常见。而现在大多数量产车的发动机配备的是顶置式凸轮轴。

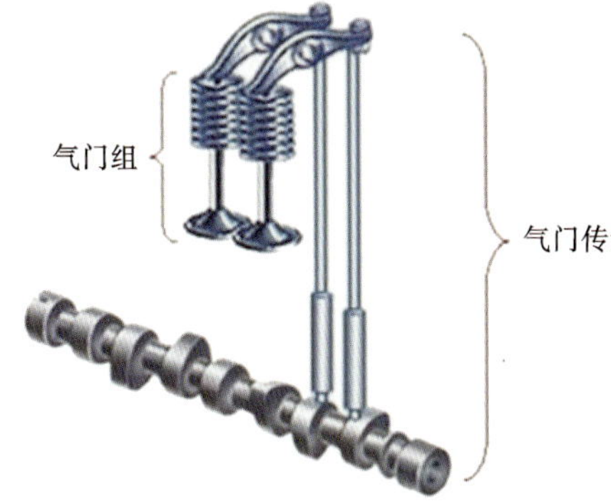

□顶置式气门与顶置凸轮轴(OHC)：

发动机的凸轮轴安装位置有下置、中置、上置三种形式。轿车发动机由于每分钟转速可达 5000 转以上，为保证进排气效率，都采用进气门和排气门倒挂的形式，即顶置式气门装置。

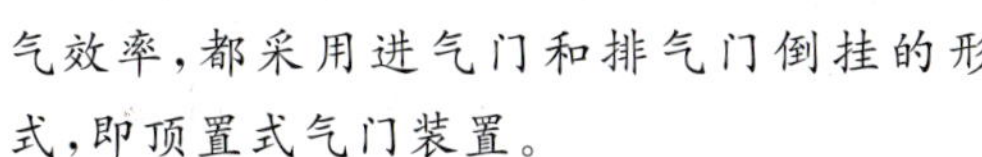

轿车发动机将凸轮轴配置在发动机的上方，相比中置、下置更为合理。既缩短了凸轮轴与气门之间的距离，又省略了气门的挺杆和挺柱，将发动机的结构变得更加紧凑。更重要的是，这种安装方式可以减少整个系统往复运动的质量，提高了传动效率。

凸轮轴下置

凸轮轴中置

凸轮轴上置

□顶置凸轮轴分类：

按凸轮轴数目的多少，一般可分为单顶置凸轮轴(SOHC)和双顶置凸轮轴(DOHC)两种，当然还有制作工艺更复杂的四顶置凸轮轴。

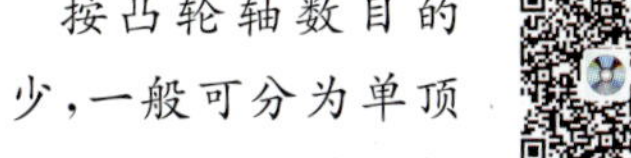

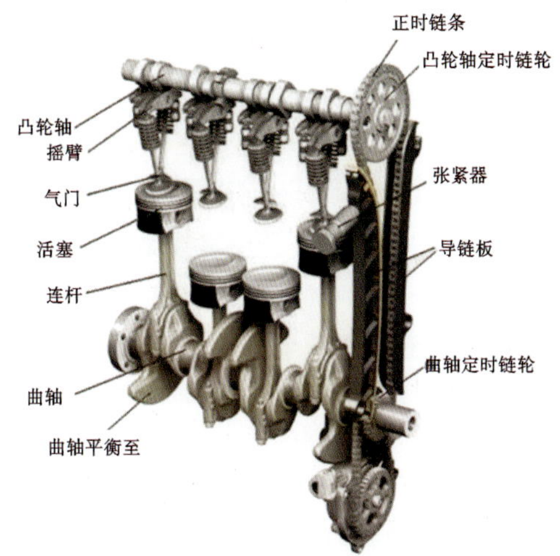

单顶置凸轮轴(SOHC)在双顶置凸轮轴出现之前,就叫OHC,单顶置凸轮轴的凸轮轴置于汽缸顶部,在气门之上。有些还配有可变正时凸轮用来调整发动机扭矩曲线,满足不同的使用要求。

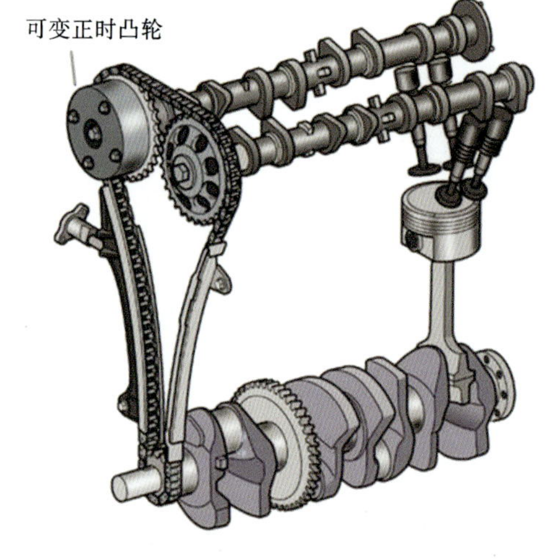

双顶置凸轮轴(DOHC)的每个汽缸头有两个凸轮轴,V型汽缸因为分为左右两块,总共有4个凸轮轴,这样对每缸四气门的设计就很便利,同时发动机也可达到更高的转速。而气门的位置更有利于高马力输出,但是这样的设计,其缺点就是质量加大,构造复杂且较昂贵。

□四种常见的气门和凸轮轴布置:

第一种:顶置气门,侧置凸轮轴。即凸轮轴在汽缸侧面,由正时齿轮直接驱动。由于此布置必须使用气门挺杆来传递动力,往复运动的零件较多,惯性质量大,容易引起振动,所以现在已经基本不采用这种布置了。

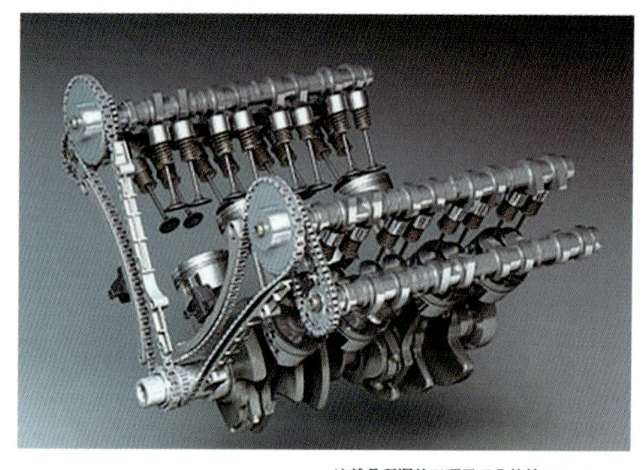

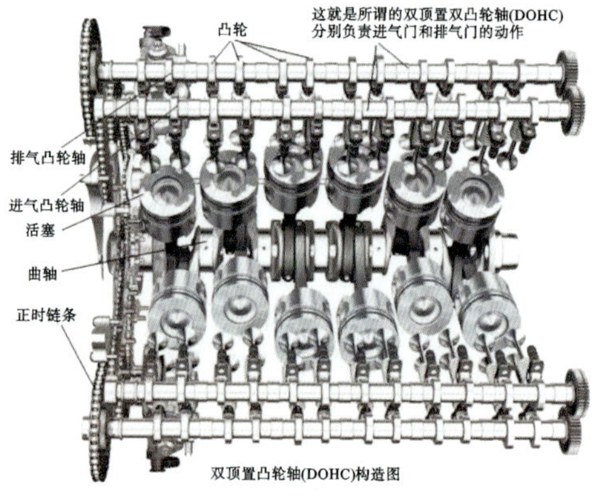

双顶置凸轮轴(DOHC)构造图

常见的两种布置类型是:顶置气门,顶置凸轮轴(SOHC);顶置气门,双顶置凸轮轴(DOHC)。

这两种顶置气门布置各有优势,单顶置凸轮轴(SOHC)的成本要低于双顶置凸轮轴(DOHC)。单顶置凸轮轴(SOHC)在低转速时马力较大,比较适合市区行车。

而双顶置凸轮轴(DOHC)则在高转速时马力较大,比较适合高速行驶。汽车厂商会根据发动机成本预算和车型受众对象来选择相应布置,所以我们并不能单纯以发动机的排量大小、车型的分类或是车价的高低来简单界定单顶置凸轮轴还是双顶置凸轮轴。就未来的发展趋势而言,顶置气门、双顶置凸轮轴将是更为主流的布置。

第四种:顶置气门,四顶置凸轮轴。这是一种更高端的布置,一般用在采用V型或W型发动机的顶级跑车上面。

14）四冲程发动机

按发动机在一个工作循环期间活塞往复运动的行程数，分为四冲程和二冲程发动机。在一个工作循环中活塞往复四个行程的内燃，称为四冲程往复活塞式内燃机，完成进气、压缩、做功和排气四个过程为一个工作循环。而活塞往复两个行程完成一个工作循环的，则称为二冲程往复活塞式内燃机。

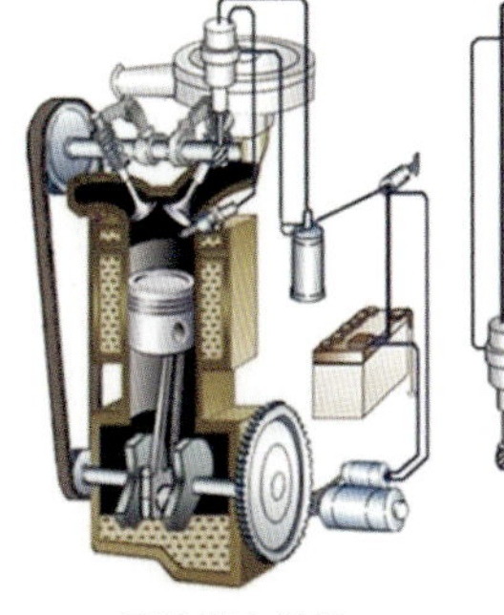

四冲程内燃机

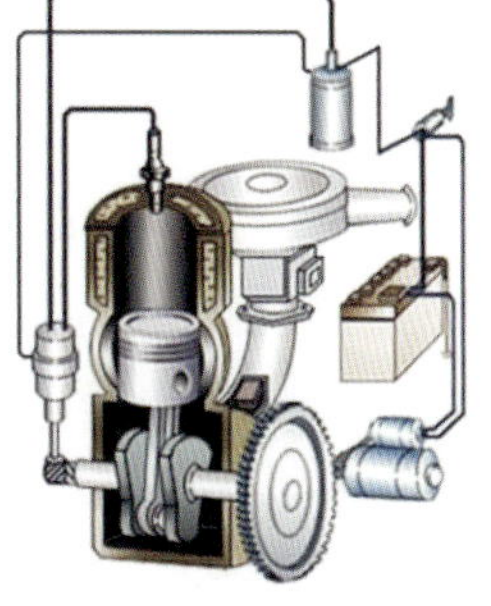

二冲程内燃机

□“大缸径×短行程”与“小缸径×长行程”：

在排气量不变的前提下“大缸径×短行程”的设计，缺点是在发动机室里会占用较大空间。优点是行程短，发动机高度低，整车的重心低，对高速稳定度、操控表现都有益。

相对的，“小缸径×长行程”的设计优点是发动机占用空间小，车头有机会设计得较短，把宝贵的空间让出来给乘客。缺点是发动机的高度会变高，车头降低风阻和流线造型的设计不容易实现。

□“缸径×行程”与发动机性能的关系：

“小缸径×长行程”峰值扭力出现的转速会比较低，适于低转速马力发动机，起步加速快。这是因为活塞每在汽缸内跑一次的行程较长，因此产生的动力加速度较高，扭力也就容易变大！用最简单的解释，就好比拳击手，直拳比刺拳有力，勾拳又会比直拳有力，是因为出拳前行程较长的缘故。

反之，“大缸径×短行程”设计的发动机，因为活塞的每个行程较短，产生的动力加速度较低，因此必须靠多跑几次才能获得等量的力道输出，适于高转速马力发动机，更高的极限速度是它的专长。而想要起步加速快的话，就只能靠提高发动机转速来实现了。

15）排放水平

汽车排放水平是指从废气中排出的CO（一氧化碳）、HC+NO_x（碳氢化合物和氮氧化物）、PM（微粒、碳烟）等有害气体不得高于国家规定的标准。它们都是发动机在燃烧做功过程中产生的有害气体。这些有害气体产生的原因各异，CO是燃油氧化不完全的中间产物，当氧气不充足时会产生CO，混合气浓度大及混合气不均匀都会使排气中的CO增加。HC是燃料中未燃烧的物质，由于混合气不均匀、燃烧室壁冷等原因造成部分燃油未来得及燃烧就被排放出去。NO_x是燃料（汽油）在燃烧过程中产生的一种物质。PM也是燃油燃烧时缺氧产生的一种物质，其中以柴油机最明显。因为柴油机采用压燃方式，柴油在高温高压下裂解更容易产生大量肉眼看得见的碳烟。

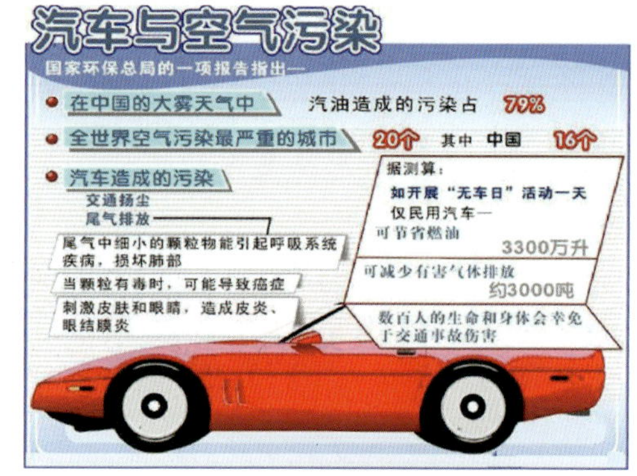

汽车与空气污染
国家环保总局的一项报告指出——
在中国的大雾天气中
汽油造成的污染占 79%
全世界空气污染最严重的城市
20个 其中 中国 16个
汽车造成的污染
交通扬尘
尾气排放
尾气中细小的颗粒物能引起呼吸系统疾病，损坏肺部
当颗粒有毒时，可能导致癌症
刺激皮肤和眼睛，造成皮炎、眼结膜炎
据测算：
如开展“无车日”活动一天
仅民用汽车—
可节省燃油
3300万升
可减少有害气体排放
约3000吨
数百人的生命和身体会幸免于交通事故伤害

PM2.5
大气中直径小于或等于2.5微米的颗粒物，也称为可入肺颗粒物

欧洲标准是由欧洲经济委员会（ECE）的排放法规和欧共体（EEC）的排放指令共同加以实现的。排放法规由ECE参与国自愿认可，排放指令是EEC或EU参与国强制实施的。汽车排放的欧洲法规（指令）标准于1992年前已实施若干阶段，欧洲从1992年起开始实施欧Ⅰ（欧Ⅰ型式认证排放限值），1996年起开始实施欧Ⅱ（欧Ⅱ型式认证和生产一致性排放限值），2000年起开始实施欧Ⅲ（欧Ⅲ型式认证和生产一致性排放限值），2005年起开始实施欧Ⅳ（欧Ⅳ型式认证和生产一致性排放限值）。

汽车排放的国标与欧标不一样。国标是根据我国具体情况制定的国家标准。欧标是欧盟成员国通行的标准。欧标略高于国标。

汽车排放的欧洲法规（指令）标准的计量是以汽车发动机单位行驶距离的排污量（g/km）计算，因为这对研究汽车对环境的污

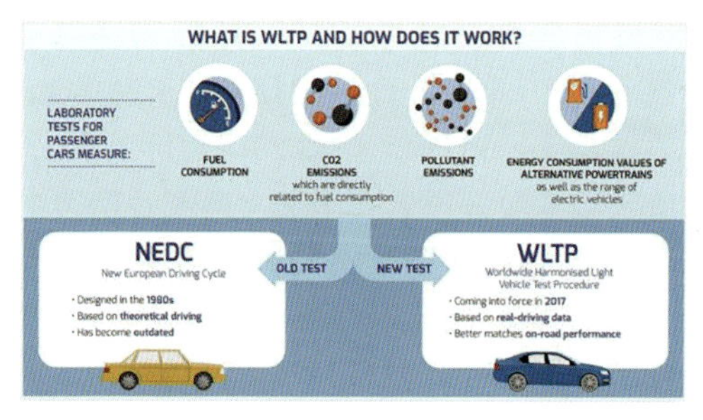

染程度比较合理。同时，欧洲排放标准将汽车分为总质量不超过 3500 kg（轻型车）和总质量超过 3500 kg（重型车）两类。轻型车不管是汽油机或柴油机车，整车均在底盘测功机上进行试验。重型机由于车重，则用所装发动机在发动机台架上进行试验。

世界汽车排放标准并立，分为欧洲、美国、日本标准体系。欧洲标准测试要求相对而言比较宽泛，是发展中国家大都沿用的汽车尾气排放体系。由于我国的轿车车型大多从欧洲引进，中国大体上采用欧洲标准体系。

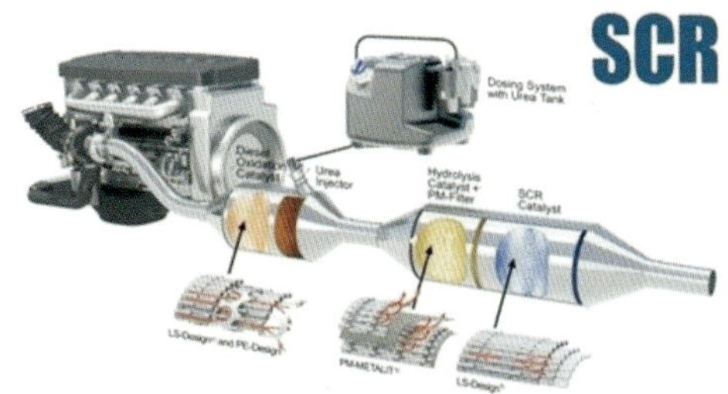

SCR由贵金属和非贵金属催化剂构成，尿素水溶剂注入SCR后会发生复杂的物理、化学反应，从而降低了氮氧化物的排放。

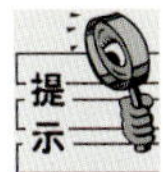

1. 轻型汽车

轻型汽车的排放标准在1999年7月发布，2001年修订。

第一阶段：《轻型汽车污染物排放限值及测量方法（Ⅰ）》（GB 18352.1—2001），等效采用欧盟 93/59/EC 指令，参照采用 98/77/EC 指令部分技术内容，等同于欧Ⅰ，从2001年4月16日发布并实施；

第二阶段：《轻型汽车污染物排放限值及测量方法（Ⅱ）》（GB 18352.2—2001），等效采用欧盟 96/69/EC 指令，参照采用 98/77/EC 指令部分技术内容，等同于欧Ⅱ，从2004年7月1日起实施；

第三阶段：《轻型汽车污染物排放限值及测量方法（中国Ⅲ、Ⅳ阶段）》（GB 18352.3—2005），部分等同于欧Ⅲ，于2007年实施；

第四阶段：部分等同于欧Ⅳ，于2010年实施。

中国轻型汽车Ⅲ、Ⅳ号排放标准在污染物排放限值与欧Ⅲ、欧Ⅳ标准完全相同，但在实验方法上作了一些改进，在法规格式上也与欧Ⅲ、欧Ⅳ标准有很大差别。

第五阶段：《轻型汽车污染物排放限值及测量方法（中国第五阶段）》（GB 18352.5—2013）于2018年1月1日起实施。

2. 重型汽车

重型汽车的排放标准，包括重型压燃式发动机标准和重型点燃式发动机标准。

1）重型压燃式发动机标准

(1)《车用压燃式发动机排气污染物排放限值及测量方法》(GB 17691—2001)，于2001年4月16日发布，参照欧盟91/542/EEC指令。

第一阶段：相当于欧Ⅰ水平，型式核准试验自2000年9月1日起执行，生产一致性检查自2001年9月1日起执行；

第二阶段：相当于欧Ⅱ水平，型式核准试验自2003年9月1日起执行，生产一致性检查自2004年9月1日起执行。

(2)《车用压燃式、气体燃料点燃式发动机与汽车排气污染物排放限值及测量方法(中国Ⅲ、Ⅳ、Ⅴ阶段)》(GB 17691—2005)，修改采用了欧盟指令2001/27/EC的有关技术内容，于2005年5月发布，分别于2007年、2010年、2012年1月1日实施。

2）重型点燃式发动机标准

《重型车用汽油发动机与汽车排气污染物排放限值及测量方法(中国Ⅲ、Ⅳ阶段)》(GB 14762—2008)，于2009年07月01日实施。

第Ⅲ阶段：型式核准试验自2009年7月1日执行；

第Ⅳ阶段：型式核准试验自2012年7月1日执行。

国六排放标准变化

排放（毫克/公量）	国五		国六	
	汽油车	柴油车	国六A	国六B
CO（一氧化碳）	1000	500	700	500
NMHC（非甲烷烃）	68	-	68	55
NO_x（氮氧物物）	60	180	60	55
PM（微颗粒物）	4.5	4.5	4.5	3
P74/km—[1]（颗粒数）	-	6×10^{11}	6×10^{11}	6×10^{11}

国六排放标准执行状态

第一批城市	执行时间	执行标准
海南	2018年11月	国六A
深圳	2018年7月	柴油国六B
	2019年1月	汽柴油国六B
广州	2019年1月	国六B
北京	2019年1月	待定
天津	2019年1月	待定
河北	2019年1月	待定
河南	2019年1月	待定
山东	2019年1月	待定
第二批城市	执行时间	执行标准
广东省全省	2019年7月	国六B
杭州	2019年7月	国六A

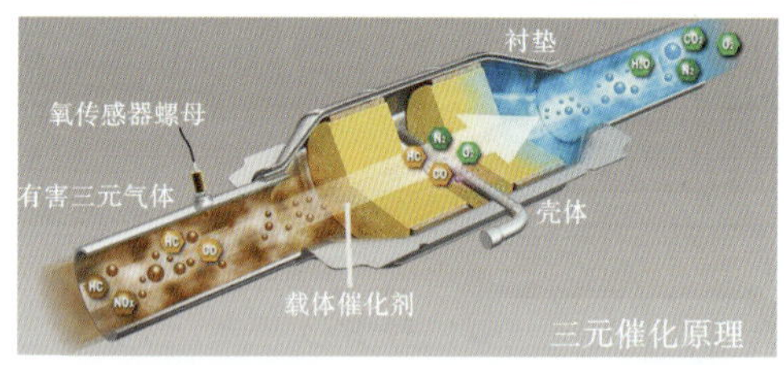

柴油车			排放限值/（g/km）
	周四	国五	
氮氧化物（NO_x）	0.25	0.18	↓ 28%
非甲烷碳氢（$HC+NO_x$）	0.3	0.23	↓ 23%
颗粒物浓度（PM）	0.025	0.0045	↓ 82%
颗粒物粒子数量（PN）	—	6.0×10^{11}	

对于柴油车，最大的区别就在于颗粒物浓度要求提高了82%！显然，相比于汽油车，国五排放标准显然对柴油车要求更高，这样，柴油车要达到国五的成本便更加高了。

16）燃料类型

□汽油发动机与柴油发动机：

汽油发动机是以汽油作为燃料的发动机。优点是转速高，结构简单，质量轻，造价低廉，运转平稳。缺点是热效率低于柴油机，油耗较高，点火系统比柴油机复杂，可靠性和维修的方便性也不如柴油机。

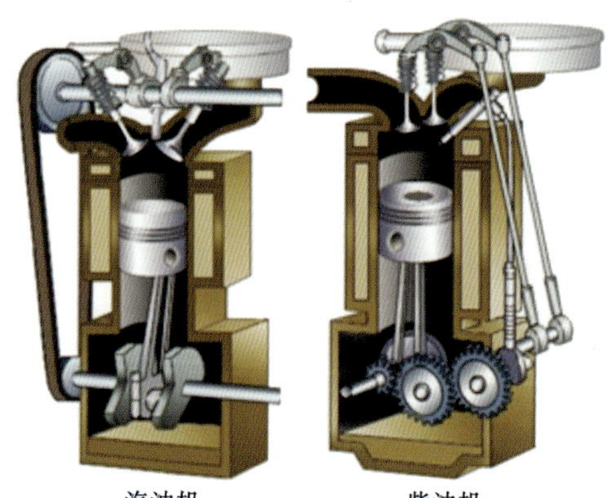

汽油机　　柴油机

柴油发动机是燃烧柴油来获取能量释放的发动机。优点是功率大、经济性能好，适合于载货汽车。缺点是成本较高，振动噪声大，冷车起动困难。

□90 号、93 号、95 号、97 号、98 号汽油：

汽油是由 C4～C10 各族烃类组成，外观为透明的液体。按辛烷值分为 90 号、93 号、95 号三个牌号。目前市场上所见到的 97 号、98 号汽油产品执行的产品标准均为企业标准。

标号代表辛烷值，辛烷值越高，抗爆性能就越好，燃烧完全、积炭少，具有较好的安定性，在储运和使用过程中不易出现氧化变质，对发动机部件及储油容器无腐蚀性。

□汽油选用的原则：

一般来说，压缩比为 7～8 的汽油机应选用 90 号汽油；压缩比在 8 以上的汽油机应选用 93 号或 97 号汽油。价格越昂贵的汽车发动机工艺越复杂，应使用标号 97 或更高的汽油。

在某些特殊情况下，如在较高海拔行驶或需要大负荷、大扭矩拖挂车辆时，发动机容易产生爆震，应选用较高辛烷值的汽油。

□无铅汽油：

无铅汽油是一种在提炼过程中没有添加铅的汽油，一般每升汽油只含有百分之一克来源于原油中微量的铅。无铅汽油比普通汽油更为环保，从 2000 年起在全国范围内就开始推广使用无铅汽油了。

□天然气：

与石油等能源相比，天然气在燃烧过程中产生的能影响人类呼吸系统健康的物质极少，产生的二氧化碳仅为煤的 40％左右，产生的二氧化硫也很少。以天然气代替汽车用油，天然气燃烧后无废渣、废水产生，具有价格低、使用安全、热值高、洁净等优势。

□氢气：

当今世界开发新能源迫在眉睫，原因是目前所用的能源如石油、天然气、煤，均属不可再生资源，地球上存量有限，而人类生存又时刻离不开能源，所以必须寻找新的能源。

氢能是一种二次能源，它是通过一定的方法利用其他能源制取的，作为一种理想的新的合能体能源，氢能源的优点非常多，最大的特点是环保且取之不尽。

17）机油

机油即发动机润滑油，被誉为汽车的“血液”，能对发动机起到润滑、清洁、冷却、密封、减磨等作用。

□机油品质的分类：

机油的识别有质量等级(API)和黏度(SAE)两种标准。API机油分为两类：“S”开头系列代表汽油发动机用油，规格有：SA、SB、SC、SD、SE、SF、SG、SH、SJ、SL。“C”开头系列代表柴油发动机用油，规格有：CA、CB、CC、CD、CE、CF、CF—2、CF—4、CG—4、CH—4、CI—4。当“S”和“C”两个字母同时存在时，表示此机油为汽柴通用型。在S或C后面的字母越靠后，质量等级越高，国际品牌中机油级别多是SF级别以上的。

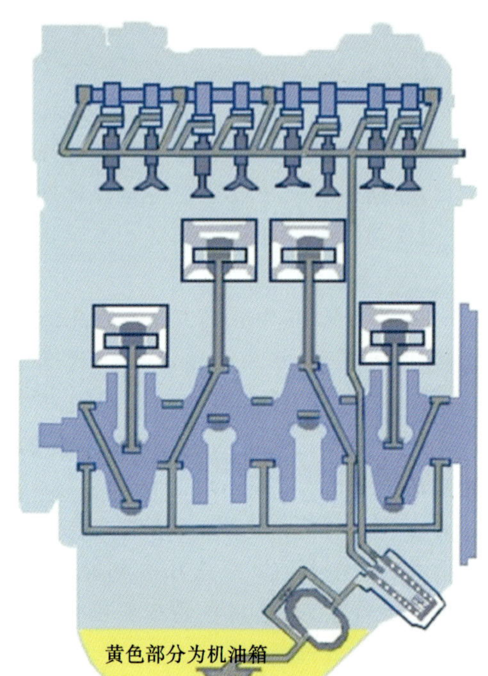

18）发动机冷却液

发动机冷却液的全称应该是防冻冷却液，意为有防冻功能的冷却液。发动机冷却液不仅仅是冬天用的，它应该在全年使用。优质防冻冷却液的沸点通常在零上110摄氏度，在夏季使用，防冻冷却液比水更难开锅，并且可以防垢、防腐和除锈。

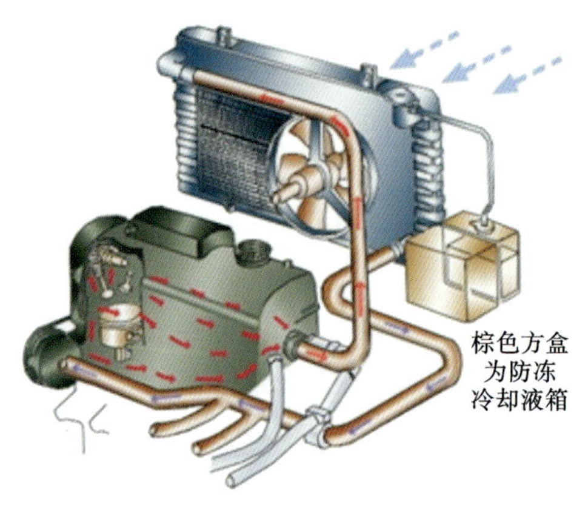

□发动机冷却液使用注意事项：

（1）尽量使用同一品牌的发动机冷却液。不同品牌的发动机冷却液其生产配方会有所差异，如果混合使用，多种添加剂之间很可能会发生化学反应，造成添加剂失效。

（2）发动机冷却液的有效期多为两年（个别产品会长一些），添加时应确认该产品在有效期之内。

（3）必须定期更换，一般为两年或每行驶4万公里更换一次，出租车应该更换得勤一些。更换时应放净旧液，将冷却系统清洗干净后，再换上新液。

（4）避免兑水使用。传统的无机型冷却液不可以兑水使用，那样会生成沉淀，严重影响发动机冷却液的正常功能。有机型发动机冷却液则可以兑水使用，但水不能兑得太多。

19）缸盖材质

缸盖安装在缸体的上面，从上部密封汽缸并构成燃烧室。它经常与高温高压燃气相接触，因此承受很大的热负荷和机械负荷。水冷发动机的汽缸盖内部制有冷却水套，缸盖下端面的冷却水孔与缸体的冷却水孔相通。利用循环水来冷却燃烧室等高温部分。缸盖上还装有进、排气门座，气门导管孔，用于安装进、排气门，还有进气通道和排气通道等。汽油机的汽缸盖上加工有安装火花塞的孔，而柴油机的汽缸盖上加工有安装喷油器的孔。顶置凸轮轴式发动机的汽缸盖上还加工有凸轮轴轴承孔，用以安装凸轮轴。汽缸盖一般采用灰铸铁或合金铸铁铸成，铝合金的导热性好，有利于提高压缩比，所以近年来铝合金汽缸盖被采用得越来越多。汽缸盖是燃烧室的组成部分，燃烧室的形状对发动机的工作影响很大，由于汽油机和柴油机的燃烧方式不同，其汽缸盖上组成燃烧

室的部分差别较大。汽油机的燃烧室主要在汽缸盖上，而柴油机的燃烧室主要在活塞顶部的凹坑。

□铝合金：

以铝为基的合金总称。主要合金元素有铜、硅、镁、锌、锰，次要合金元素有镍、铁、钛、铬、锂等。铝合金密度低，但强度比较高，接近或超过优质钢，塑性好，可加工成各种型材，具有优良的导电性、导热性和抗蚀性，工业上广泛使用，使用量仅次于钢。

20）缸体材质

□铸铁发动机与铝合金发动机：

当前，汽油发动机的缸体分铸铁和铝合金两种。在柴油发动机中，铸铁缸体占绝大部分。

铝合金缸体的优点是重量轻，相对于铸铁缸体而言，铝合金缸体可以减轻发动机的重量，降低油耗。在同等排量的发动机中，使用铝合金缸体发动机，能减轻 20 kg 左右的重量。汽车的自身重量每减少 10%，燃油的消耗可降低 6%～8%。

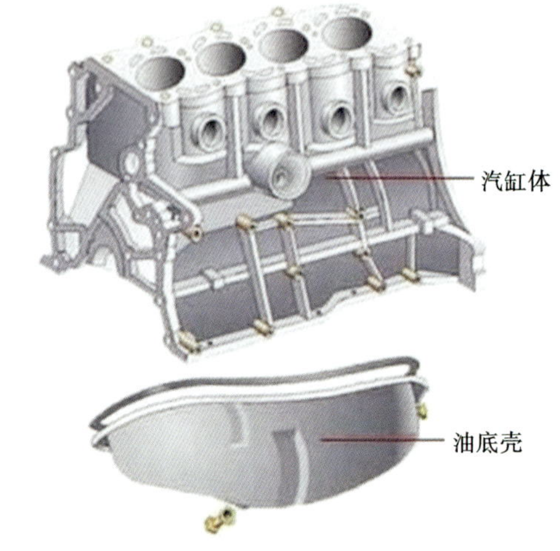

铸铁缸体的优点是体积较小，价格较铝合金缸体便宜，耐腐蚀性较高，热负荷能力强，尤其是在发动机的升功率方面铸铁的潜力更大。打个比方，一台 1.3 升排量铸铁发动机的输出功率可以超过 70 kW，而一台铝合金发动机的输出功率只能达到 60 kW。铝合金缸体发动机内部仍然有一部分使用铸铁材料，特别是汽缸要使用铸铁材料。

在生产过程中，铸铁缸体和铝合金缸体也有很多不同。铸铁生产线占地面积大，对环境污染大，加工工艺复杂；而铝合金缸体的生产特点恰好相反，从市场竞争的角度来说，铝合金缸体具有一定的优势。但当汽车的发动机体积要求较小时，使用铝合金缸体就很难达到铸铁缸体的强度。所以说，高增压的发动机大多采用铸铁缸体。

5. 变速器

变速箱是由变速传动机构和操纵机构组成，就是用来传递发动机的输出动力，能变换齿轮的组合以应付不同需求。

功能：

(1) 改变传动比，扩大驱动轮转矩和转速的变化范围，以适应经常变化的行驶条件，同时使发动机在有利(功率较高而油耗较低)的工况下工作。

(2) 在发动机旋转方向不变的情况下，使汽车能倒退行驶。

(3) 利用空挡，中断动力传递，以发动机能够起动、怠速，并便于变速器换挡或进行动力输出。

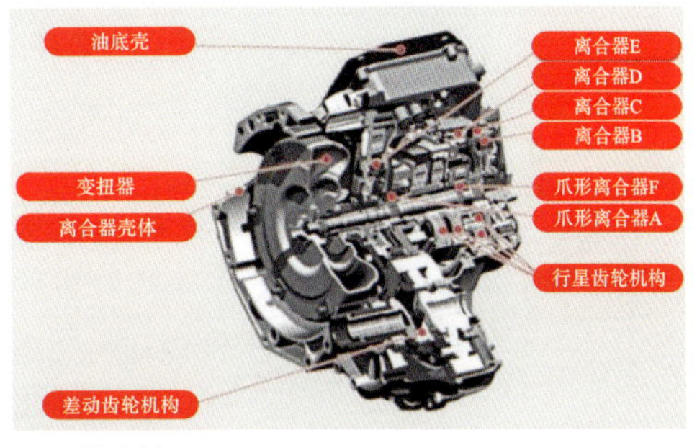

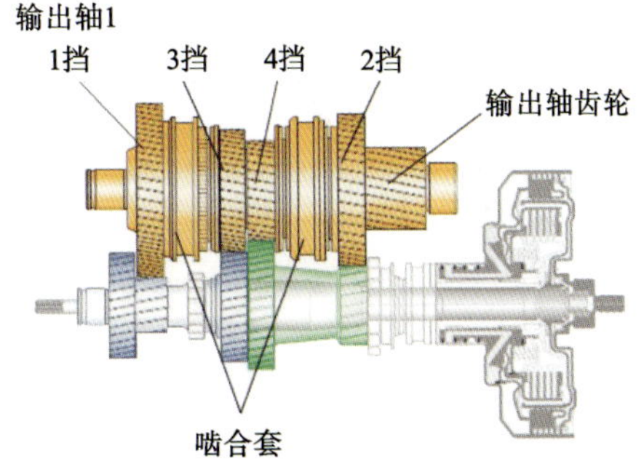

1) 挡位个数

变速器拥有几个挡位指的是前进挡的个数，挡位是指发动机在转速一定情况下，用来调整变速器的齿轮比，从而达到合理的扭矩。挡位个数越多，发动机输出功率的区域划分越细，这样就能让发动机在更小的转速范围内工作，随时保证最佳工作状态，不但可以获得更好的动力输出，还能保证更好的燃油经济性。缺点是挡位个数越多，结构越复杂，制造成本也相对较高。

变速器的挡位个数基本上在4～9个。大部分手动变速器都是5挡或6挡，其中5挡的比较多。大部分自动变速器都是4～6挡，比较先进的有7挡、8挡和9挡。

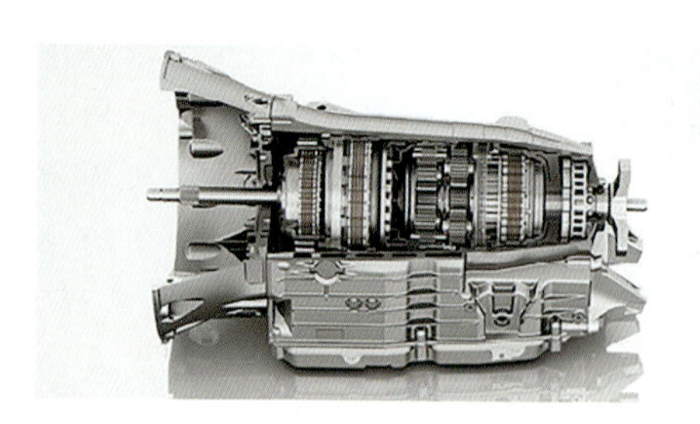

2）变速器类型

根据原理不同，变速器主要分为：手动变速器、自动变速器、手自一体变速器、无级变速变速器和双离合变速器。

（1）手动变速器。

手动变速器是通过手动选择挡位，改变变速器内的齿轮啮合位置，改变传动比，从而达到变速的目的。

手动变速器需要换挡杆与离合器共同操作才能够完成，首先需要踩下离合器，使齿轮分离，然后更换挡位，再松开离合器，使齿轮结合。

手动变速器是一种比较原始的变速器，优点是成本低，驾驶者能够随心所欲地控制车辆挡位，选择合适的挡位，控制车辆速度。缺点是具有一定的驾驶难度，操作相对复杂。

手动变速器构造示意图

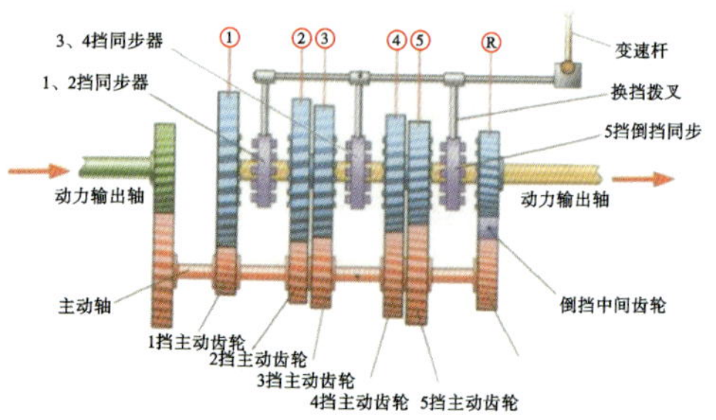

（2）自动变速器。

自动变速器是由液力变扭器、行星齿轮和液压操纵系统组成，通过液力传递和齿轮组合的方式来达到变速的作用。

自动变速器能根据油门踏板的深浅和车速变化，自动地变换挡位。优点是操作简便，缺点是动力传递有延迟，反应慢，且制造成本较高。

(3) 手自一体变速器。

手自一体变速器实际上就是自动变速器，只不过加上了手动控制的功能。其优点是驾驶者可以人为地强制变速器升挡或降挡，更便于超车或节油。

(4) 无级变速器。

无级变速器采用传动带和工作直径可变的主、从动轮相配合来传递动力，可以实现传动比的连续改变，从而得到传动系与发动机工况的最佳匹配。与传统自动变速箱相比，其结构简单，体积更小。另外，它可以自由改变传动比，从而实现全程无级变速，使汽车的车速变化平稳，没有传统变速器换挡时那种“顿”的感觉。

无级变速器的缺点是不能匹配较大扭矩的发动机，所以一般都使用在一些中小型轿车上。

（5）双离合变速器。

双离合变速器应该说是现在最好的变速器解决方案，它基于手动变速器而又不是自动变速器，除了拥有手动变速器的灵活性及自动变速器的舒适性外，还能提供无间断的动力输出。

3）挡把类型

变速器需要用换挡杆来控制挡位，而现在车内的换挡杆类型主要有以下几种方式。

◆ 地排式：最常见的一种换挡杆，80％的车型都采用这种方式。

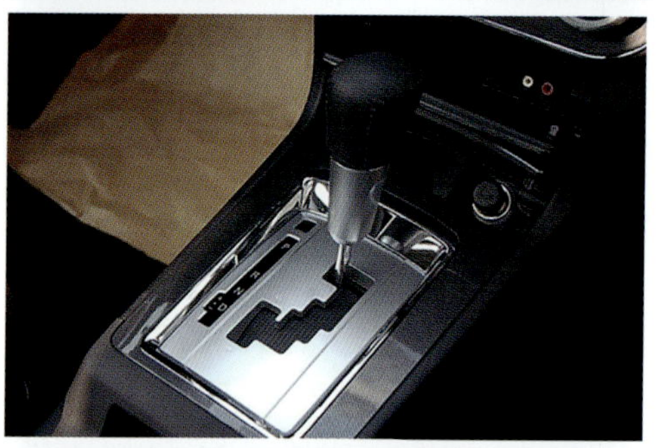

◆ 怀档式：现在的怀挡式变挡杆都用于比较高级的车型，基本上都为电子控制换挡系统。

◆ 中控台式：中控台式采用的车型并不多，一般只有少数的MPV才会采用。

◆ 拨片式：一般的拨片式都是和上述三种变速器配合使用的，即车辆既可以用换挡杆换挡，也可以用方向盘上的拨片换挡。

6. 制动系统

1）前/后制动器类型

制动器是让行驶中的汽车停止或减速的部件。制动器主要由制动架、制动件和操纵装置等组成，有些制动器还装有制动件间隙的自动调整装置。

制动器主要分为鼓式和盘式，而盘式又分为几种类型。

◆ 鼓式

鼓式制动是靠制动块在制动轮上压紧来实现制动的。现在鼓式制动器的主流是内张式，它的制动块（制动蹄）位于制动轮内侧，在制动的时候制动块向外张开，摩擦制动轮的内侧，达到制动的目的。

鼓式制动器由于容易产生热衰减，所以现在一般只是用在小型和微型车上，而且只用在后轮上。

◆ 实心盘式

实心盘式则是制动盘由一块圆形实心的金属做成的，所以叫实心盘式。盘式制动器由液压控制，主要零部件有制动盘、分泵、制动钳、油管等。制动盘用合金钢制造并固定在车轮上，随车轮转动。分泵固定在制动器的底板上，制动钳上的两个摩擦片分别装在制动盘的两侧，分泵的活塞受油管输送来的液压作用，推动摩擦片压向制动盘发生摩擦制动，动作起来就好像用钳子钳住旋转中的盘子，迫使它停下来一样。盘式制动器散热快、重量轻、构造简单、调整方便。特别是高负载时耐高温性能好，制动效果稳定，而且不怕泥水侵袭，在冬季和恶劣路况下行车，盘式制动比鼓式制动更容易在较短的时间内令车停下。

◆ 通风盘式

由于在制动过程中，卡钳和制动盘摩擦会产生大量的热量，使制动盘快速升温而降低制动效果。所以通风盘式就诞生了：车辆在行使当中产生的离心力能使空气对流，达到散热的目的，这是由盘式碟片的特殊构造决定的。从外表看，它在圆周上有许多通向圆心的洞空，这些洞空是经一种特殊工艺制造而成的，因此比普通盘式散热效果要好许多，但是成本也要高一些，一般中高档轿车才会采用。

◆ 打孔通风盘式

打孔通风盘是在通风盘基础上对盘面进行打孔，最大限度保证空气流通，降低热衰减。一般在大功率的跑车上才会用打孔通风盘。

◆ 陶瓷碳纤维式

陶瓷碳纤维式就是在打孔通风盘的基础上，在制动盘上加入了极耐热的陶瓷材料。这样可以提高制动盘的耐高温性，可以有效地降低热衰减，也具有轻量化的特点。这种制动盘一般只在赛车或者超级跑车上采用。

2）驻车制动类型

驻车制动主要有以下几种类型：手拉式、脚踏式、电子式。

◆ 手拉式

手拉式是最常见的一种驻车制动类型，大部分车型都采用这种方式。手拉式驻车制动位于前排座椅中间，像上拉起为上锁。

◆ 脚踏式

脚踏式驻车制动一般在车辆左边，分两种方式：一种是拉紧和松开都是脚踩，另一种是拉紧用脚踩，松开用手拉。很多美国车都采用脚踩式驻车制动。

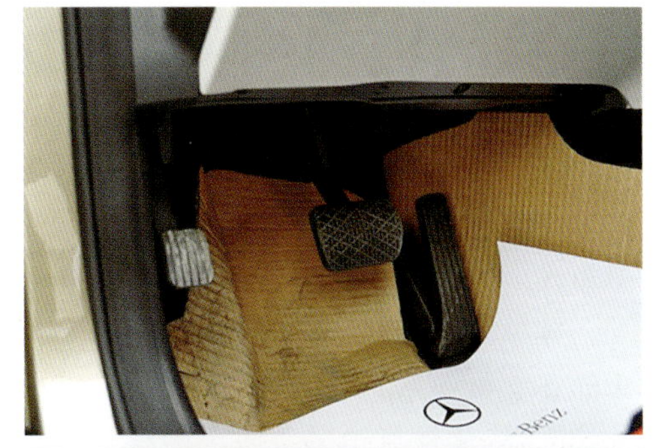

◆ 电子式

电子驻车制动也就是电子驻车制动系统。电子驻车制动系统是指将行车过程中的临时性制动和停车后的长时性制动功能整合在一起，并且由电子控制方式实现停车制动的技术。

其工作原理与机械式驻车制动相同，均是通过制动盘与制动片产生的摩擦力来达到控制停车制动，只不过控制方式变成了电子按钮。现在很多汽车都采用电子式驻车制动。

7. 驱动方式

驱动方式指车辆驱动轮的数量和位置。一般的车辆都有前、后两排轮子，其中直接由发动机驱动转动，从而推动（或拉动）汽车前进的轮子就是驱动轮。由于汽车驱动轮的数量以及所处位置的不同，从而使汽车拥有多种驱动的方式。

根据驱动轮的位置和数量，车辆的驱动方式可以分为以下几种形式。

两轮驱动：其中包括前轮驱动和后轮驱动

全轮驱动：其中包括全时全轮驱动和接通式全轮驱动。

1）前轮驱动

前轮驱动是指发动机的动力直接传递给前轮从而带动车辆前进的驱动方式。形象地说，就是前进时前轮“拖动”后轮，带动车辆行进。

前轮驱动的优点是：更容易布置车内成员空间，并且机械结构简单，造价便宜，从而节省成本。如今60%以上的轿车都采用了这种驱动形式。

前轮驱动的缺点是：由于前轮驱动的前轮既负责驱动车辆又负责车辆转向，前轴负荷过重，这使得前轮驱动的车辆在过弯时前部重心会因惯性而前移，容易突破前轮的地面附着力，而后轮又没有动力，则会发生转向不足。

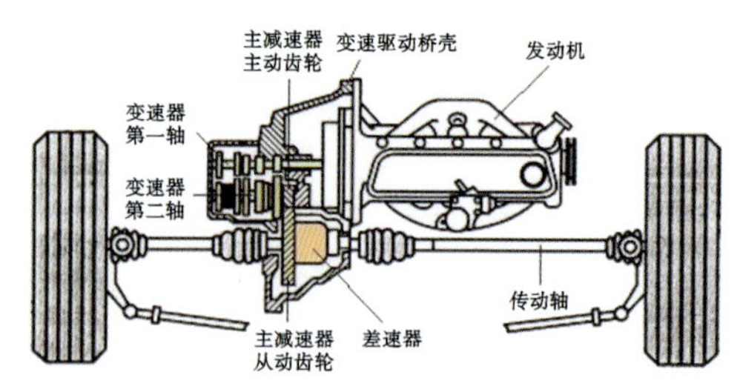

2）后轮驱动

后轮驱动是指发动机的动力通过传动轴传递给后轮，从而推动车辆前进的驱动形式。后轮驱动是一种比较传统的驱动形式，最早的汽车基本上都是后轮驱动。在后轮驱动中，后轮为驱动轮，负责驱动整个车辆，而前轮为导向轮，负责转向，形象地说，就是前进时后轮“推动”前轮，带动车辆行进。

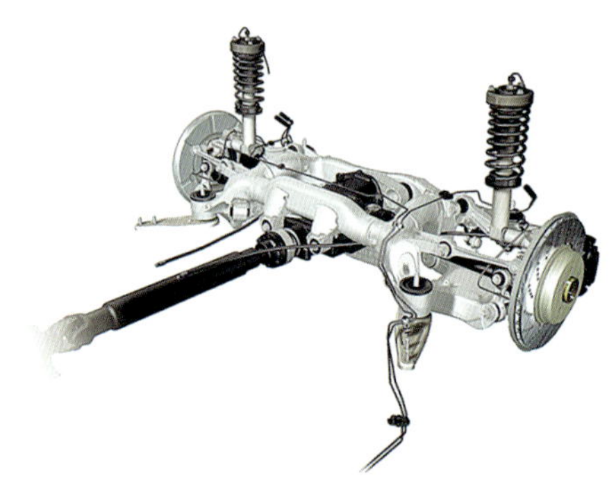

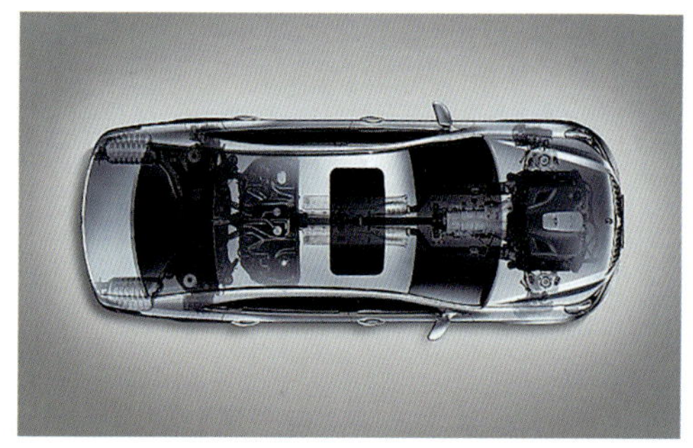

后轮驱动的优点：

（1）操控性好：后轮负责驱动，前轮可专注于转向工作，因此转向时的车辆反应更加敏捷。

（2）起步加速表现好，舒适度高：车辆起步、加速或爬坡时重心后移，后轮作为驱动轮抓地力增强，有利于车辆起步、加速或爬坡，提供更好的行驶稳定性和舒适度。

后轮驱动的缺点：

（1）制造成本较高、空间利用不便。

（2）在转弯的时候，如果后轮转速高于前轮，便会出现转向过度的情况，即我们所说的“甩尾”。平时我们所看到的漂移其实就是充分利用车辆的转向过度来驾驶，这需要较高的驾驶技术，而对于普通驾驶者来说，转向过度并不是什么好事。后轮驱动一般都应用在一些中高级轿车上。

3）全时全轮驱动

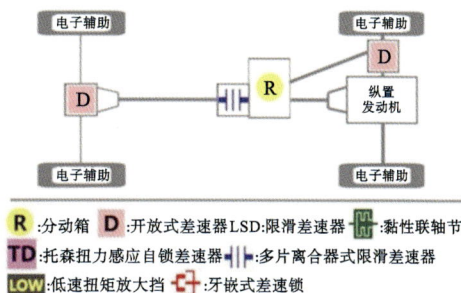

既然前轮驱动和后轮驱动都有相应的缺点（转向不足和转向过度），那么有没有更好的驱动方式呢？答案是肯定的，即全时全轮驱动。

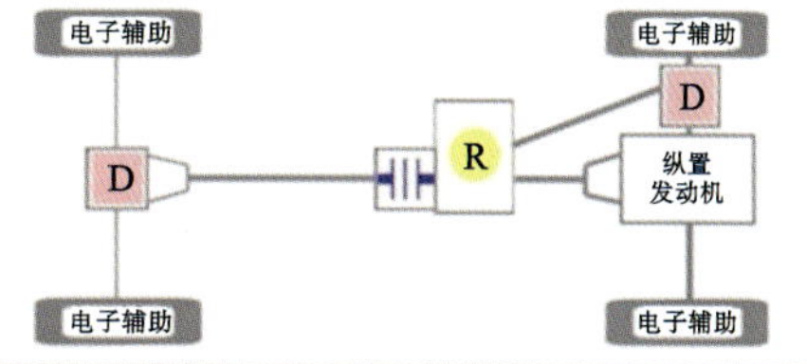

R:分动箱 D:开放式差速器LSD:限滑差速器 :黏性联轴节
TD:托森扭力感应自锁差速器 :多片离合器式限滑差速器
LOW:低速扭矩放大挡 :牙嵌式差速锁

全时全轮驱动是车辆在任何时候所有轮子全都能够提供驱动力，而且可以按行驶路面状态不同而将发动机输出扭矩按不同比例分布在前后所有的轮子上，这样可以有效地避免转向不足和转向过度的发生，提高车辆的行驶稳定性。

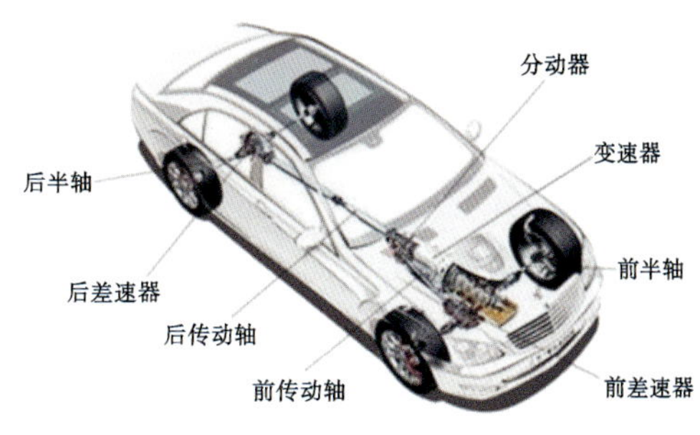

一般全时全轮驱动的车型都用AWD来表示，有些厂家的全驱技术则有自己的商标，比如奥迪的Quattro、奔驰的4-MATIC、宝马的X-Drive等。全时全轮技术一般应用在轿车或者以公路性能为主的越野车上，车价都比较高。

4）接通式全轮驱动

接通式全轮驱动是指可以在两轮驱动和全轮驱动之间选择的驱动方式，由驾驶者根据路面情况，通过接通或断开分动器来变化两轮驱动或全轮驱动模式。

这种全轮驱动方式一般被应用于纯粹的越野车上，有高速四驱、低速四驱、高速两驱三种模式，目的是提高车辆的越野性能。

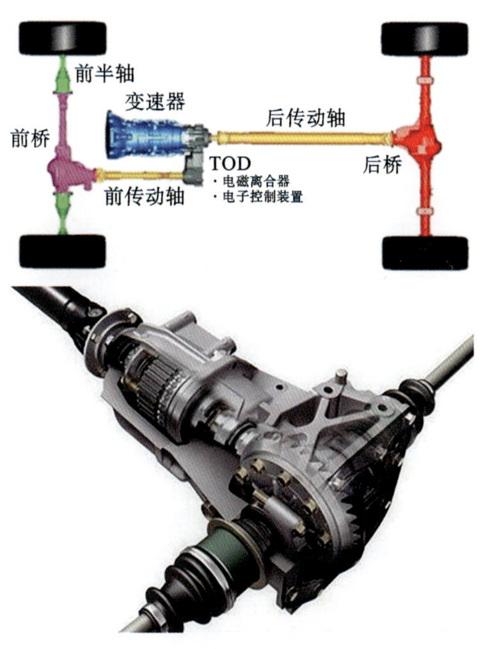

8. 前/后悬挂类型

悬挂系统是汽车的车架与车桥或车轮之间的一切传力连接装置的总称，其作用是传递作用在车轮和车架之间的力和力扭，并且缓冲由不平路面传给车架或车身的冲击力，并衰减由此引起的震动，以保证汽车能平顺地行驶。

悬挂系统与汽车的发动机和变速器被称为汽车的三大主要部件，是汽车的核心技术。所以判断一部车的好与坏，首先要看这三大系统。

悬挂系统现在基本上可分为以下两大类。

(1) 独立悬挂。

指前后左右四个车轮单独通过独立的悬挂装置与车体相连，也就意味着可以各自独立地上下跳动。

(2) 非独立悬挂。

指左右两个车轮通过一支车轴连接，不能单独地上下跳动。

现在的汽车前悬挂使用都是独立悬挂，一些低端车型后悬挂使用的是非独立悬挂，中高档轿车使用的都是独立悬挂。

1) 麦弗逊式独立悬挂

麦弗逊式悬挂由螺旋弹簧、减震器、三角形下摆臂组成，绝大部分车型还会加上横向稳定杆。主要结构简单地来说就是螺旋弹簧套在减震器上组成，减震器可以避免螺旋弹簧受力时向前、后、左、右偏移的现象，限制弹簧只能作上下方向的振动，并可以用减震器的行程长短及松紧，来设定悬挂的软硬及性能。

麦弗逊式悬挂是当今世界用得最广泛的轿车前悬挂之一，大部分车型的前悬挂都是麦弗逊式悬挂。虽然麦弗逊式悬挂技术含量并不高，但它是一种经久耐用的独立悬架，具有很强的道路适应能力。

2）双叉臂式独立悬挂

双叉臂式悬挂，又叫两连杆式悬挂，也是一种常见的独立悬挂。它通过上下两个横臂与车身铰接，一般下横臂比上横臂长。双横臂式悬挂也是使用范围很广泛的悬挂，很多运动型车和高级车都在使用。

双叉臂式悬挂拥有上下两个叉臂，横向力由两个叉臂同时吸收，支柱只承载车身重量，因此横向刚度大。双叉臂式悬挂的上下两个A字形叉臂可以精确地定位前轮，前轮转弯时，上下两个叉臂能同时吸收轮胎所受的横向力，加上两叉臂的横向刚度较大，所以转弯的侧倾较小。

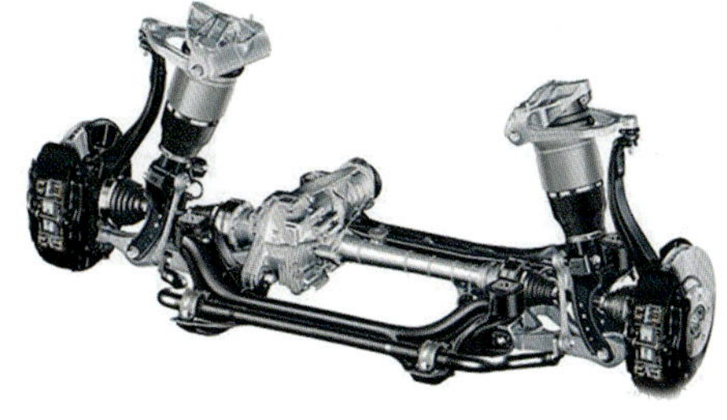

3）拖曳臂式非独立悬挂

拖曳臂式悬挂是专为后轮设计的悬挂结构，它的构成非常简单：以粗状的上下摆动式拖臂实现车轮与车身或车架的硬性连接，然后以液压减震器和螺旋弹簧充当软性连接，起到吸震和支撑车身的作用，圆柱形或方形横梁则连接左右车轮。非独立悬架的优点：技术成熟可靠，造价低廉，占用车内空间较少。非独立悬架的缺点：承载性较差，减震性能较差，在不平路面行驶影响乘坐舒适感。

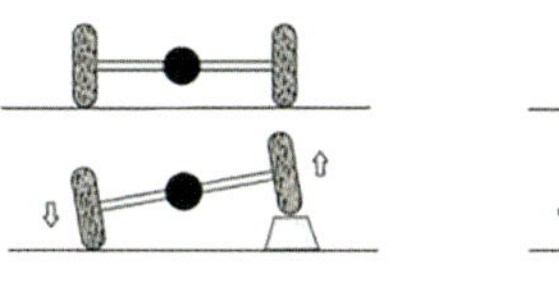

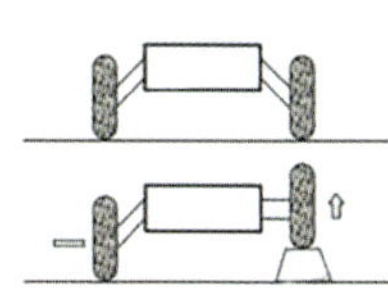

4）多连杆式独立悬挂

多连杆悬挂系统，又分为5连杆后悬挂和4连杆前悬挂系统。5连杆后悬挂系统包含5条连杆，分别为控制臂、后置定位臂、上臂、下臂和前置定位臂，其中控制臂可以调整后轮前束。

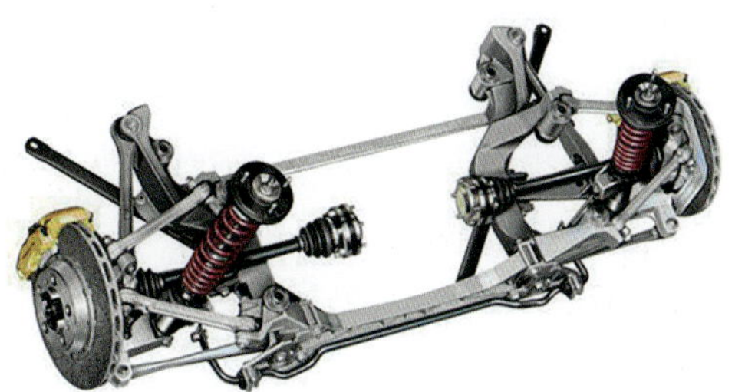

5连杆后悬挂的优点是构造简单、重量轻，减少悬挂系统占用的空间。5连杆后悬挂能实现主销后倾角的最佳位置，大幅度减少来自路面的前后方向力，从而改善加速和

制动时的平顺性和舒适性,同时也保证了直线行驶的稳定性,因为由螺旋弹簧拉伸或压缩导致的车轮横向偏移量很小,不易造成非直线行驶。

在车辆转弯或制动时,5 连杆后悬挂结构可使后轮形成正前束,提高了车辆的控制性能,减少转向不足的情况。同时紧凑的结构增加了后排座椅和行李厢空间。由于这种悬挂优点显著,易于调整,因而受到广泛的欢迎。

而全新的 4 连杆前悬挂系统多用于豪华轿车,它通过运动学原理巧妙地将牵引力、制动力和转向力分离,同时赋予车辆精确的转向控制。多连杆独立后悬架能提供给车辆更好的操控性和舒适性。

5）可调式悬挂系统

可调式悬挂就是根据车辆不同的需求状态来对悬挂的高度和软硬进行调整,从而使车辆处在最佳的形式状态。当下汽车的可调式悬挂按控制类型可分为三大类。

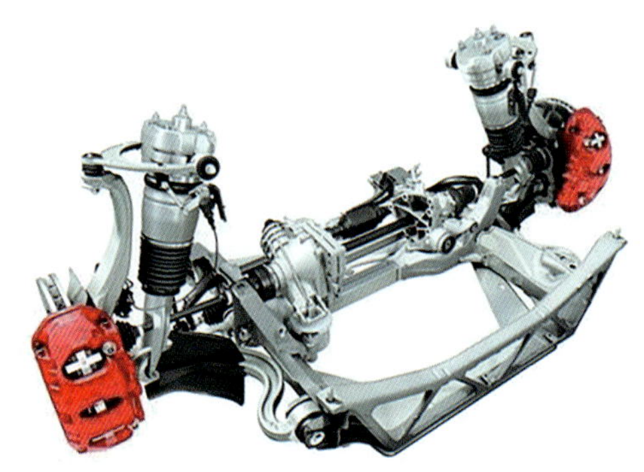

(1)空气式可调悬挂。

空气式可调悬挂就是指利用空气压缩机形成压缩空气,并通过压缩空气来调节汽车底盘的离地间隙的一种悬挂方式。

一般装备空气式可调悬挂的车型在前轮和后轮的附近都设有离地距离传感器,按离地距离传感器的输出信号,行车电脑判断出车身高度的变化,再控制空气压缩机和排气阀门,使弹簧自动压缩或伸长,从而起到减震的效果。空气式可调悬挂中的空气弹簧的软硬能根据需要自动调节。当在高速行驶时,空气悬挂可以自动变硬来提高车身的稳定性,而长时间在低速不平的路面行驶时,行车电脑则会使悬挂变软来提高车辆的舒适性。

(2) 液压式可调悬挂。

液压式可调悬挂就是指根据车速和路况，通过增减液压油的方式调整汽车底盘的离地间隙来实现车身高度升降变化的一种悬挂方式。

内置式电子液压集成模块是液压式可调悬挂的核心，在汽车重心附近安装有纵向、横向加速度和横摆陀螺仪传感器，用来采集车身振动、车轮跳动、车身高度和倾斜状态等信号，这些信号被传送给行车电脑，行车电脑再根据输入信号和预先设定的程序操纵前后四个执行油缸工作。通过增减液压油的方式实现车身高度的升或降，也就是根据车速和路况自动调整离地间隙，从而提高汽车的平顺性和操纵稳定性。

(3) 电磁式可调悬挂。

电磁式可调悬挂就是指利用电磁反应来实现汽车底盘的高度升降变化的一种悬挂方式。它可以针对路面情况，在 1 ms 时间内作出反应，抑制振动，保持车身稳定，特别是在车速很高又突遇障碍时更能显出它的优势。它的反应速度比传统的悬挂快 5 倍，即使是在最颠簸的路面，也能保证车辆平稳行驶。

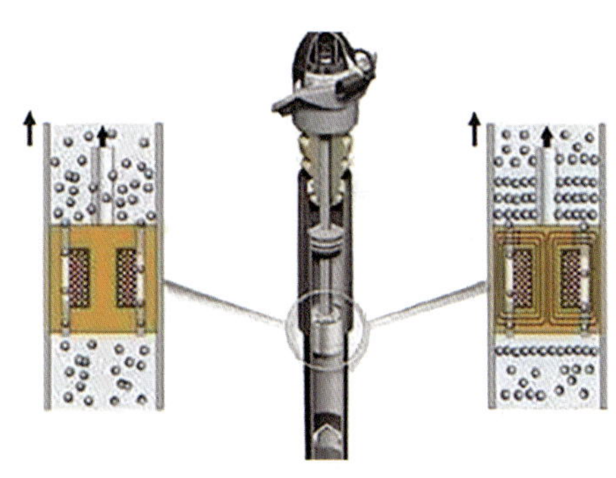

电磁悬挂系统是由行车电脑、车轮位移传感器、电磁液压杆和直筒减震器组成。在每个车轮和车身连接处都有一个车轮位移传感器，传感器与行车电脑相连，行车电脑又与电磁液压杆和直筒减震器相连。直筒减震器有别于传统的液压减震器，没有细小的阀门结构，不是通过液体的流动阻力达到减震的目的。电磁减震器中也有减震液，是一种被称为电磁液的特殊液体，是由合成的碳氢化合物和微小的铁粒组成。

平时，磁性金属粒子杂乱无章地分布在液体里，不起什么作用。如果有磁场作用，它们就会排列成一定结构，减震液就会变成近似塑料的状态。减震液的密度可以通过控制电流流量来精确控制，并且是适时连续的控制。电磁式可调悬挂的工作过程是：当路面不平引起车轮跳动时，传感器迅速将信号传至控制系统，控制系统发出指令，将电信号发送到各个减震器的电子线圈，电流的运动产生磁场，在磁场的作用下，减震器中的电磁液的密度改变，控制车身，达到减震的目的。如此变化说起来复杂，却可以 1 秒钟进行 1000 次，可谓瞬间完成。电磁悬挂系统可以快速有效地弥补轮胎的跳动，并扩大悬挂的活动范围，降低噪声，提高车辆的操控准确性和乘坐舒适性。

9. 助力转向系统

转向系统常有液压助力转向、电子液压助力、电子随速助力转向或无助力等。液压助力转向、电子液压助力、电子随速助力转向是汽车上配置的三类助力转向系统。

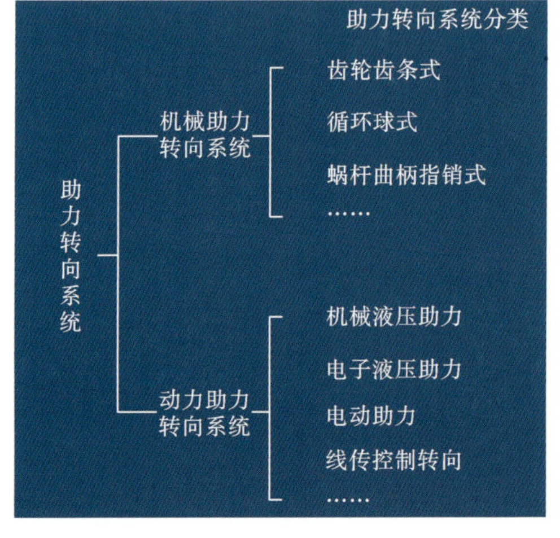

1）机械式液压助力转向系统

机械液压助力系统主要由液压泵、油管、压力流体控制阀、V 形传动皮带、储油罐等组成。这种助力方式是将一部分发动机动力输出转化成液压泵压力，对转向系统施加辅助作用力，从而使轮胎转向。

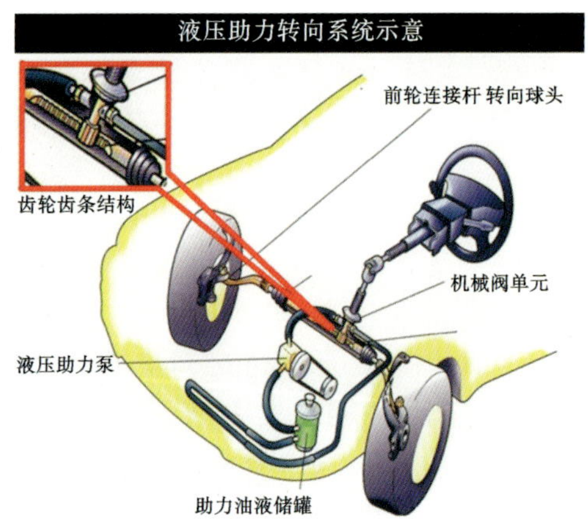

☐机械式液压助力转向优点：

技术成熟稳定、可靠性高（即使车辆液压系统出现故障失去助力，还能依靠传统的齿轮齿条机构进行转向），转向助力大，大小车型都可以使用，制造成本相对较低，路感更加清晰，手感柔滑；

□机械式液压助力转向缺点：

由于依靠发动机动力来驱动油泵，能耗比较高；液压系统的管路结构非常复杂，各种控制油液的阀门数量繁多，占用空间大，后期的保养维护需要成本；

□其实机械液压助力转向系统最主要的缺点是助力特性无法兼顾全车速。正常的助力转向特性要求是车速越低，助力越大；车速越快，助力越小。但是液压助力转向正好与此相反，车速越快，发动机转速越高，助力越大，方向盘越轻；而在停车挪车时，需要最大助力，发动机却工作在怠速，转向泵的输出功率也最小，助力最小，方向盘沉重。为了弥补这一缺点，电子液压助力转向就应运而生了。

机械液压助力转向示意图

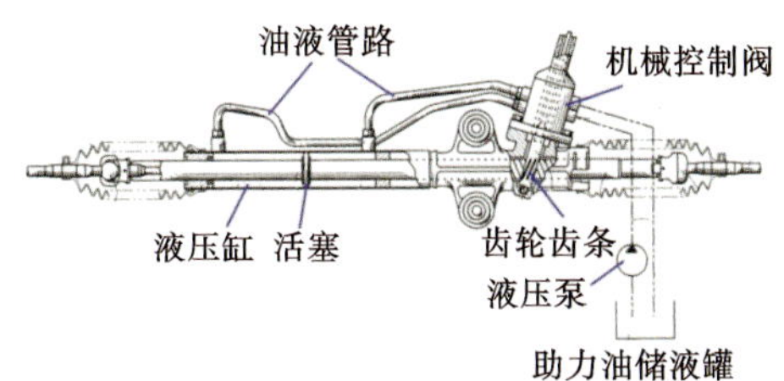

机械液压助力转向系统是基于机械式的齿轮齿条转向机构发展而来的，它增加了一整套液力系统，其中包括储液罐、液压泵、与转向柱相连的机械控制阀、转向机构上的液压缸以及能够推动转向拉杆的活塞等。

由于其提供液压的液压泵由发动机通过皮带驱动，因此只有发动机运转，转向泵才能够运转，系统才有助力源。这就是为何我们在发动机熄火时转动方向盘较沉的原因。

2）电子液压助力转向系统

电子液压助力转向系统的转向油泵不再由发动机直接驱动，而是由电动机来驱动，并且在此基础上加装了电控系统，使得转向辅助力的大小不光与转向角度有关，还与车速相关。车速传感器监控车速，电控单元获取数据后通过控制转向控制阀的开启程度来改变油液压力，从而实现转向助力力度的大小调节。机械结构上增加了液压反应装置和液流分配阀，新增的电控系统包括车速传感器、电磁阀、转向 ECU 等。

电子液压助力转向机构

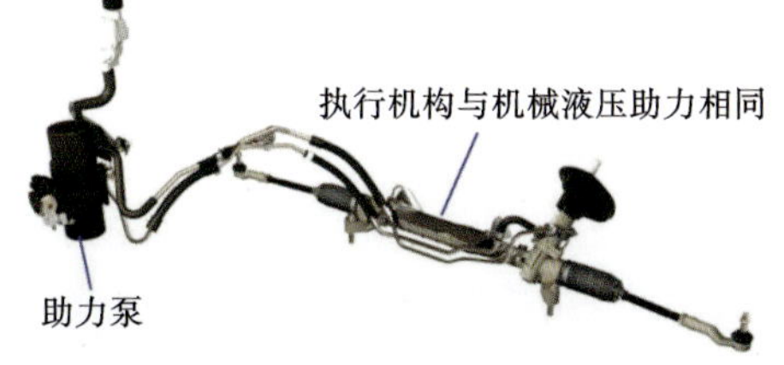

电子液压转向助力系统原理与机械液压转向助力的完全相同，其最大的区别就是不再使用由发动机通过皮带驱动的液压泵，助力源改为电力驱动的助力泵。

□电子液压助力的优点：

电子液压助力拥有机械液压助力的大部分优点，同时还降低了能耗，反应也更加灵敏，转向助力大小也能根据转角、车速等参数自行调节，更加人性化。

□电子液压助力的缺点：

由于引入了很多电子单元，其制造、维修成本也会相应增加，使用稳定性也不如机械液压式的牢靠，后期仍需进行维护。

电子液压随速可变助力转向示意图

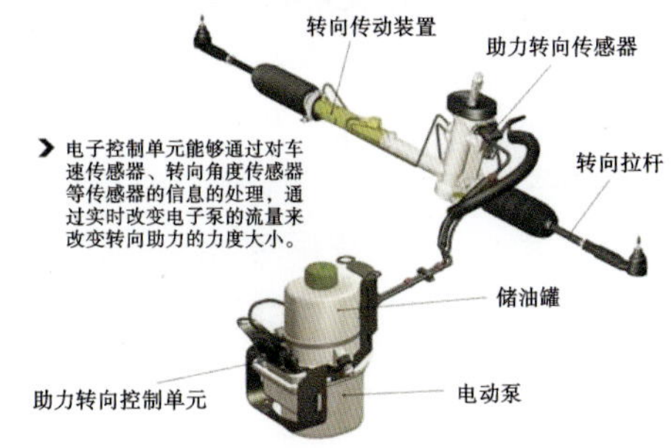

3）电动助力转向系统

电动助力转向系统主要由转向传感装置、车速传感器、助力机械装置、提供转向助力电机及微电脑控制单元组成。

□工作原理

微电脑控制单元根据转向传感装置和车速传感器传出的信号，确定转向助力的大小和方向，并驱动电机辅助转向操作。驾驶员在操纵方向盘进行转向时，转矩传感器检测到转向盘的转向以及转矩的大小，将电压信号输送到电子控制单元，电子控制单元根据转矩传感器检测到的转矩电压信号、转动方向和车速信号等，向电动机控制器发出指令，使电动机输出相应大小和方向的转向助力转矩，从而产生辅助动力。汽车不转向时，电子控制单元不向电动机控制器发出指令，电动机不工作。

由于使用电动助力转向系统能够依靠电机非常精确地控制车辆的转向角度，因此，可以实现自动泊车的功能和车道保持系统自动纠正方向的功能。

□电动助力转向系统优点：

系统结构精简，质量小，占用空间少；只消耗电力，能耗低；电子系统反应灵敏，动作直接、迅速。

□电动助力转向系统缺点：

由于电动机直接驱动转向机构，只能提供有限的辅助力度，难以在大型车辆上使用；同时电子部件较多，系统稳定性、可靠性都不如机械式部件，特别是在某些场地需要连续转动方向的时候，可能会引起助力电机过热而停止工作；路感信息匮乏，实际驾驶中的操控乐趣大大减少；制造成本较高等。

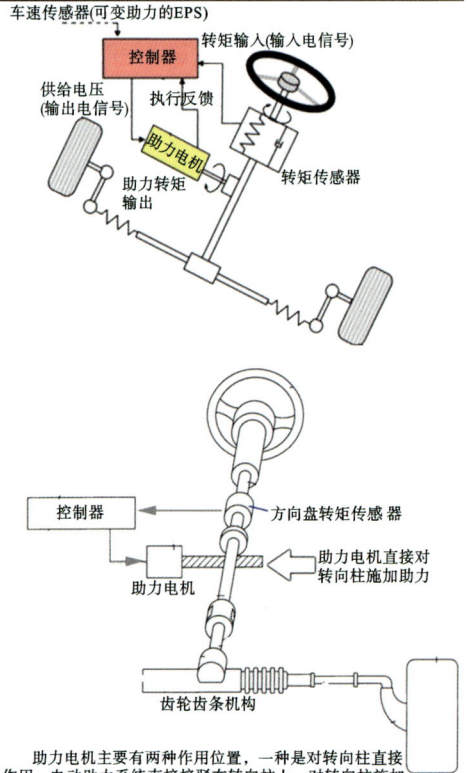

电动助力转向系统原理示意

车速传感器(可变助力的EPS)
转矩输入(输入电信号)
控制器
供给电压
(输出电信号)
执行反馈
助力电机
助力转矩
输出
转矩传感器

控制器
方向盘转矩传感器
助力电机直接对
转向柱施加助力
助力电机
齿轮齿条机构

助力电机主要有两种作用位置，一种是对转向柱直接作用，电动助力系统直接接驳在转向柱上，对转向柱施加助力。

另一种结构是将助力电机布置在转向机上，将助力直接作用于转向拉杆。

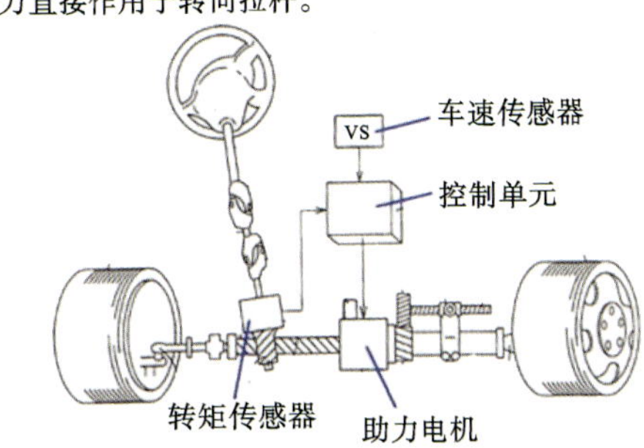

10. 车体结构

根据车体受力情况及不同结构，可分为承载式、半承载式、非承载式、空间构架式。

1）承载式车身

承载式车身的汽车没有刚性车架，加强了车头、侧围、车尾、底板等部位，发动机、前后悬架、传动系统的一部分等总成部件装配在车身上，车身负载通过悬架装置传给车轮。大多数轿车都采用承载式车身，噪声小、重量轻、相对省油，缺点是强度相对低。

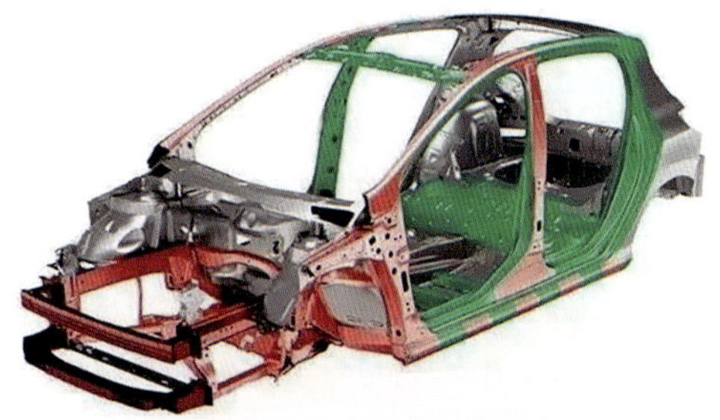

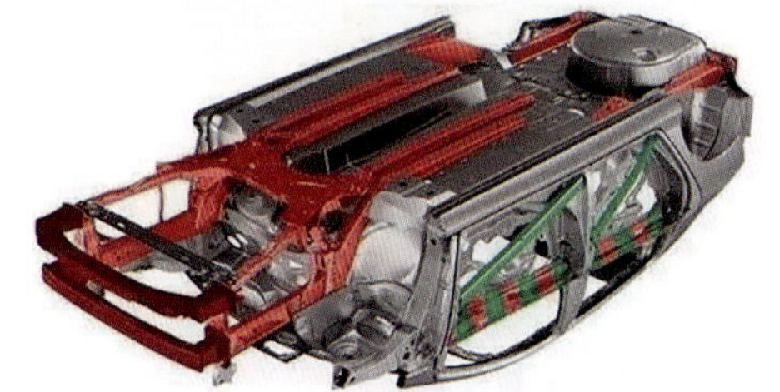

2）非承载式车身

非承载式车身的汽车有一个刚性车架，又称底盘大梁架，发动机、传动系统、车身等总成部件都固定在车架上，车架通过前后悬架装置与车轮连接。优点是底盘强度较高，抗颠簸性能好，车身不易扭曲变形。非承载式车身比较笨重，质量大，一般用在货车、客车和越野车上。

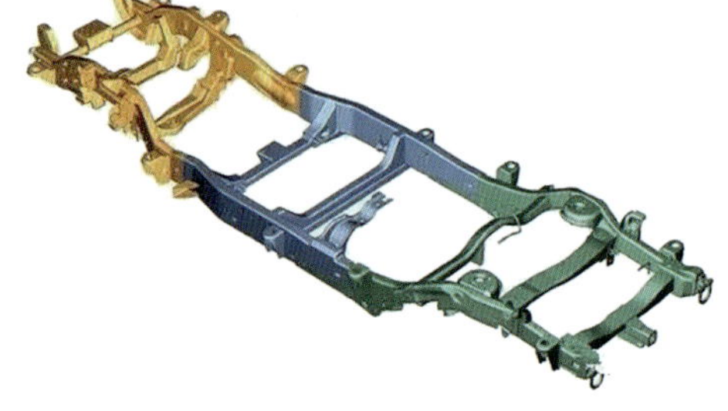

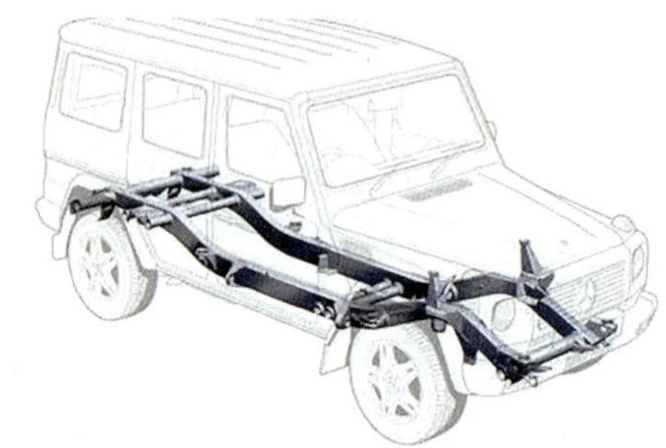

3）空间构架式（ASF）

空间构架式是奥迪研发的以铝为主要材料，结合其他材料构建车身的轻量化技术。这种技术克服了随着功能性不断提高导致车身重量不断上升的趋势。

七、模块练习

要求：完成练习。

八、模块评价

过程、结果评价。

模块四

量具

一、模块作用

量具是一种以一定形式复现量值的计量器具，是各种设备制造检修过程中，普遍使用的、用来测量或检验零件尺寸的器具，它能直接指示出长度的单位、界限，它是保证量值准确统一和产品质量的重要手段之一。

在车辆维修维护过程中，根据实际需要合理选择和利用量具，来规范地进行各种测量，以获得各种量值，并将此量值与标准值进行对比，进而作出判断，依此制定后续的工艺。这对维修质量的保证和提高具有十分重要的作用。

二、模块分析

本模块主要学习测量仪器的基础知识；钢板尺的作用和规格；游标卡尺的结构形式、作用、数值读法、精度、使用方法和注意事项；千分尺的构造、测量原理、读数和使用方法及注意事项；百分表的作用、类型、结构、读数和使用方法及注意事项；厚薄规的作用和规格；塑料间隙规的作用和规格及其使用；火花塞间隙量规的作用；为了获得精确测量值而在测量前所要掌握的要点；为了获得精确的实测值而在测量时所要注意的要点。通过实践操作，会使用游标卡尺测量长度、外径、内径和深度；会使用千分尺来测量零件的外径、厚度；会使用百分表测量轴的偏差或弯曲以及法兰的表面振动等；会使用卡规测量内径；会使用量缸表测量缸径；会借助塑料间隙规测量用盖子紧固部位的油隙；会使用火花塞间隙量规测量和调节火花塞间隙；会使用厚度规测量气门或活塞环槽等的间隙。

模块链接符号：
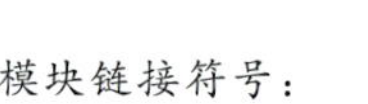

动画、视频链接　资料、手册、理论链接　警示　操作指示　模块练习　模块评价

三、模块目标

知识目标　掌握测量仪器的基础知识
掌握钢板尺的作用和规格
掌握游标卡尺的结构形式、作用、数值读法、精度、使用方法和注意事项
掌握千分尺的构造、测量原理、读数和使用方法及注意事项
掌握百分表的作用、类型、结构、读数和使用方法及注意事项
掌握厚薄规的作用和规格
掌握塑料间隙规的作用和规格及其使用
掌握火花塞间隙量规的作用
掌握为了获得精确测量值而在测量前所要掌握的要点
掌握为了获得精确的实测值而在测量时所要注意的要点

技能目标　使用游标卡尺测量长度、外径、内径和深度
使用千分尺来测量零件的外径、厚度
使用百分表测量轴的偏差或弯曲以及法兰的表面振动等
使用卡规测量内径
使用量缸表测量缸径
借助塑料间隙规测量用盖子紧固部位的油隙
使用火花塞间隙量规测量和调节火花塞间隙
使用厚度规测量气门或活塞环槽等的间隙

四、模块要求

质量要求　明确各种测量仪器的测量范围、示值范围、分度值等
明确选择量具的原则
使用各种量具测量尺寸前，检查并确保零刻度已对准

	遵守规范的操作步骤，正确使用游标卡尺、千分尺、百分表、卡规、量缸表测量工件，并读取准确的测量值 熟练应用塑料间隙规、火花塞间隙量规、厚度规测量间隙，并获得准确的测量值
安全要求	测量工具都有其正确的使用方法，只有按照规范的使用方法才能保证工作安全和测量准确 切勿坠落或敲击量具 避免在高温或高湿度下使用或存放量具
文明要求	要求力争保持放置有序。工作时，测量仪器要放在容易拿到的位置 工具使用后要清洁，并按原状放置；工具只有在清除油污和废物后才可存放；任何带有专用箱的仪器必须放回其箱内 严格坚持工具的维护和管理。有使用电池的量具要取下电池；如需要修理就要立即进行，这样工具就可以永远处于完好状态 遵守 5S 规定
时间要求	180 分钟
设备要求	本课程常用工具、设备、仪器
耗材要求	

五、模块步骤

第一步	取得精确的测量值
第二步	取得精确的实测值
第三步	游标卡尺
第四步	千分尺
第五步	百分表
第六步	卡规
第七步	量缸表
第八步	塑料间隙规
第九步	火花塞间隙量规
第十步	厚度规

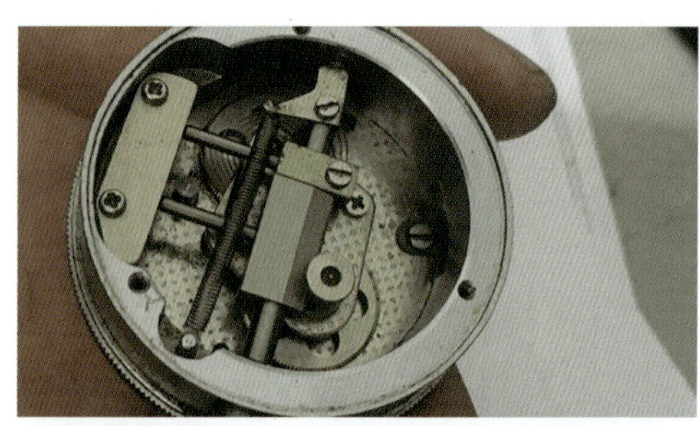

六、模块实施

基础知识：

☆汽车修理要求使用各种测量仪器。

☆这些工具有特殊的使用方法，只有使用得当才能保证工作安全和准确。

☆根据工件的尺寸大小和要求确定量具的规格，包括测量范围、示值范围、分度值等。

☆根据工件的尺寸公差选择量具，工件公差小，量具的精度要高；公差大，精度要求应低。极限误差一般为测量公差的1/10(低精度)～1/3(高精度)。

☆根据量具的不确定度允许值选择量具。

1. 取得精确的测量值

用测量仪器诊断车辆状态，其方法是检查零件尺寸和调整状态是否和标准值相符，并且检查车辆或发动机零件是否正常发挥作用。

测量前检查要点：

(1) 清洁被测部件和测量仪器上的废物或机油，避免可能导致测量值的误差。

(2) 选择适合的测量仪器。

按照要求的精度水平选择测量仪器。反面示例：用游标卡尺测量活塞外径。

1—测量精度：0.05 mm。

2—要求精度：0.01 mm。

(3) 零校准。

检查零刻度是否对准其正确的位置。

零校准是正确测量的基础。

(4) 测量仪器的维修。

定期地对测量仪器进行维修和校准，如果测量仪器有损坏，切勿使用。

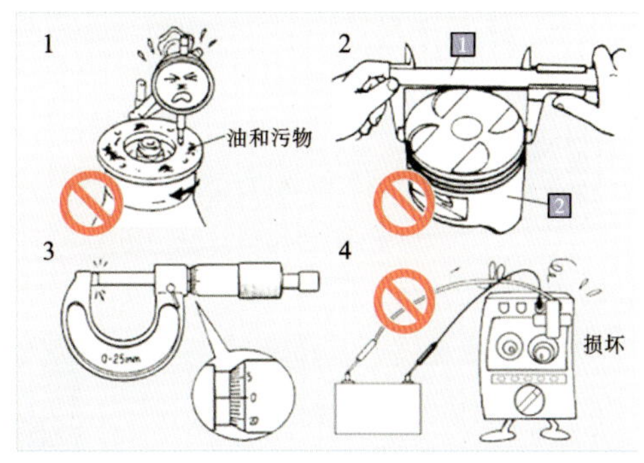

2. 取得精确的实测值

在测量时注意的要点：

(1) 测量仪器与被测零件呈直角。朝向被测零件移动测量仪器的同时，压紧测量仪器并与零件成直角。

(2) 使用适当的量程。

当测量电压或电流时，从高量程开始再往下调。从量程合适的表盘上读出测量值。

(3) 读取测量值时，确保你的眼睛视线与表盘和指针成直角。

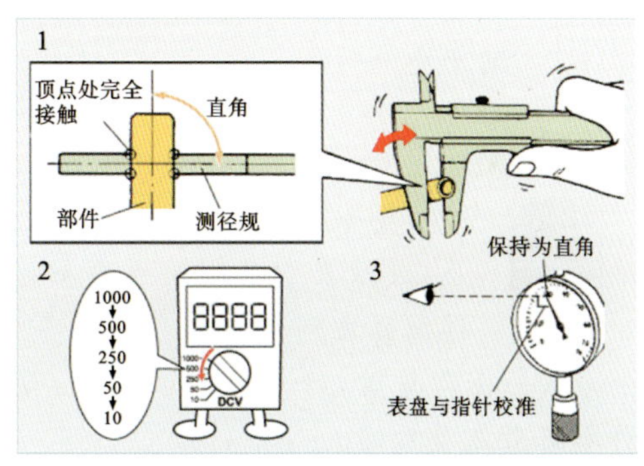

(1) 切勿坠落或敲击仪器，换句话说就是避免使仪器遭受撞击。这些量具都是精密仪器，撞击可能会损坏结构内部零件。

(2) 避免在高温或高湿环境下使用或存放量具。测量值误差可能在高温、高湿环境下发生。如果受到高温影响，则量具本身会变形。

(3) 量具使用后要清洁，并按原状放置。量具只有在清除油污和废物后才可存放。所有使用的量具必须按其原状归位，任何带有专用箱的量具必须放回其箱内。测量工具必须放在规定的地方。如果要长时间存放量具，则需在必要的地方涂刷防锈油，并且取下电池。

3. 游标卡尺

游标卡尺可测量长度、外径、内径和深度。

量程为 0～150 mm、0～200 mm、0～300 mm。

测量精度：0.05 mm。

1—测量爪内径；

2—测量爪外径；

3—止动螺钉；

4—游标刻度；

5—主要刻度；

6—深度测量；

7—深度尺

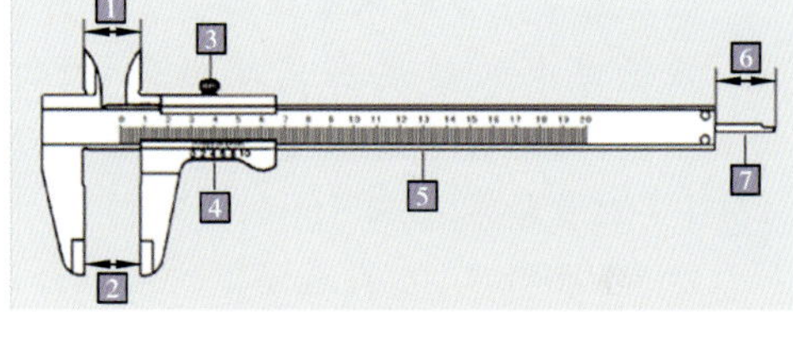

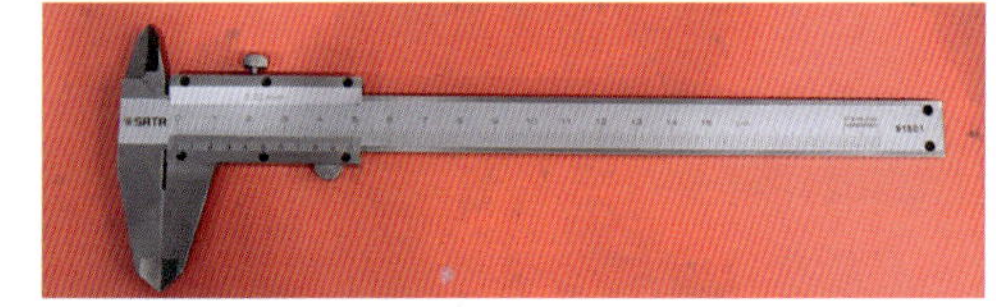

(1) 在测量前完全合上量爪，并检查卡尺间是否有足够的间隙可看到光。

(2) 在测量时，轻轻地移动卡尺，使零件刚好放在量爪间。

(3) 一旦零件刚好放在量爪之间，用止动螺钉固定游标，以便更方便地读取测量值。

1—止动螺钉；

2—游标

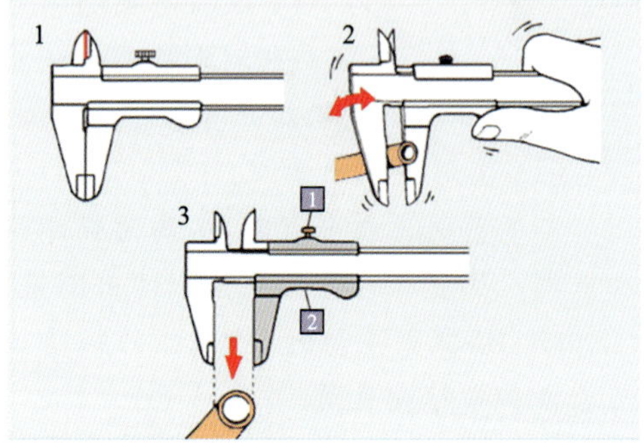

使用范例：

1—长度测量；2—内径测量；3—外径测量；4—深度测量

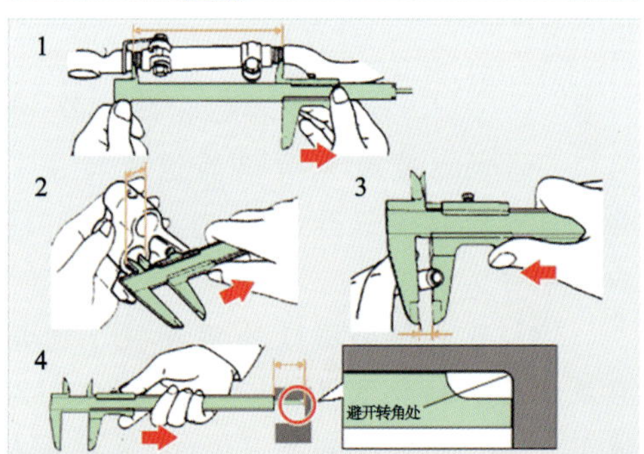

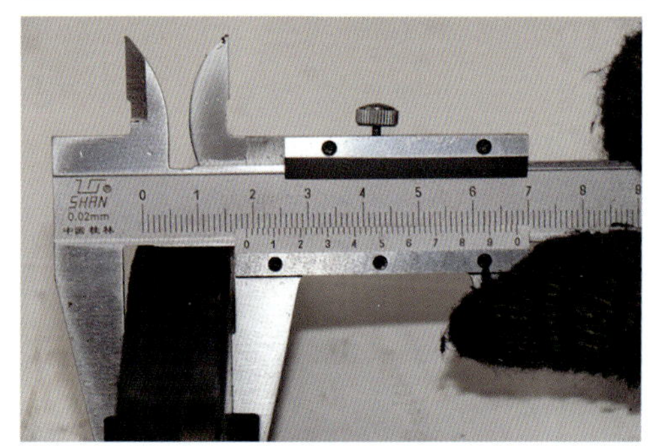

读取测量值：

(1) 读取达到1.0 mm的值，即读取主测量刻度的数值，其位于游标“零”的左边。例如：$A=45$(mm)。

(2) 读取低于1.0 mm高于0.05 mm的数值，即读取游标上的刻度与主测量刻度相对齐的点。例如：$B=0.25$(mm)。

(3) 计算测量值。

例如：$A+B=45+0.25=45.25$(mm)。

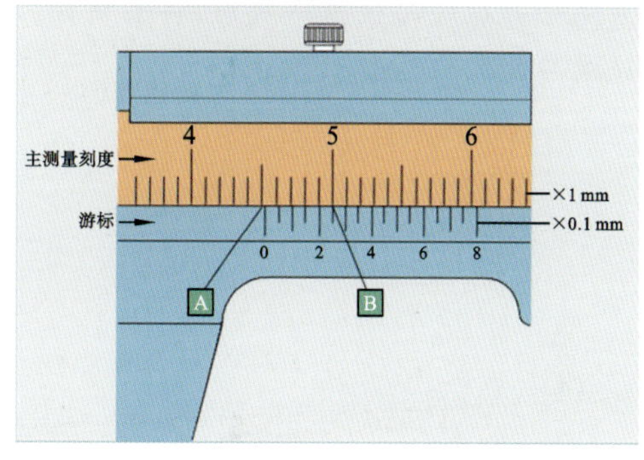

4. 千分尺

通过计算手柄方向上轴的均衡旋转来测量零件的外径、厚度。

量程：0～25 mm、25～50 mm、50～75 mm、75～100 mm。

测量精度：0.01 mm。

1—测砧；

2—轴；

3—锁销；

4—螺钉；

5—套筒；

6—棘轮定位器

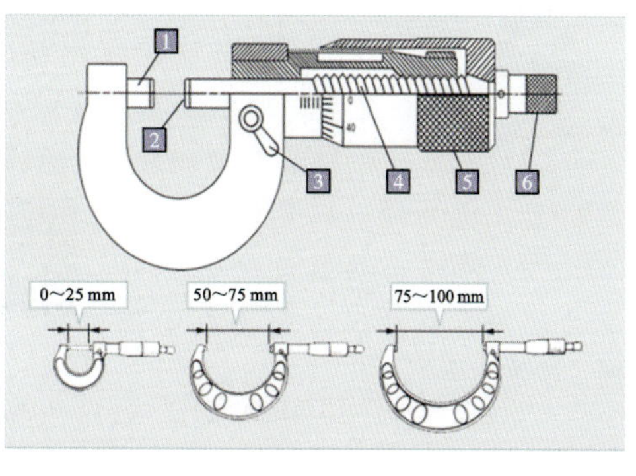

1）零校准

使用千分尺前，检查并确保零刻度已对准。

检查：

如果是图 A 中所示的 50～75 mm 的千分尺，在开口内放置一个标准的 50 mm 校正器，并让棘轮定位器自由转动 2～3 圈。然后，检查套管上的基准线与套筒的零刻度线是否对齐。

调整：

☆如果误差低于 0.02 mm，使锁销啮合以便固定轴。然后，使用图 B 中表示的调整扳手以便移动和调整套管。

☆如果误差大于 0.02 mm，使锁销啮合以便固定轴。用调整扳手按图 C 中箭头方向松开棘轮定位器。然后，将套筒的零刻度线与套管的基准线对齐。

1—50 mm 标准校正器；

2—支架；

3—棘轮定位器；

4—轴；

5—锁销；

6—套管；

7—套筒；

8—调整扳手

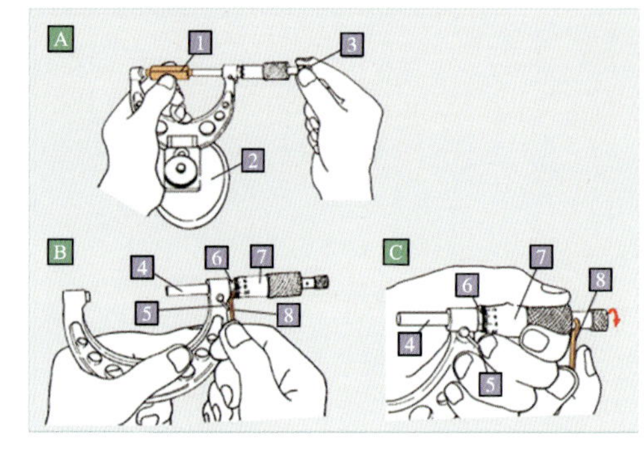

2）测量

（1）将测砧抵住被测物，旋转套筒直到轴轻轻接触被测物。

（2）一旦轴轻轻接触被测物，转动棘轮定位器几次并读出测量值。

（3）棘轮止动器使轴施加的压力均匀。当此压力超过规定值时，它便空转。

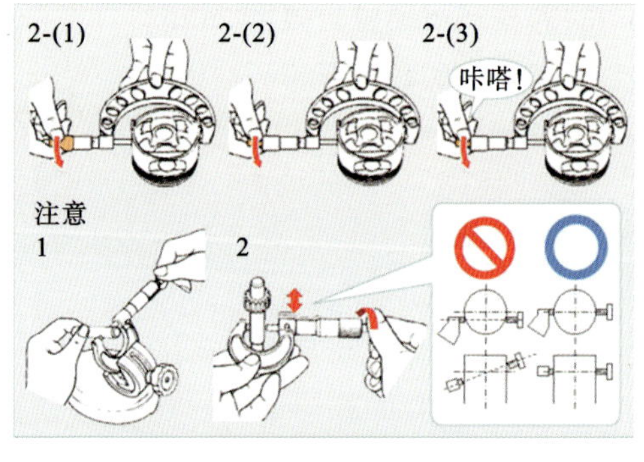

（1）在测量小零件时，应把千分尺固定在支架上。

（2）通过移动千分尺，寻找可测得正确直径的位置。

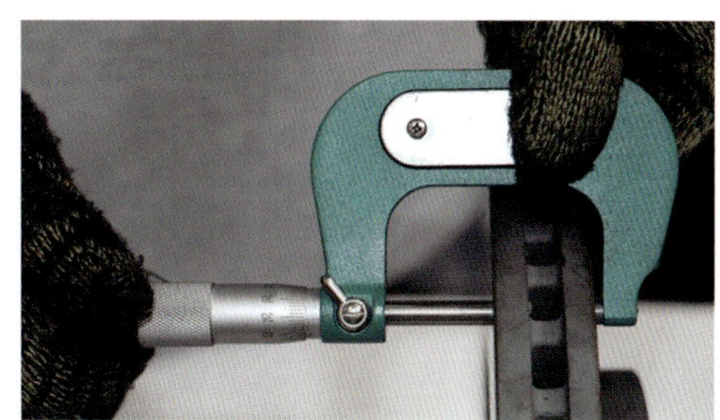

3）读出测量值

（1）读出至 0.5 mm 的值，即读出在套管刻度上可以看见的最大值。

例如：A＝55.5（mm）。

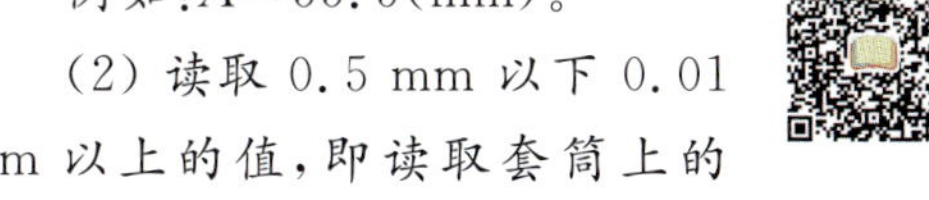

（2）读取 0.5 mm 以下 0.01 mm 以上的值，即读取套筒上的刻度与套管上的刻度对齐点的数值。

例如：B＝0.45（mm）。

（3）计算测量值。

例如：$A+B=55.5+0.45=55.95$（mm）。

1—套管；

2—套筒；

3—1 mm 递增；

4—套管上的基线；

5—0.5 mm 递增

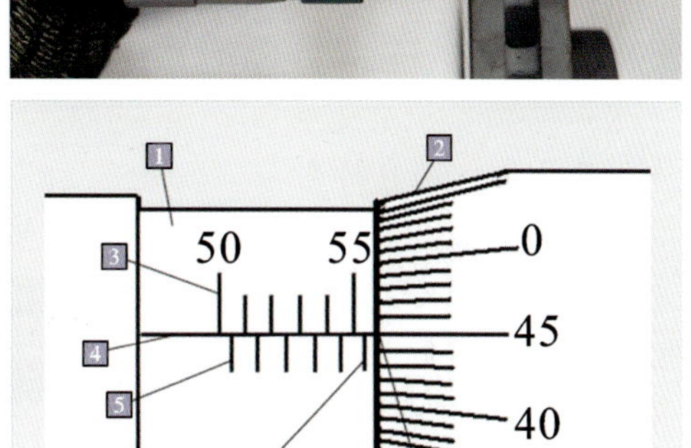

5. 百分表

悬挂式测量头的上下移动被转变为长短指针的转动。用于测量轴的偏差或弯曲以及法兰的表面振动等。

悬挂式测量头的类型：

A 长型：适合在有限空间中使用；

B 辊子类型：用于轮胎的凸面/凹面图案；

C 杠杆类型：用于测量摆不能直接接触的部件（配套法兰的垂直偏离）；

D 平板类型：用于测量活塞突出部分等。

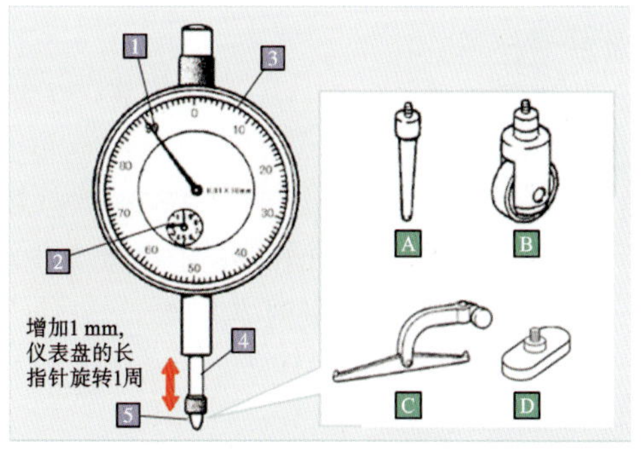

测量精度：0.01 mm。

1—长指针(0.01 mm/刻度递增)；

2—短指针(1 mm/ 刻度递增)；

3—表盘(旋转，使指示到零)；

4—轴；

5—悬挂式测量头

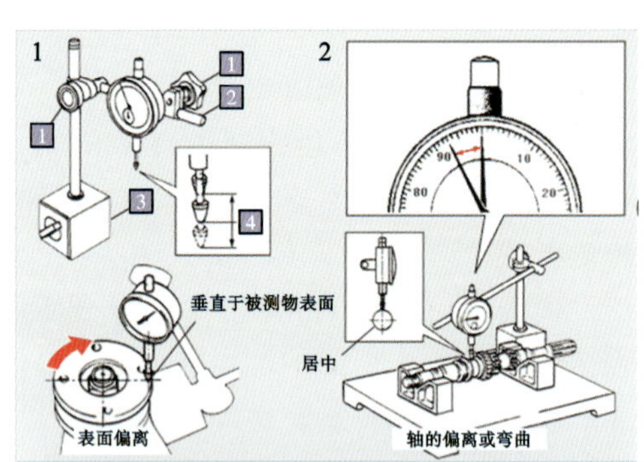

1) 测量

(1) 将其固定在磁性支架上使用。调整百分表位置和被测物体，并设置指针，使其位于移动量程的中心位置。

(2) 转动被测物并读出指针偏离值。

2) 读取测量值

表盘显示指针在表盘 7 个刻度内左、右移动。

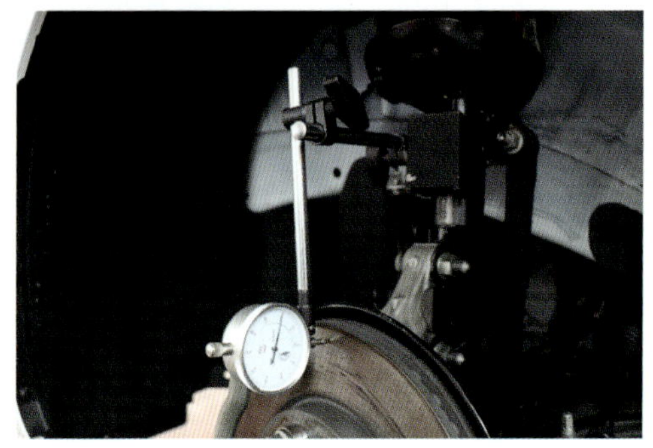

偏差范围：0.07 mm。

1—止动螺钉；

2—臂；

3—磁性支架；

4—量程中心

6. 卡规

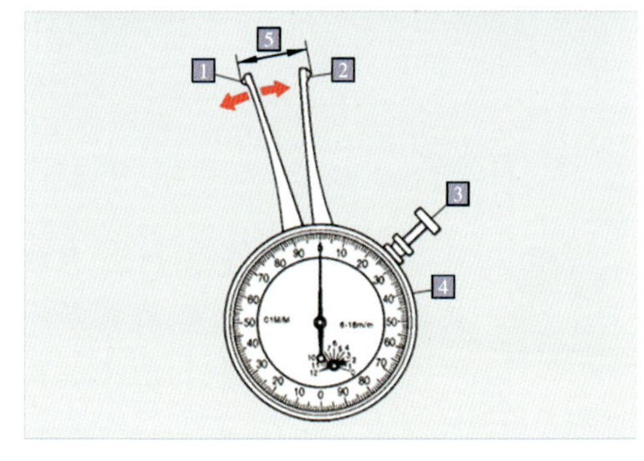

一种用来测量内径的百分表。如使用图中所示的型号，当移动吊耳移动 2 mm 时，则长指针转动一圈。

测量精度：0.01 mm(表读数：20 刻度=0.2 mm)。

1—可移动吊耳；2—固定吊耳；

3—移动钮(打开、关闭可移动吊耳)；

4—表盘(旋转指到零)；

5—内径

1) 调零

(1) 把千分尺设定到标准值，并且用夹具固定该轴。

(2) 使用固定的吊耳作为支轴，旋转表。

（3）在最闭合的点上把表调到零（表指针移动过来指着移动吊耳的数值最小的那一点）。

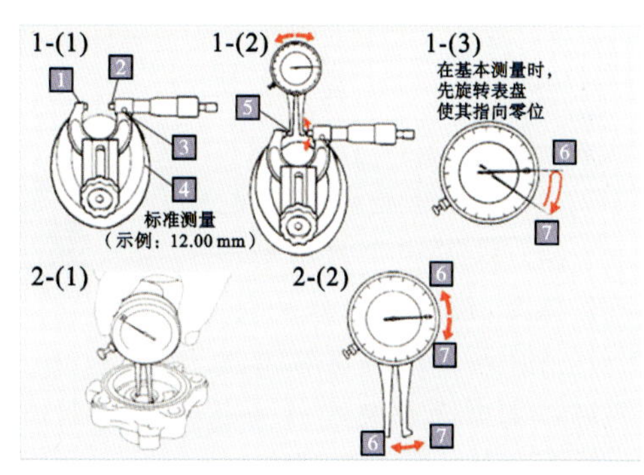

2）测量

（1）使用移动钮关闭可移动吊耳，并将此吊耳插入待测零件。

（2）上下左右移动吊耳，并且读出表盘上的如下测量值。

左右：在最大距离的位置；

上下：在最小距离的位置。

（3）计算测量值。

测量值＝标准测量值±表读数。

例如：标准测量，表读数及测量值。

12.00 mm＋0.2 mm＝12.20 mm，12.00 为标准测量值，0.2 为表读数（打开方向），12.20 为测量值。

1—千分尺；

2—轴；

3—锁销；

4—支架；

5—支轴；

6—关闭方向；

7—打开方向

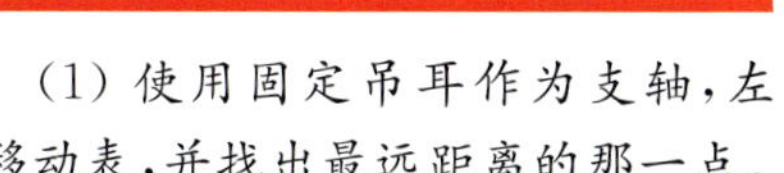

（1）使用固定吊耳作为支轴，左右移动表，并找出最远距离的那一点。

（2）在那一点上，上下移动表并在距离最短的那一点取读数。

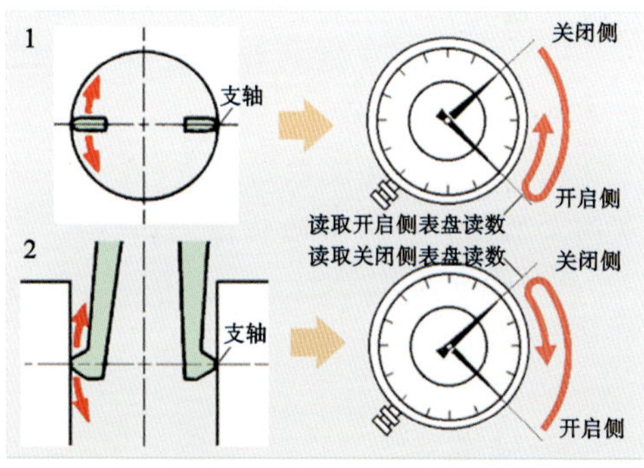

7. 量缸表

用于测量缸径。

测量精度：0.01 mm。

特性：

☆探头的伸长量和收缩量可用表盘指示器读出数值。

☆千分尺也用于测量缸径。

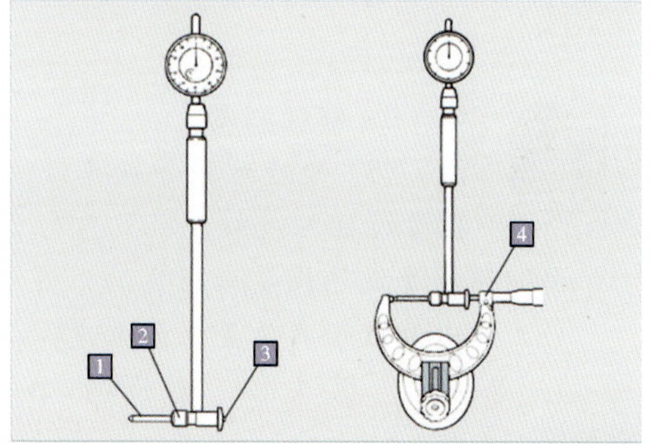

1—替换杆件；

2—替换杆件紧固螺钉；

3—探头；

4—千分尺

1）量缸表设定

（1）使用游标卡尺，测量缸径然后获得标准尺寸。

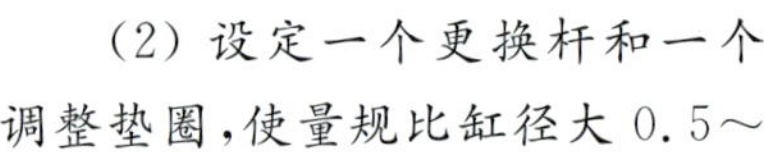

（2）设定一个更换杆和一个调整垫圈，使量规比缸径大 0.5～1.0 mm（在更换杆上标有其尺寸，以 5 mm 递增），使用这些长度作为选择合适杆件的参考。然后，用调整垫圈进行微调。

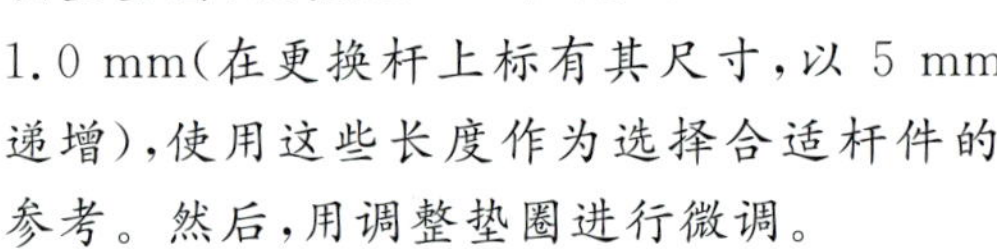

（3）当百分表安装到量缸表的规体上时，轴约有 1 mm 的移动量。

1—游标卡尺；

2—汽缸；

3—更换杆调整螺钉；

4—更换杆；

5—杆尺寸；

6—调整垫圈；

7—轴；

8—调整螺钉

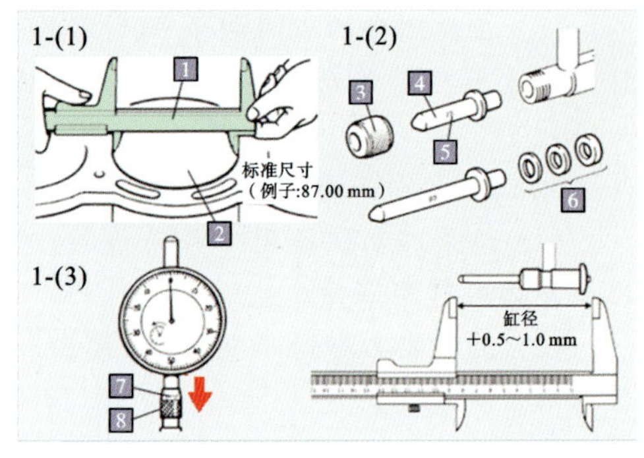

2）量缸表的零校准

（1）将千分表设置到由游标卡尺取得的标准尺寸。用夹具固定住千分表轴。

（2）通过将更换杆作为杠杆的支点移动量规。

（3）将量缸表设定到零点（在这一点度盘指示器指针在探头的收缩侧回转）。

1—千分尺；

2—轴；

3—夹；

4—支架

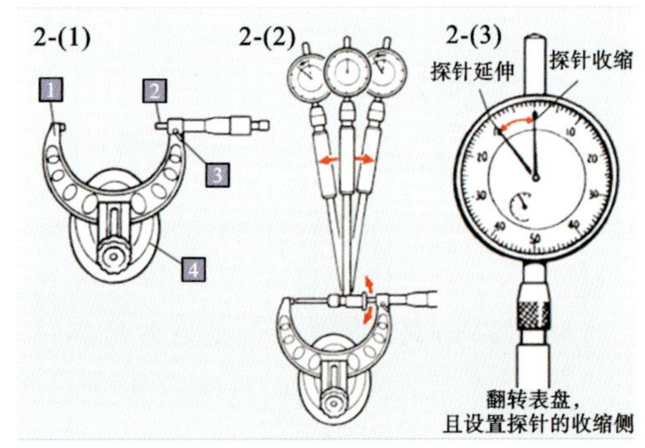

3）缸径测量

（1）慢慢地推导板并仔细地把量规插入汽缸。

（2）移动量规寻找最短距离的位置。

（3）读出最短距离位置上的刻度。

1—导板；2—探头；3—延长侧；4—收缩侧

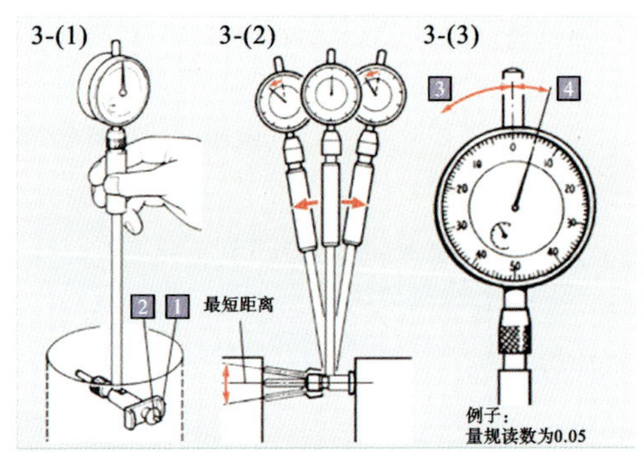

4）读取测量值

（1）读取延长侧的值 $x+y$。

（2）读取收缩侧的值 $x-z$。

x：标准尺寸（千分尺的值）；

y：量规读数（1 侧）；

z：量规读数（2 侧）。

例如：87.00(x)－0.05(z)＝86.95(mm)。

提示：

（1）在测量位置方面须遵照修理手册中的说明。

（2）根据汽缸的直径计算椭圆和锥形值。

汽缸截面是一个精确的圆。但是，活塞止推面受到来自汽缸顶面的压力，而且活塞均曝露在高温高压下。为此，汽缸截面就可能变成椭圆或部分锥形。

1—延长侧；

2—收缩侧；

3—推力方向；

4—曲轴方向；

5—椭圆：$A'-B'$（$A'>B'$），$a'-b'$（$a'>b'$）；

6—锥形：$A'-a'$（$A'>a'$），$B'-b'$（$B'>b'$）

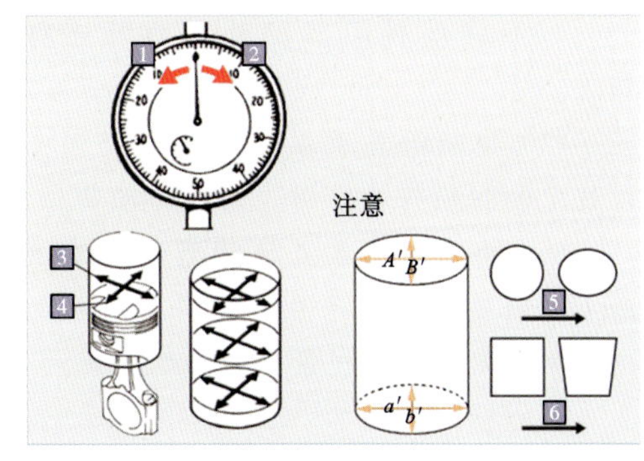

8. 塑料间隙规

用于测量用盖子紧固的部位的油隙，如曲轴轴颈和曲轴连杆轴颈。

塑料间隙规由软塑料制成，分三种颜色，每一种表示不同的厚度。

间隙测量范围：绿色，0.025～0.076 mm；红色，0.051～0.152 mm；蓝色，0.102～0.229 mm。

指导：

（1）清洁曲轴连杆轴颈和轴承。

（2）截取相应长度的间隙规，以便和轴承宽度匹配。

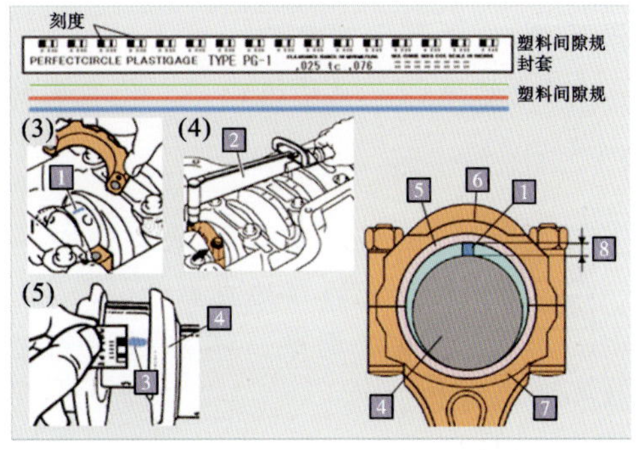

(3) 将塑料间隙规放在曲轴连杆轴颈上。

(4) 把轴承盖放在曲轴连杆轴颈上并以规定的扭矩将其紧固。切勿转动曲轴。

(5) 拆下轴承盖并使用塑料间隙规封套上的刻度来确定平直的塑料间隙规的宽度。测量塑料间隙规最宽部位的宽度。

1—塑料间隙；

2—扭矩扳手；

3—塑料间隙规的最宽部分；

4—曲轴；

5—连杆轴承；

6—连杆盖；

7—连杆；

8—油隙

9. 火花塞间隙量规

用于测量和调节火花塞间隙。

测量范围:0.8～1.1 mm。

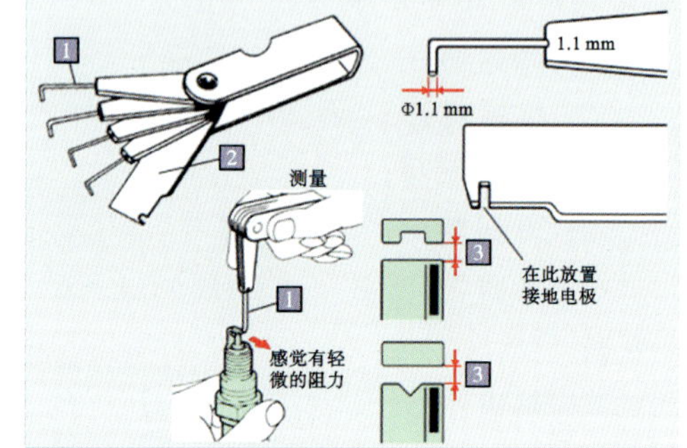

☆有不同厚度的线规可用于测量火花塞间隙。

☆把接地电极放在量规槽里进行弯曲，以便调整间隙。

指导:

(1) 清洁火花塞。

(2) 测量间隙最小处的值。

(3) 使用滑动时有轻微阻力但没有松动的量规,并读出其厚度。

1—量规;2—调整板;3—火花塞间隙

将调整板的缺口部分放在火花塞的接地电极上,然后弯曲电极以调整。不要碰触到绝缘体和中心电极。

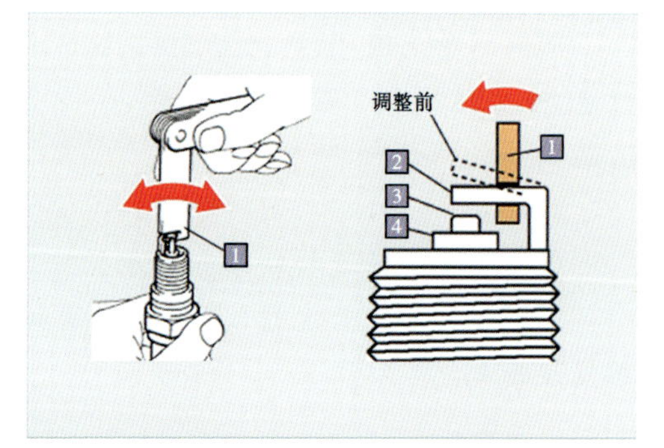

1—接地电极；

2—中心电极；

3—绝缘体；

4—调整板

铂金、铱金火花塞在定期检查期间无需间隙调整。在目前条件下，如果发动机运转正常，除铂金、铱金以外的一般火花塞不必进行检查。

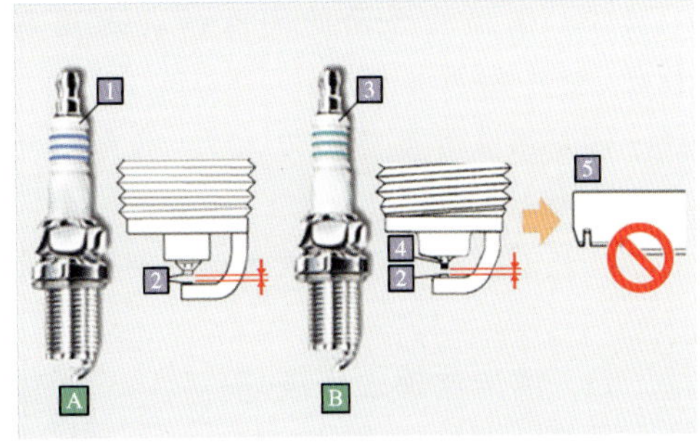

A：铂金火花塞

B：铱金火花塞

1—深蓝线；2—铂金；3—黄绿线；4—铱金；5—调整板

10. 厚度规

用于测量气门或活塞环槽等的间隙。

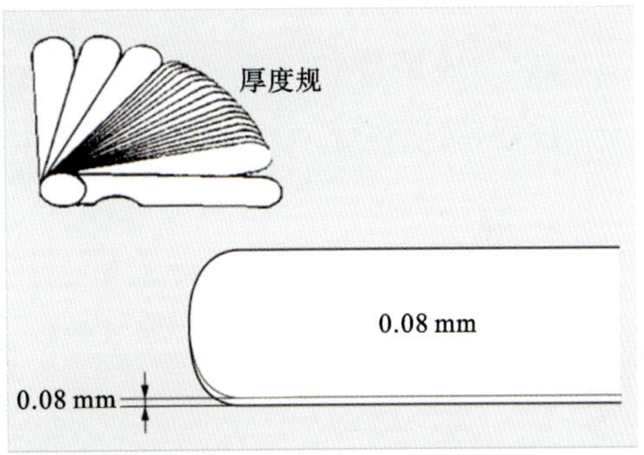

塞尺规格：

单片塞尺厚度一般为 0.02 mm、0.03 mm、0.04 mm、0.05 mm、0.06 mm、0.07 mm、0.08 mm、0.09 mm、0.10 mm、0.15 mm、0.20 mm、0.25 mm、0.30 mm、0.35 mm、0.40 mm、0.45 mm、0.50 mm、0.75 mm、1.00 mm。

测量时，根据结合面间隙的大小，用一片或数片塞尺重叠在一起塞进间隙内。例如，用 0.03 mm 的一片能插入间隙，而 0.04 mm 的一片不能插入间隙，这说明间隙为 0.03～0.04 mm，所以塞尺也是一种界限量规。

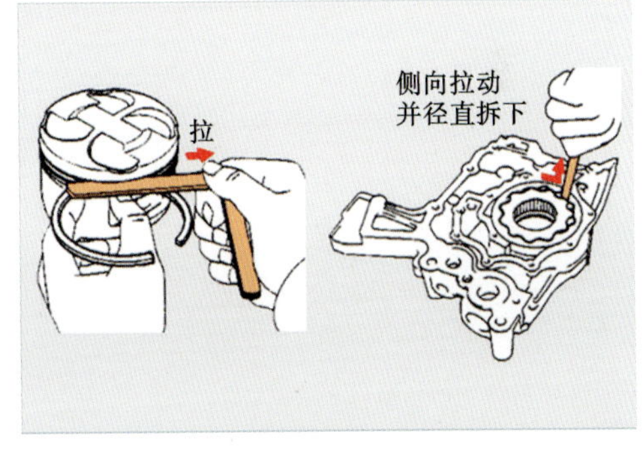

例如：

(1) 用于测量气门或活塞环槽等的间隙。

(2) 如果用 1 片塞尺不能测量间隙，则用 2 或 3 片塞尺的组合测量。将塞尺折叠起来，以便尽可能使用最少量的塞尺。

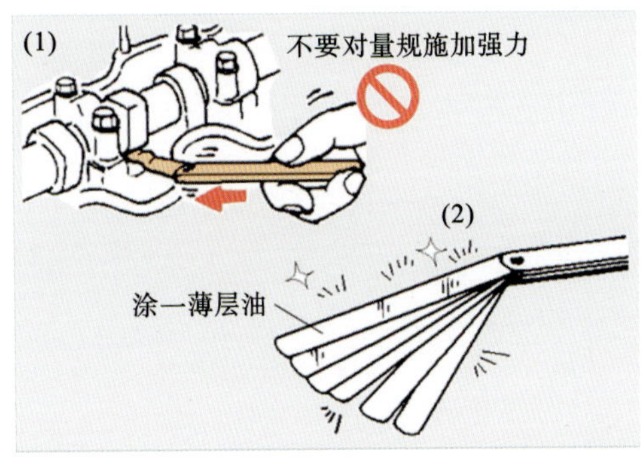

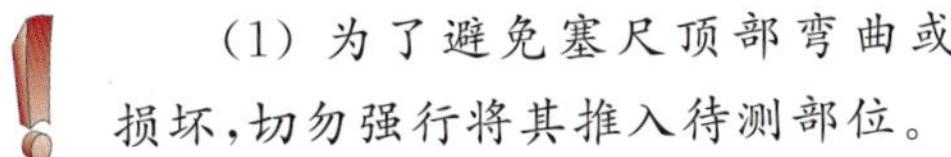

(1) 为了避免塞尺顶部弯曲或损坏，切勿强行将其推入待测部位。

(2) 在把塞尺放起来前，要清洁其表面并涂油防止它们生锈。

(3) 根据结合面的间隙情况选用塞尺片数,但片数愈少愈好。

(4) 测量时不能用力太大,以免塞尺遭受弯曲和折断。

(5) 不能测量温度较高的工件。

11. 清洁整理工作现场

整理、整顿、清扫、清洁。

七、模块练习

要求:完成练习。

八、模块评价

过程、结果评价。

模块五

电路的基础知识

一、模块作用

欧姆定律，电感，电的三要素，串并联电路，串并联电路电阻、电流、电压的计算，简单的串并联电路，是读懂电气图，认识电气，掌握电子元器件工作原理的基础。具备一定的电工、电子技术的基础知识，为排除汽车电路故障提供知识保障。

二、模块分析

本模块主要学习欧姆定律；电感对直流电和交流电的不同作用；电的热效应、光效应、电磁效应；电的电流、电压、电阻三个要素；电压、电流和电阻的基本原理；电功率的定义和它的测量单位；直流电和交流电的定义；并联和串联电路的连接方式；串、并联电路电阻的计算；串、并联电路电流的计算；串、并联电路电压的计算；电路中的保险丝和继电器的作用、类型和图形符号；了解电容器的功能。通过实践操作，会将不同阻值的电阻和直流 12 V 电源用两端带鳄鱼夹的导线进行连接，组成串联电路，并计算每个电阻的电压、电流；会将不同阻值的电阻和直流 12 V 电源用两端带鳄鱼夹的导线进行连接，组成并联电路，并计算每个电阻的电压、电流；会将汽车灯泡、保险丝、开关、继电器、直流 12 V 电源用两端带鳄鱼夹的导线进行连接，组成电路；会将直流 12 V 电源、电容器用两端带鳄鱼夹的导线进行连接，组成电路。

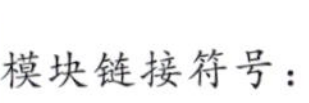
模块链接符号：

动画、视频链接

资料、手册、理论链接

警示

操作指示

模块练习

模块评价

三、模块目标

知识目标　掌握欧姆定律
了解电感对直流电和交流电的不同作用
掌握电的热效应、光效应、电磁效应
掌握电的电流、电压、电阻三个要素
掌握电压、电流和电阻的基本原理
掌握电功率的定义和它的测量单位
掌握直流电和交流电的定义
掌握并联和串联电路的连接方式
掌握串、并联电路电阻的计算
掌握串、并联电路电流的计算
掌握串、并联电路电压的计算
掌握电路中的保险丝和继电器的作用、类型和图形符号
了解电容器的功能

技能目标　将不同阻值的电阻和直流 12 V 电源用两端带鳄鱼夹的导线进行连接，组成串联电路，并计算每个电阻的电压、电流
将不同阻值的电阻和直流 12 V 电源用两端带鳄鱼夹的导线进行连接，组成并联电路，并计算每个电阻的电压、电流
将汽车灯泡、保险丝、开关、继电器、直流 12 V 电源用两端带鳄鱼夹的导线进行连接，组成电路
将直流 12 V 电源、电容器用两端带鳄鱼夹的导线进行连接，组成电路

四、模块要求

质量要求　能将不同阻值的电阻和直流 12 V 电源用两端带鳄鱼夹的导线连接成串联电路，并准确计算每个电阻的电压、电流
会将汽车灯泡、保险丝、开关、继电器、直流 12 V 电源用两端带鳄鱼夹的导线连接成电路
会将直流 12 V 电源、电容器用两端带鳄鱼夹的导线连接成电路

安全要求　使用直流 12 V 电源时，不可将正、负极进行短接，否则会造成短路
用两端带鳄鱼夹的导线连接元器件时，注意正、负极不可触碰

文明要求　操作时，元器件轻拿轻放，拿取灯泡时，手不可抓住玻璃部分，如果抓取时接触玻璃部分应及时纠正，并擦拭玻璃部分
遵守 5S 规定
遵守废物归类的要求

时间要求　180 分钟

设备要求 (1) 本课程常用工具、设备、仪器

(2) 汽车灯泡、发电机、喷油器、不同阻值的电阻、两端带鳄鱼夹的导线、直流 12 V 电源、点火线圈、保险丝、开关、继电器、电容器

耗材要求

五、模块步骤

第一步 电路中电的三大效应

第二步 电的基本原理

第三步 欧姆定律

第四步 电功率

第五步 直流电和交流电

第六步 并联和串联

第七步 电路中的保险丝和继电器

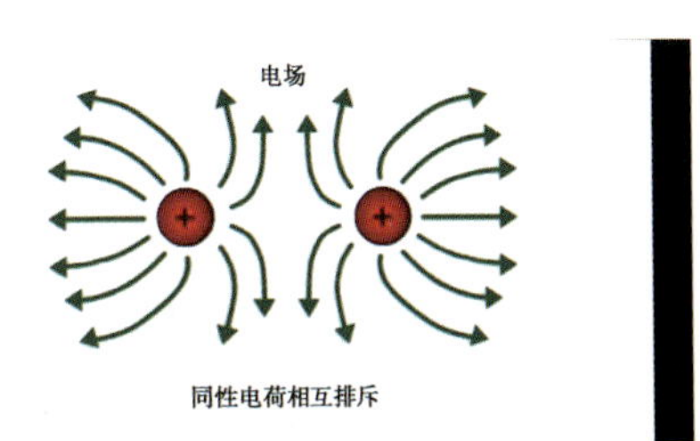

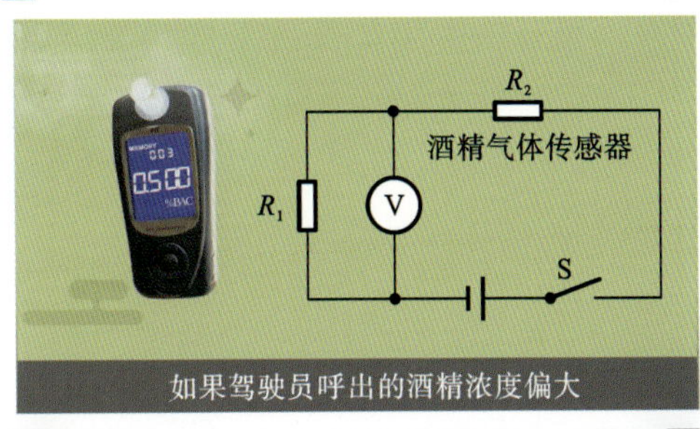

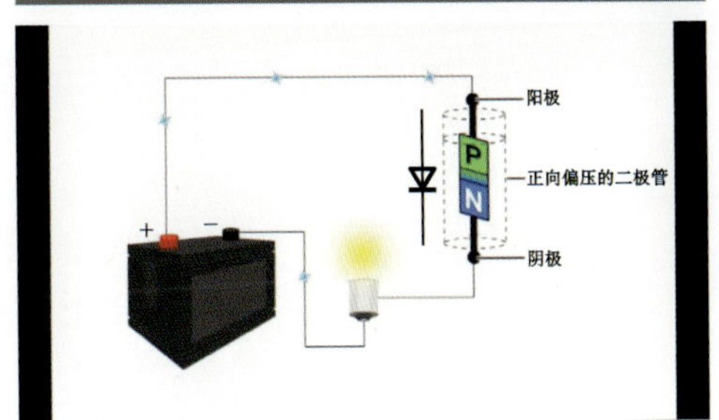

六、模块实施

1. 电路中电的三大效应

☆汽车中的很多地方都使用电器设备，这些电器设备可提供各种功能。

☆当电流流经电阻时，会对电阻起作用而提供许多功能。

☆电器设备根据使用目的，可将电能转化为其他功。

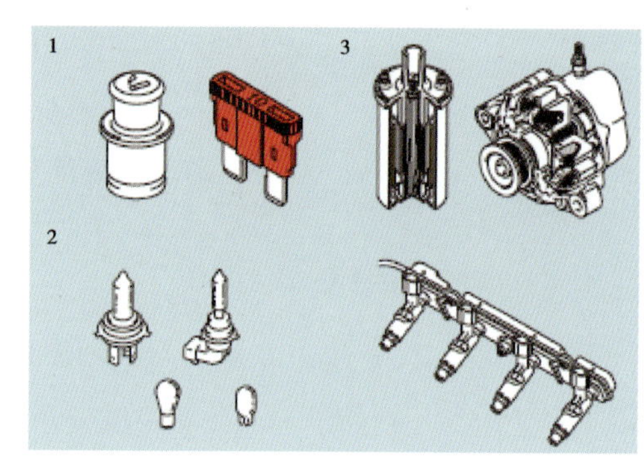

1）电的三大效应

（1）热效应。

当电流经过电阻时，电阻会产生热的现象，如点烟器和熔断器等。

（2）光效应。

当电流经过电阻时，电阻会发光，如灯泡。

（3）电磁效应。

当电流经过导体或线圈时，导体或线圈周围空间会产生电磁场，如点火线圈、发电机、喷油器。

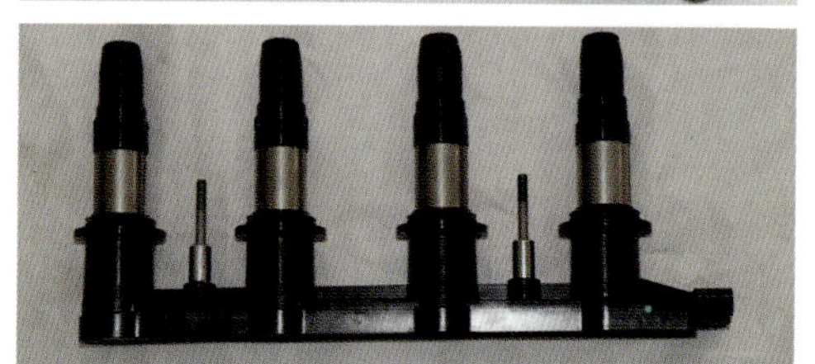

☆所有的物质都是由原子组成的，原子又由原子核和电子组成。金属原子中含有自由电子。

☆自由电子易于自由地脱离原子核。金属原子内自由电子的流动即产生电流。

☆因此，电路内的电流只不过是电子在导体中运动。

☆在金属（导体）两端施加电压时，电子便从负极流向正极。

☆电子流向与电流方向相反。

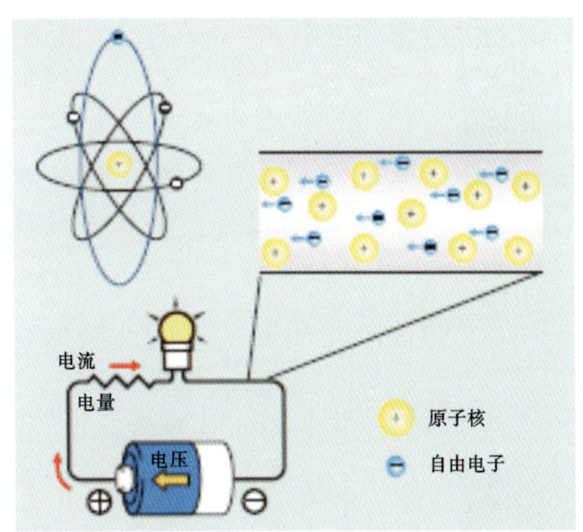

2）电的三个要素

（1）电流：是指流经电路的电流量，单位为A（安培）。

（2）电压：是使电流流过电路的一种压力。电压越高，流过电路的电流就越大，单位为V（伏特）。

（3）电阻：电子通过物体的困难程度，单位为Ω（欧姆）。

2. 电的基本原理

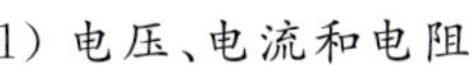

1）电压、电流和电阻

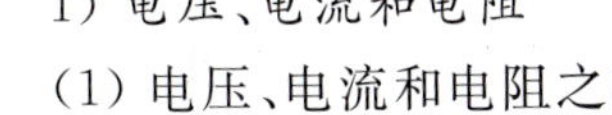

（1）电压、电流和电阻之间的关系可以用图示的水流来代替说明。

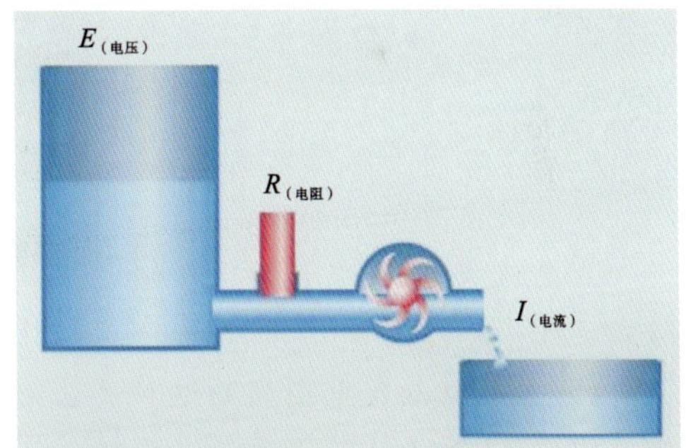

（2）电压和电流。

☆图中的设备标识水轮速度如何随左边水箱中的水容积的变化而变化。这说明流向水轮的水流速度随水箱中的水压而变化。

☆当水的这一现象用电来代替时，水容积（水压）类比电压，水流类比电流。

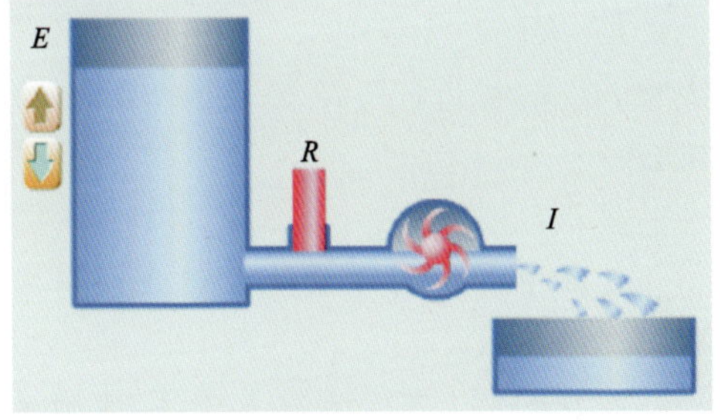

（3）电流和电阻。

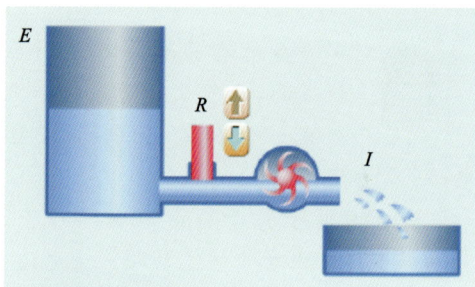

☆水流的压力随着位于水箱和水轮之间的闸门的打开高度而变化，因此水轮机的转速也随之变化。

☆此闸门便相当于电路中的电阻。

（4）电流、电压和电阻。

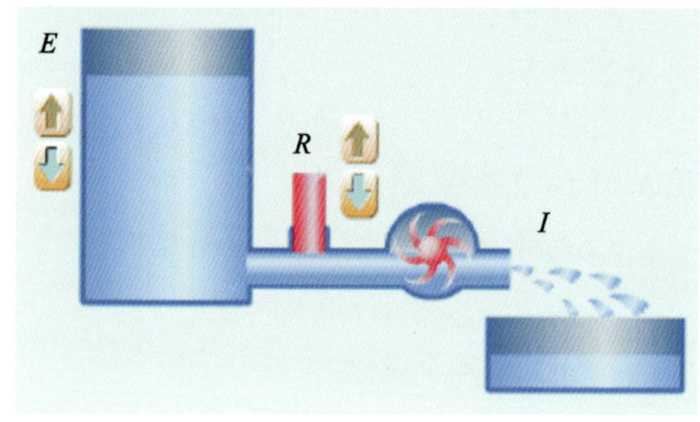

☆增加水箱中水的容量可增加水轮的速度。另一方面，降低闸门的开度阻止水流，便减慢水轮的速度。因此，调节水压及闸门高度便可以将水轮控制在设定的速度运行。

☆同样，在电路中，改变电阻及电压值，可以对电路中各设备分配不同的做功量。

3. 欧姆定律

电流、电压和电阻间存在以下关系：

- 增加电压可以增大电流。
- 减少电阻可以增大电流。

这种关系可归纳如下：

☆电流与电压成正比，与电阻成反比。

☆电压、电流及电阻间的这种关系由欧姆定律定义，写成公式形式：

$E=RI$

式中：E 为电压，V；R 为电阻，Ω；I 为电流，A。

提示：

☆从图中我们可以便于记住欧姆定律中三者的关系。

☆在图中上下关系代表除法，左右关系代表乘法。

要计算出 E，用“$R\times I$”；

要计算出 R，用“E/I”；

要计算出 I，用“E/R”。

4. 电功率

电功率是电器设备在单位时间内所做的功。它的测量单位是瓦特(W),1 W 是指用 1 V 的电压加在负荷为 1 Ω 的电阻上,通过在1 A的电流 1 秒内所做的功。

电功率可以用以下公式计算:

$P=I\times V$

式中:P 为功率,W;I 为电流,A;V 为电压,V。

例如,若在 1 秒内用 12 V 电压、5 A 电流施加到电器设备上,则电器设备所做的功为 60(5×12) W。

$$P(\mathrm{W})=I(\mathrm{A})\times V(\mathrm{V})$$

5. 直流电和交流电

电流的方向不变,电流量也不变的电叫直流电。另一方面,电流方向改变,电流量也改变的电叫交流电。

1) 直流电(DC)

这一类型的电流以恒定方向流动,从正极到负极,如同汽车蓄电池或干电池一样。

2) 交流电(AC)

这一类型的电流按一定的时间间隔改变方向。家庭用电及工厂工业用三相电源就是交流电的例子。

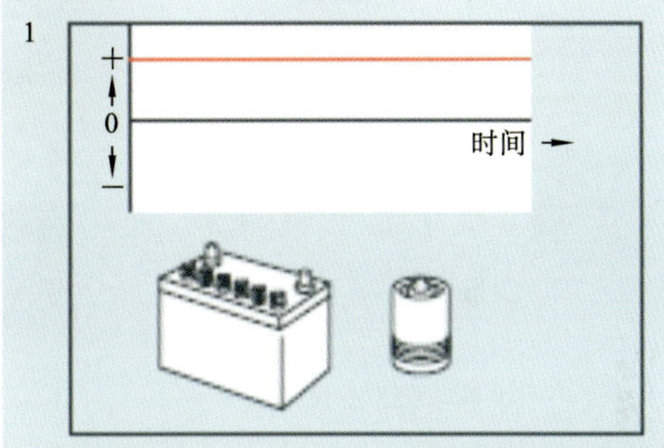

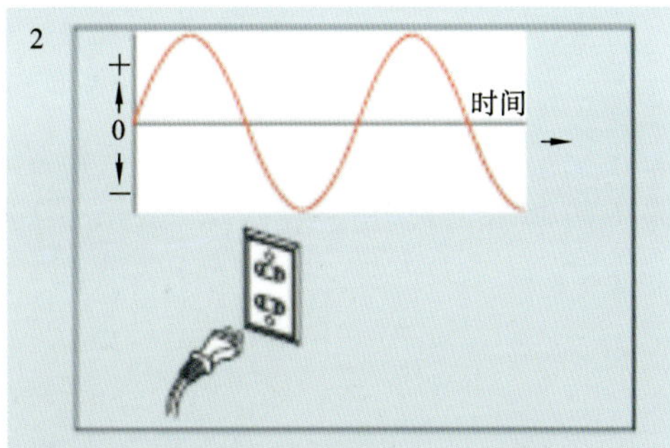

6. 并联和串联

根据电器设备的连接方法,电路可分为串联或并联电路。

1) 串联

串联电路中,多个用电器用一条电线逐个顺次连接。

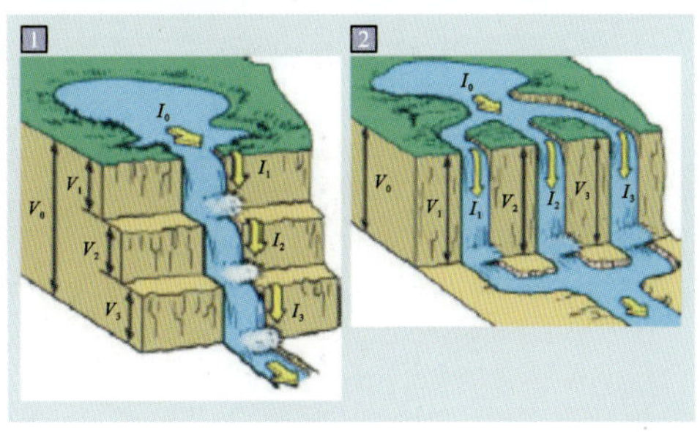

图 1 用水流来说明串联电路。此水流的特点是流过每个瀑布的水流量相等，也与源头流出的水量相等，即 $I_0=I_1=I_2=I_3$。

此外，三个单独的瀑布高度之和等于总水头高度，即 $V_0=V_1+V_2+V_3$。

2）并联

并联电路中，多个用电器并列连接起来。

图 2 用水流来说明并联电路。所有瀑布高度都相等，即 $V_0=V_1=V_2=V_3$。此外，流经各个瀑布的水量之和等于水源头流出的总水流量，即 $I_0=I_1+I_2+I_3$。

3）电阻

（1）串联电路电阻。

整个电路的总电阻等于电路中各电阻之和，即 $R_0=R_1+R_2+R_3$。

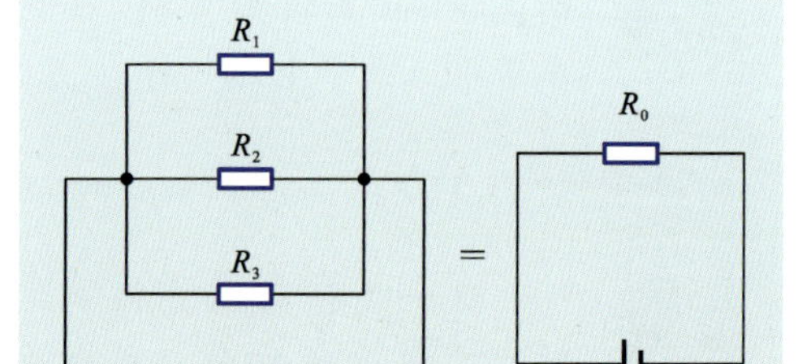

（2）并联电路电阻。

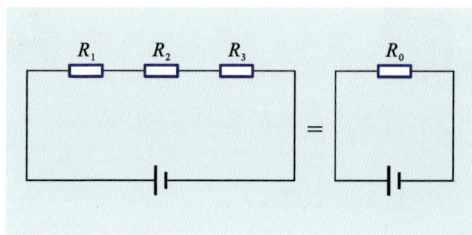

整个电路的总电阻用以下公式计算：$R_0=1/(1/R_1+1/R_2+1/R_3)$。$R_0$ 比 R_1、R_2 和 R_3 中最小的电阻还要小。

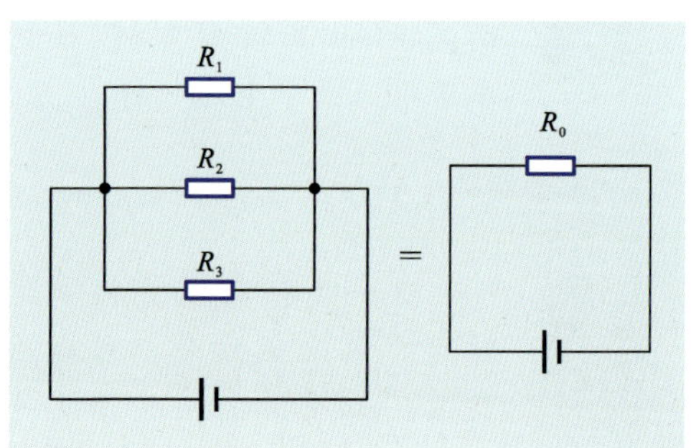

4）电流

（1）串联电路中的电流。

流过电路中的每个电器的电流与全电路中任一电器中的电流均相等，即 $I_0=I_1=I_2=I_3$。

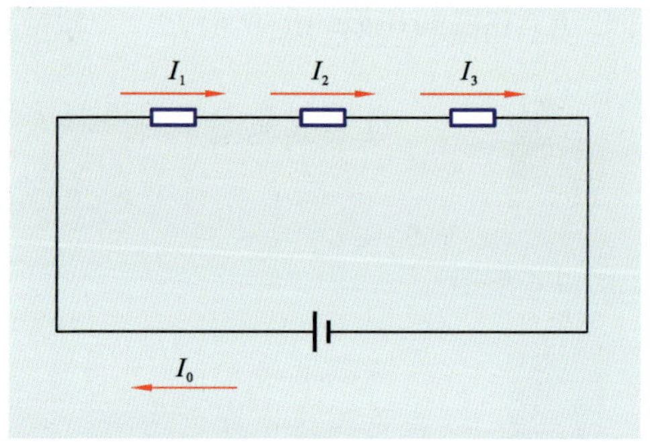

（2）并联电路电流。

电路中流经各电器件的电流之和等于总电流，即 $I_0=I_1+I_2+I_3$。

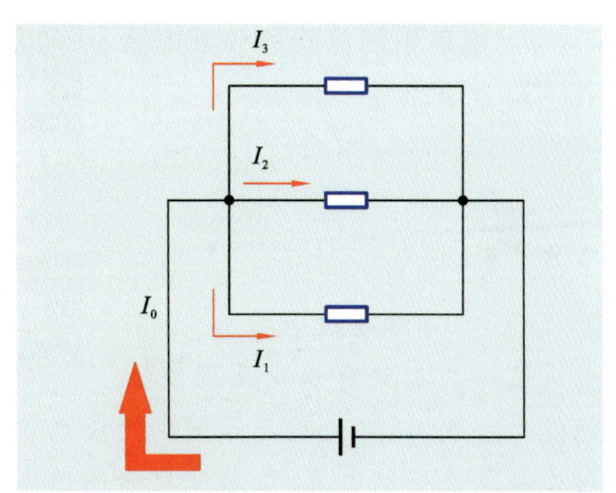

5）电压

（1）串联电路的电压。

电路中每个用电器上的电压降之和等于电源电压，即 $V_0=V_1+V_2+V_3$。

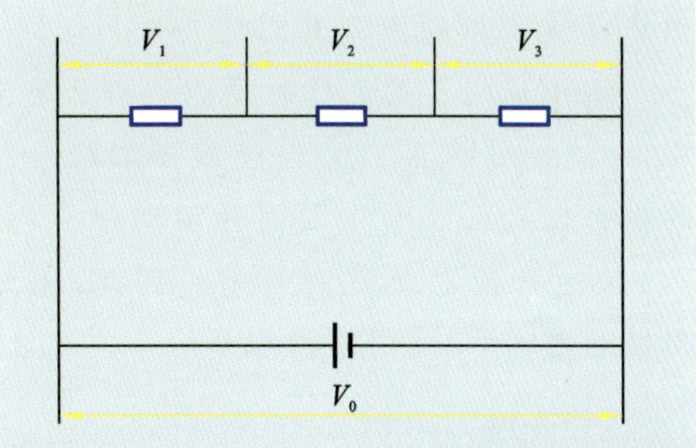

当电流流经一个电路时，它的电压每经过一电阻器都要降低。

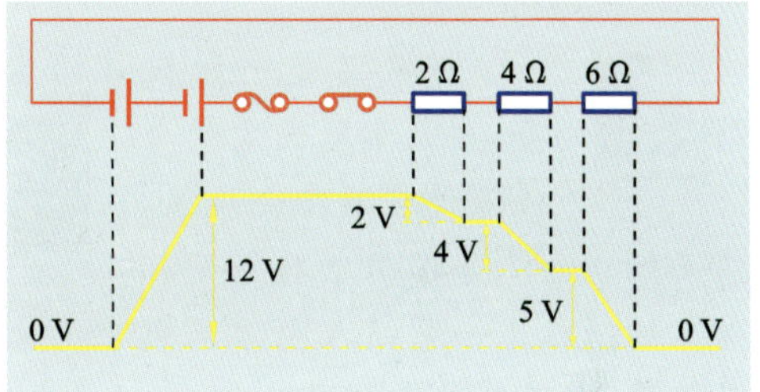

这一电压的下降称为电压降。在图所示的串联电路中，电源电压为 12 V，电流每流过一电阻的电压下降量可以用以下公式计算：

- 当电流通过 2 Ω 的电压降：

12 V×2 Ω/(2 Ω+4 Ω+6 Ω)=2 V

- 当电流通过 4 Ω 的电压降：

12 V×4 Ω/(2 Ω+4 Ω+6 Ω)=4 V

- 当电流通过 6 Ω 的电压降：

12 V×6 Ω/(2 Ω+4 Ω+6 Ω)=6 V

（2）并联电路电压。

每个用电器的电压降都相等，也与总电路的电压降相等，即 $V_0=V_1=V_2=V_3$。

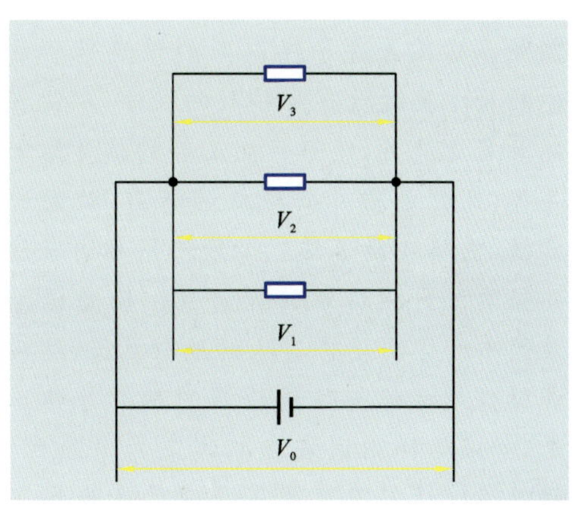

7. 电路中的保险丝和继电器

1）继电器和保险丝

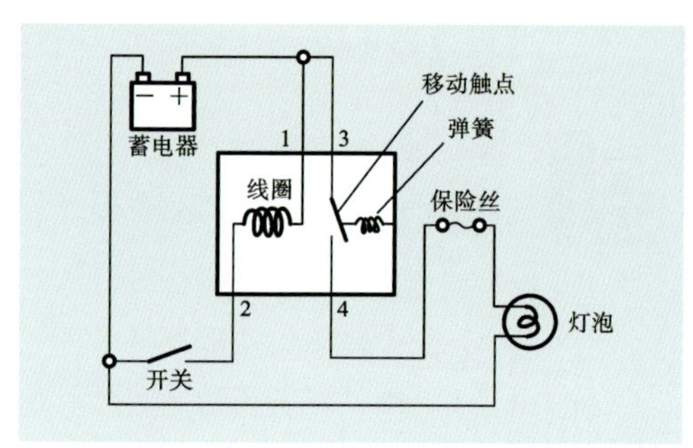

若一个由电源、开关及灯泡组成的电路设备，要求用强电流直接接线，则开关及接线都要有承受此强电流的能力。然而，可使用一开关利用弱电流去接通和断开一继电器，然后使后者通过大电流容量流去接通或断开灯泡。

图中说明了继电器的原理。当开关闭合时，电流经过触点1及2，使线圈激磁。线圈的磁力吸引点3和4之间的活动触点，触点3、4接通并使电流流向灯泡。因此，通过使用继电器，可以使用较低容量的开关及接线。

（1）保险丝。

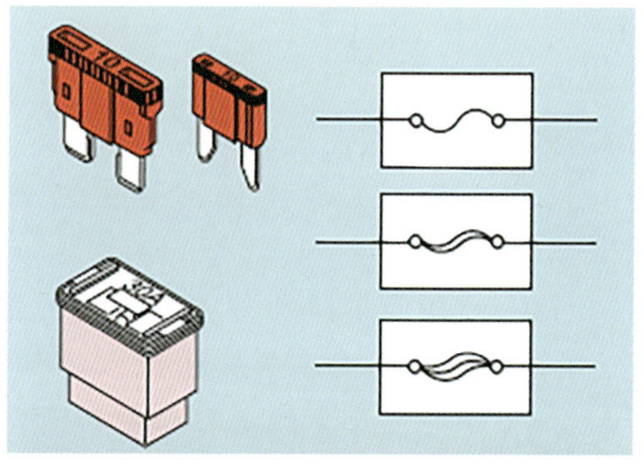

保险丝是一种极薄的金属条，当大于所设定的电流流过它时即会烧毁，从而切断电流并保护电路不受损坏。熔断丝是一种插入电流回路中的大容量熔线，它可在过载时烧毁，从而保护电路。电路图手册中保险丝如图右边的符号所示。电路图中保险丝如图右边的符号所示。大多数汽车有两个保险丝盘，一个位于发动机室，另一个保险丝盘通常位于驾驶员膝盖附近的仪表板中。

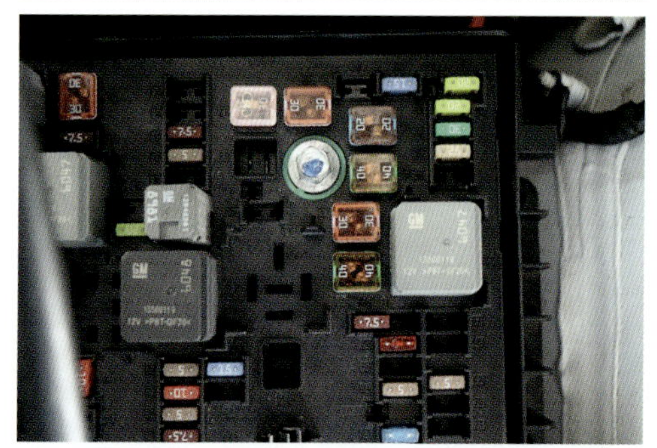

保险丝内的导体由类似于焊料的金属制成。它比普通导线本身的熔点低。该导体的尺寸要通过非常精确的校准，以便在达到额定电流时，能够产生足够的热量熔断该导体，断开电路。保险丝熔断后，必须进行更换，电路才能工作。必须使用相同安培数的保险丝更换熔断的保险丝。检查保险丝最简单的方法是将其从插座中取出，然后用连续性测试仪勾住保险丝的两片导体。但是，如果这样测试装在配线中的保险丝，得到的连续性回路可能不是通过保险丝形成

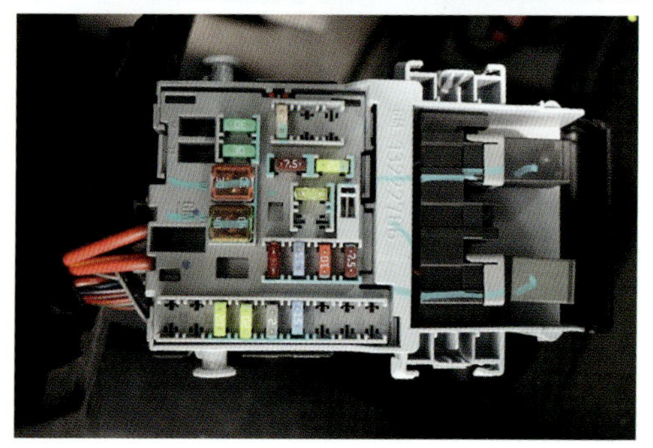

的（例如，在检查保险丝时，两侧的导线可能接地）。通常，可通过目视检查辨别保险丝是否已熔断。

汽车保险丝大致分为快熔断和慢熔断保险丝；又可分为中低电流和高电流保险丝。一般设计成插片式保险丝，有小号、中号和大号之分。插片式二插片引脚之间是熔体，外表包裹着透明的工程塑料作为外壳，插片式保险丝的规格一般为 2～40 A。

用不同的颜色来区分不同规格的保险丝：2 A 为灰色、3 A 为紫色、4 A 为粉色、5 A为橘黄、7.5 A 为咖啡色、10 A 为红色、15 A 为蓝色、20 A 为黄色、25 A 为无色透明、30 A 为绿色、40 A 为深橘色。

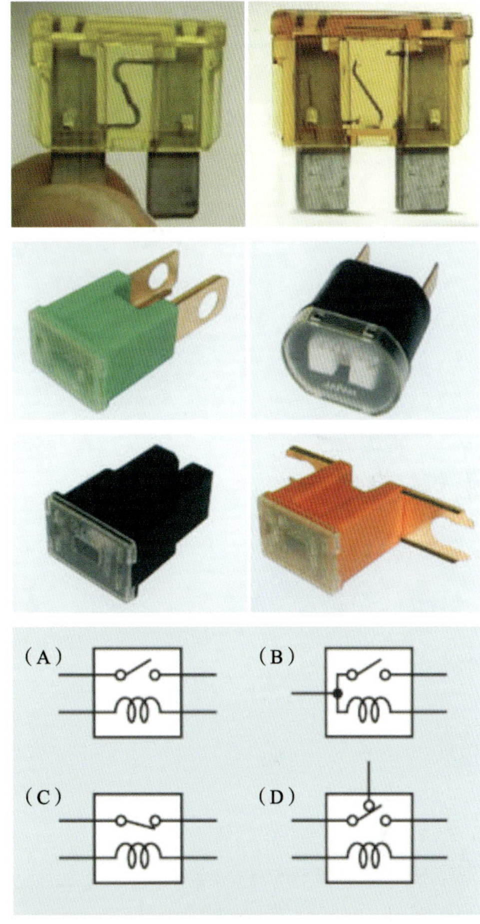

（2）继电器的类型。

继电器按断开及接通方式可分为以下类型：

☆常开型

这一类型的继电器不工作时是开路的，只有在其线圈受激时才闭合，如图（A）、（B）所示。

☆常闭型

这种类型的触点不工作时是闭合的，只有在其线圈受激时才断开，如图（C）所示。

☆枢纽式

这种类型在两个触点之间切换，由线圈受激状态决定，如图（D）所示。

8. 电容

汽车中的电气和电子控制系统中使用的电容，是用来隔流、滤除干扰、耦合、滤波、补偿、调谐、整流、储能。

七、模块练习

要求：完成练习。

八、模块评价

过程、结果评价。

模块六

万用表、跨接线、测试灯

一、模块作用

在汽车电路检测维修过程中，可以通过变换万用表的选择开关和选择合理的量程来对多种电的参量进行测量。一般万用表用于汽车电路的导通、电压和电阻值的测量，还可以用于测量电流，有的万用表还有检测转速、闭合角、占空比、频率、压力、时间、电容、温度和半导体元件等功能。万用表用于查找汽车电路中的具体故障部位，对准确判断故障起到十分重要的作用，是定量分析的一种工具。

测试灯可以检测汽车电源线路是否带电、电源电路中某一点是否存在断路、信号线路中是否有信号存在，是定性测量的一种工具。

跨接线是简单而又实用的工具，在电路中起旁通电路的作用，对有质疑的电路起着临时替代的作用。

二、模块分析

本模块主要学习万用表中各部分的名称；万用表的作用；万用表中各组成部分的功能及在实际运用中的作用；电路故障的类型及检测步骤；应用万用表检查电气部件的方法和步骤；测试用导线盒中的各种探针、接头及各种接线；跨接线的结构和作用；各种测试灯的结构和作用；测试灯、万用表在电压测试、导通性测试、电压降测试、对地短路测试中的作用；短路探测器的作用；故障电路诊断的步骤和思路。通过实践操作，会用万用表测量交流电压、直流电压、电阻；会用万用表进行通断检查、二极管测试、直流电流的测量；会利用汽车灯泡、直流 12 V 电源、两端带插接器的导线连接成电路，并模拟开路或接触不良或短路故障；用万用表对故障电路进行测量；会拆装车辆上的大灯灯泡，用万用表测量灯泡的通断状况和电阻值；会用万用表检测灯泡线路的通断情况；检测蓄电池的电压、大灯灯泡电压；会尝试运用测试用导线盒进行模拟测试连接；会利用鳄鱼夹、导线、带不同额定电流值的保险丝自制跨接线；会用测试灯、万用表进行电压测试、导通性测试、电压降测试、对地短路测试；会检测前照灯电路。

模块链接符号：    

动画、视频链接　资料、手册、理论链接　警示　操作指示　模块练习　模块评价

三、模块目标

知识目标	掌握万用表中各部分的名称 掌握万用表的作用 掌握万用表中各组成部分的功能及在实际运用中的作用 掌握电路故障的类型及检测步骤 理解应用万用表检查电气部件的方法和步骤 认识测试用导线盒中的各种探针、接头及各种接线 认识跨接线的结构和作用 掌握各种测试灯的结构和作用 掌握测试灯、万用表在电压测试、导通性测试、电压降测试、对地短路测试中的作用 理解短路探测器的作用 掌握故障电路诊断的步骤和思路
技能目标	用万用表测量交流电压、直流电压、电阻；用万用表进行通断检查、二极管测试、直流电流的测量 利用汽车灯泡、直流 12 V 电源、两端带插接器的导线连接成电路，并模拟开路或接触不良或短路故障。用万用表对故障电路进行测量 拆装车辆上的大灯灯泡，用万用表测量灯泡的通断状况和电阻值；用万用表检测灯泡线路的通断情况；检测蓄电池的电压、大灯灯泡电压 尝试运用测试用导线盒进行模拟测试连接 利用鳄鱼夹、导线、带不同额定电流值的保险丝自制跨接线 用测试灯、万用表进行电压测试、导通性测试、电压降测试、对地短路测试 检测前照灯电路

四、模块要求

质量要求	明确万用表的功能，正确使用万用表测量交流电压、直流电压、电阻，熟练应用万用表进行通断检查、二极管测试、直流电流的测量 利用汽车灯泡、直流 12 V 电源、两端带插接器的导线连接成电路后，能模拟开路或接触不良或短路故障。熟练应用万用表对故障电路进行测量，确定故障类型和故障点 熟练拆装大灯灯泡，并能应用万用表测量灯泡的通断状况和电阻值；熟练应用万用表检测灯泡线路的通断情况；熟练检测蓄电池的电压、大灯灯泡电压 尝试运用测试用导线盒进行模拟测试连接，并能正确运用各种探针、接头及接线 利用鳄鱼夹、导线、带不同额定电流值的保险丝自制跨接线并可以正常使用 能熟练使用测试灯、万用表进行电压测试、导通性测试、电压降测试、对地短路测试 检测前照灯电路的步骤和方法正确
安全要求	遵守使用万用表测试前进行校验的使用规范要求 遵守合理选择万用表测试量程的仪表使用安全要求 玻璃上的油脂会缩短灯泡寿命，因此不要接触灯泡的玻璃部分 将拆卸后的灯泡放置较长时间会使异物或者湿气进入灯罩，应该使用塑料袋等盖住灯座 禁止推动插接器中的端子，在端子上施加强力可能会造成端子损坏 安装灯泡时，注意安装位置/ 方向。如果顶部标记未在顶部，水就会进入装置中 禁止在带有固态部件的电路上使用低阻抗测试灯，否则会损坏这些部件 遵守使用低阻抗测试灯的注意事项 禁止在带有固态部件的电路上使用短路探测器，否则会损坏这些部件 禁止在带有固态部件的电路上使用有源测试灯，否则会损坏这些部件 在开始测试前照灯前，必须掌握系统工作原理
文明要求	遵守使用低阻抗测试灯的注意事项 遵守 5S 规定 遵守废物归类的要求
时间要求	180 分钟

设备要求　(1) 本课程常用工具、设备、仪器

(2) 汽车灯泡、发电机定子、发电机硅整流器、两端带插接器的导线、直流 12 V 电源、不同阻值的电阻、保险丝、开关、继电器、带不同额定电流值保险丝的跨接线、无源测试灯、有源测试灯

耗材要求　鳄鱼夹、导线

五、模块步骤

第一步　万用表的名称认识

第二步　万用表测量功能选择、量程选择

第三步　电路故障的认识

第四步　电气部件的检查

第五步　测试用导线盒的认识

第六步　跨接线的认识

第七步　测试灯的认识

第八步　诊断测试

第九步　电路诊断

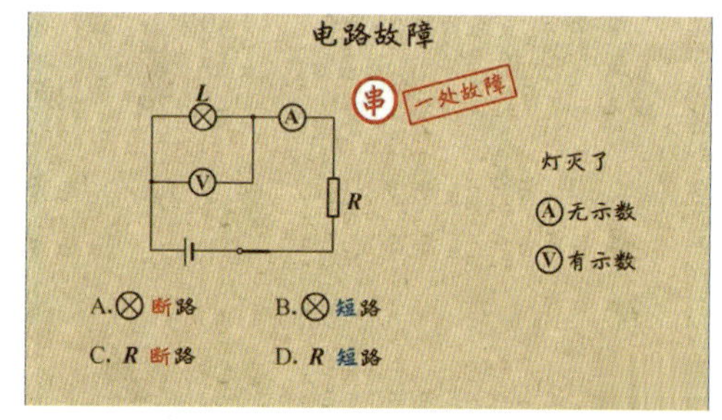

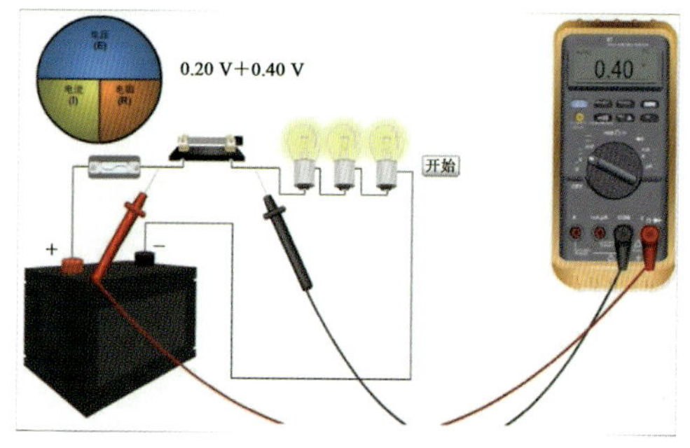

六、模块实施

1. 万用表的名称认识

万用电表可以用来测量电路中的电流、电压及电阻，以及测试电路的通断及二极管。

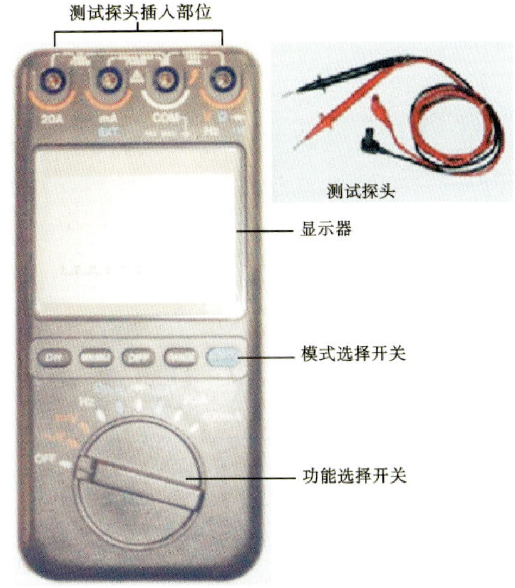

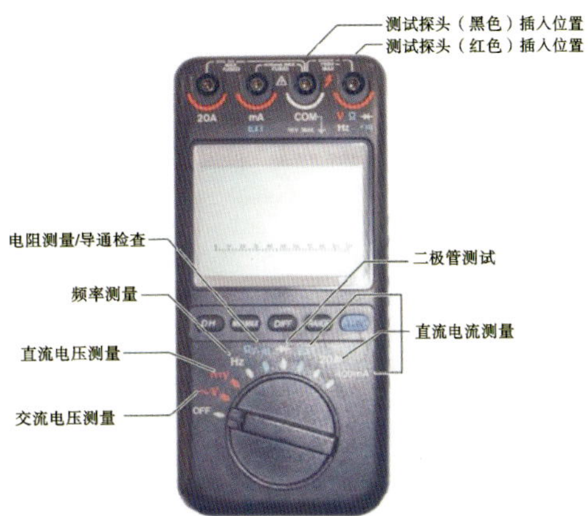

2. 万用表测量功能选择、量程选择

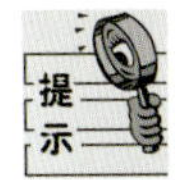

可通过功能选择开关进行以下测量。

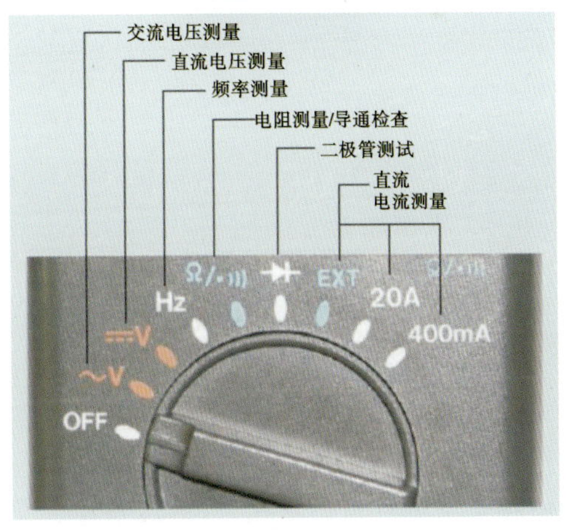

1）交流电压测量

目的：用于测量家庭用或工厂供电线路的电压、交流电压电路及电力变压器端头的电压。

测量方法：将功能选择开关设置到交流电压挡，并连接测试探头。测试探头的极性是可以互相交换的。

2）直流电压测量

目的：测量各种类型的电池、电器设备及晶体管电路的电压及电压降。

测量方法：将功能选择开关设置到直流电压测量挡。将黑色负极测量探头连接地电位，红色正极测量探头放到待测试的部位，并读数。

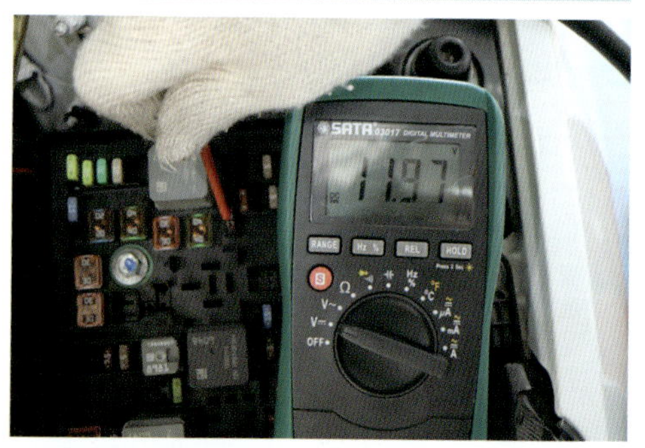

3）电阻测量

目的：测量电阻器电阻，电路的通断、短路、开路。

测量方法：设定电阻或连续性的功能选择开关（若在此时显示“🔊”，则仪表处于通断测试方式。此时，按蓝色Ω🔊模式选择开关改变测试器电阻检测模式）。然后，将测试笔放到待测电阻或线圈两端测量其电阻。此时应保证电阻不带电。二极管不能在此挡测量，因为所使用的内部电压太低。

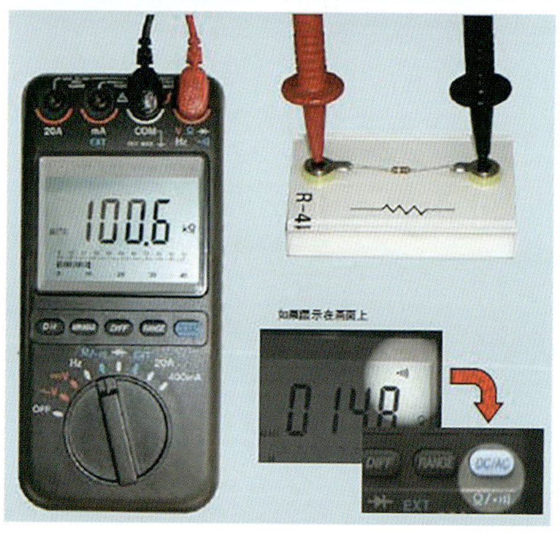

4）通断检查

目的：检查电路的通断。

测量方法：将功能选择开关旋到通断测试挡（保证此时显示“🔊”，如不是，按Ω🔊模式开关）。将测试笔接到测试电路。如果电路接通，则蜂鸣器会响。

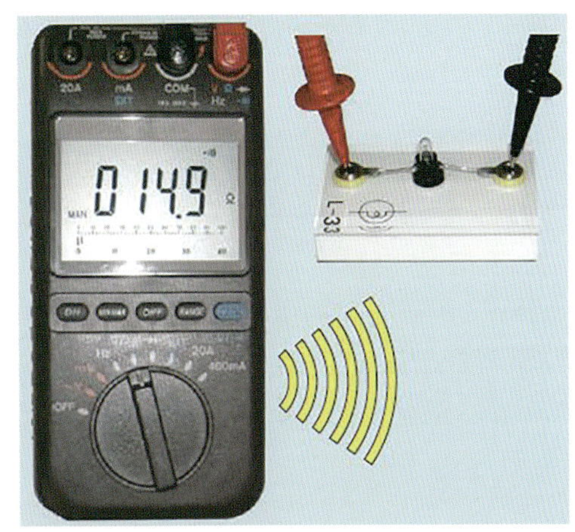

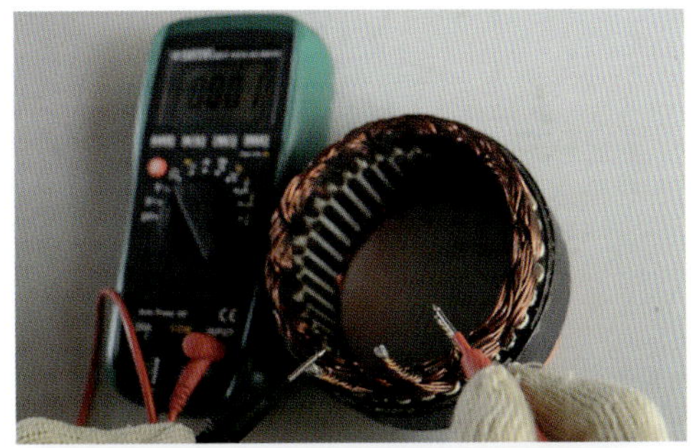

5）二极管测试

目的：测试二极管是否导通，是否损坏。

测试方法：将功能选择开关旋到二极管测试方式挡位。检测两个方向的通路状态。若在一个方向二极管是通的，在交换测试笔之后断开，则说明二极管良好。若二极管两个方向都是通的，则二极管被击穿。若两个方向均不导通，则说明它已开路。

6）直流电流的测量

目的：测量使用直流电设备或器件的电流量。

测量方法：将功能选择开关旋到电流测量挡位。选择量程的正确插孔，插入正极测试引线。为测量电路中的电流，电流表应串联接进电路中。因此，要断开电路中的某点以接入测试笔引线。将正极测试笔连接高电位一侧，负极测试笔连接低电位一侧，并读数。

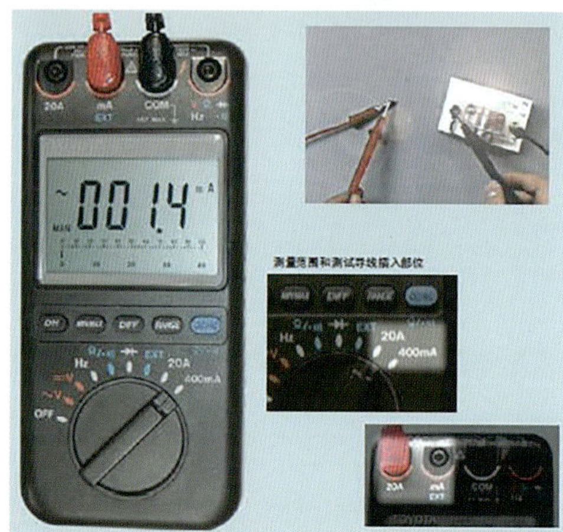

3. 电路故障的认识

1）开路

（1）若电路中无故障，设备能正常运行。

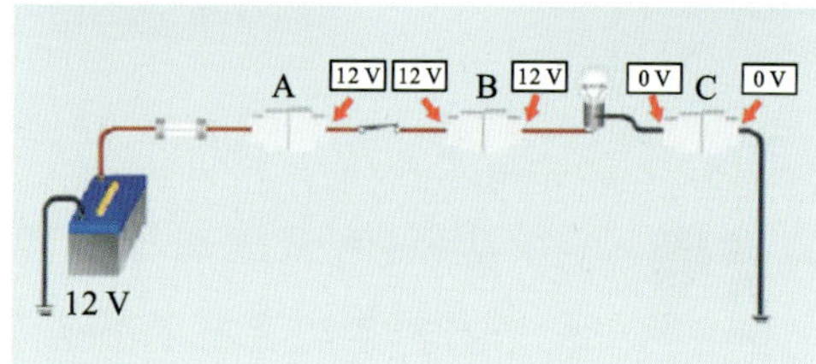

如图所示，各接头处的电压可以测量出来。不过，在电器设备工作不正常时，电路便会有某种故障。在此情况下，可以由测量接头处电压来确定故障所在。

（2）确定故障部位。

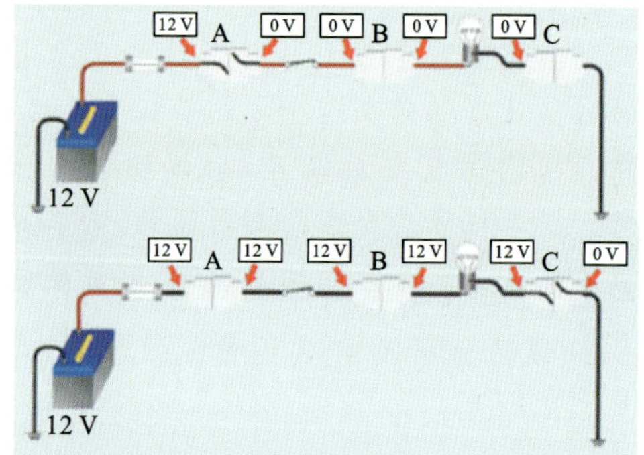

如图所示，假定灯泡不亮（或一个电器设备工作不正常），对各点进行电压测试。很明显，

我们发现在接头A(或C)处没有电压。这便说明在接头A(或C)处断路,阻断了电流。这种故障叫开路。

2) 电路接触不良

(1) 若电路中没有故障,灯泡会明亮发光。然而,若灯泡发光暗淡,电路中很可能有故障。

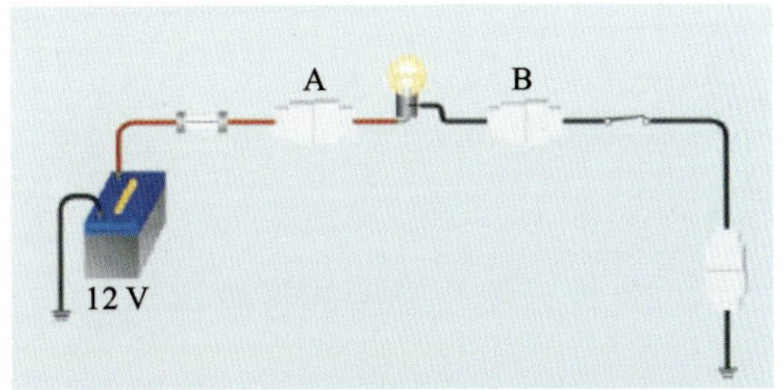

(2) 确定故障所在。

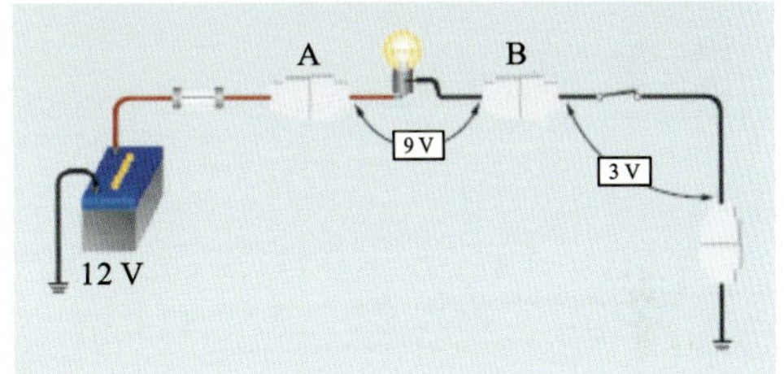

电路中灯泡两端电压为9 V。在此电路中,灯泡两端正常电压应为12 V。由于这是个直流电路,这一症状说明除灯泡外,还存在一个电阻。随后再检测开关两端的压差为3 V。这说明开关存在电阻,可能是因为接触不良造成的。

3) 短路

(1) 假定图中电路的保险丝熔断,检测保险丝熔断的原因。

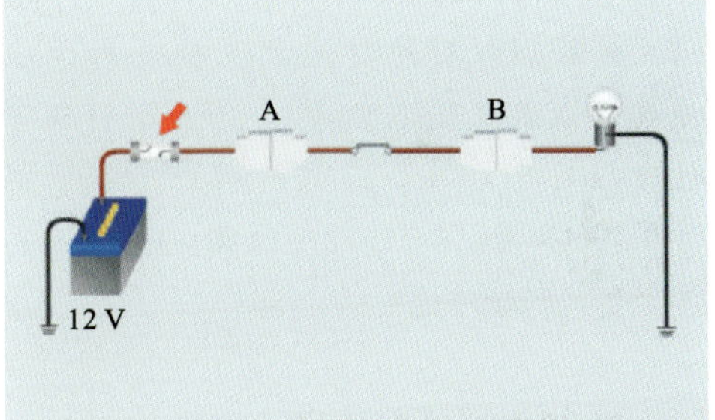

(2) 确定故障部位。

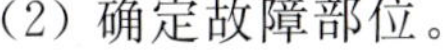

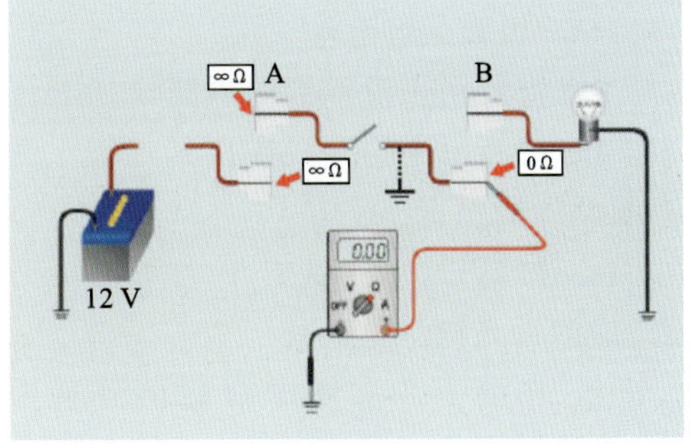

熔断器的功能是保护线路和设备免受损坏,当过强的电流通过它时,它将被电流通过所产生的热量烧断,使电路开路。

根据这种情况,熔断器烧断可以认为是通过的电流过大。因为这是一个串联电路,所以它的电压是恒定的,只有线路发生短路,才可能引起电流过大。测量各接地处的电阻值,如图中插接器B侧的对地电阻为0 Ω,这就表明连接器B对地短路,从而引起电流过大。

4. 电气部件的检查

1）拆卸

（1）断开大灯连接器。

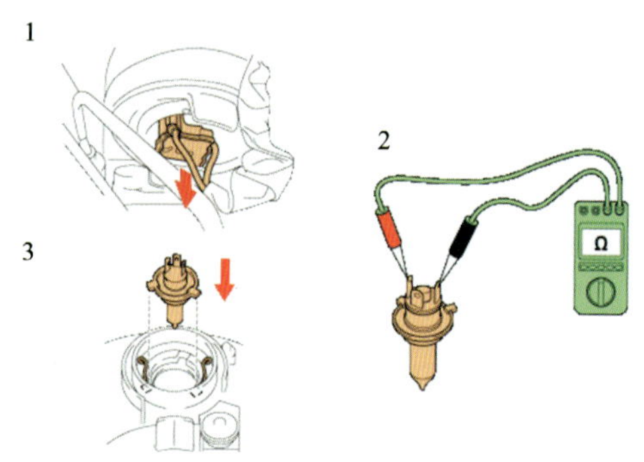

（2）拉动锁片时拆卸橡胶罩。

1—橡胶罩

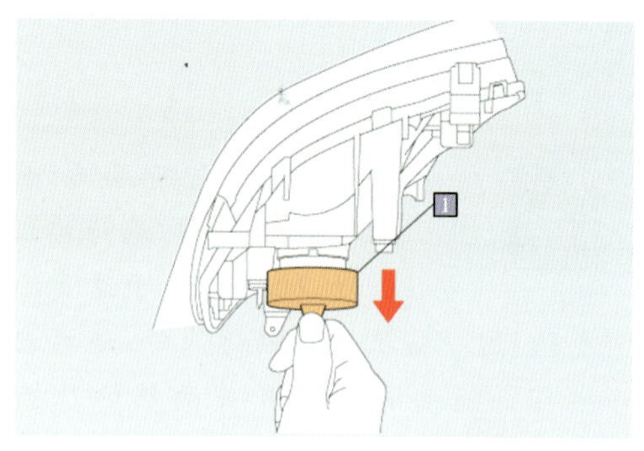

（3）拆卸固定灯泡的弹簧和拆卸灯泡。

● 玻璃上的油脂会缩短灯泡寿命，因此不要接触灯泡的玻璃部分。

● 将拆卸后的灯泡放置较长时间会使异物或者湿气进入灯罩。使用塑料袋等盖住灯座。

1—弹簧；

2—大灯灯泡

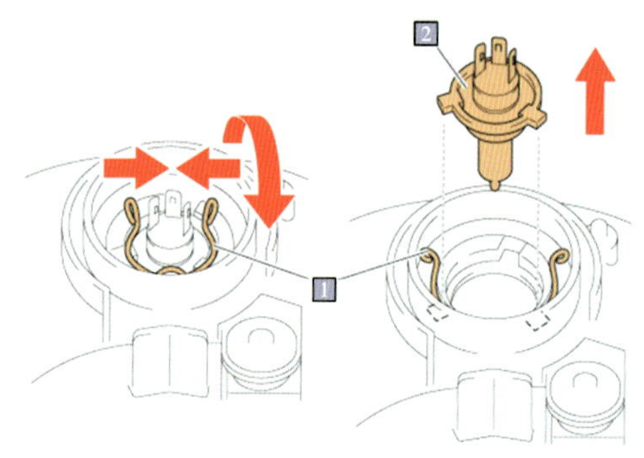

2）检查

（1）检查大灯灯泡。

① 将万用表设置到电阻测量范围。

② 将万用表的导线连接到灯泡上并检查线路通断情况。

a. 在端子 1 和端子 3 之间连接万用表，检测近光侧灯丝。

b. 在端子 2 和端子 3 之间连接万用表，检测远光侧灯丝。

（2）检查蓄电池电压

① 将万用表设置到直流电压测量范围。

② 将测试仪负极导线与蓄电池负极端子相连，测试仪正极导线与蓄电池正极端子相连。

③ 检查蓄电池电压。

显示的蓄电池电压通常大约为12.6 V，但实际电压则在10～14 V范围内。

(3) 检查大灯电路。

检查大灯连接器。

● 见电路图中的大灯连接器的位置。

● 检查车辆线束侧的连接器。

1—H1 连接器；

2—H2 连接器

(4) 检查大灯连接器电压。

① 将测试仪导线与插图中显示的端子相连。

提示：

通过将测试仪导线与车辆侧的大灯连接器相连检查电压。

注意：禁止推动端子。在端子上施加强力可能会造成端子损坏。

② 在近光束和远光束之间切换灯光控制开关时，检查灯光控制开关和被检查的端子的电压是否变化。

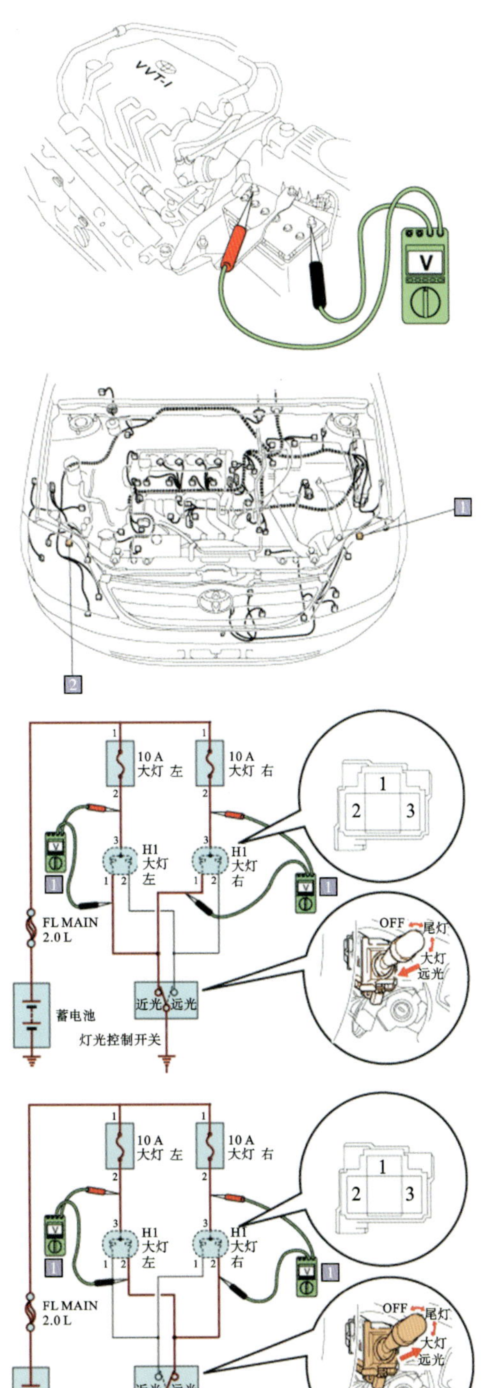

3）安装大灯灯泡

（1）将灯泡锁片与灯座槽匹配并且将锁片安装到孔中。

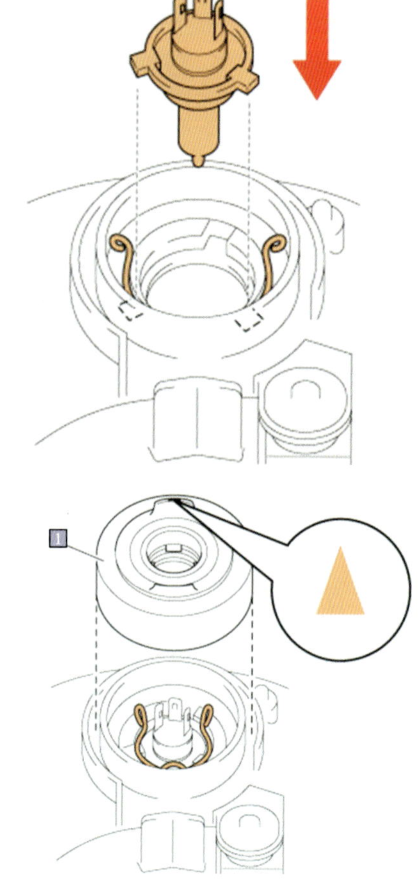

使用一个新的灯泡更换时，确保使用相同电压的灯泡。

（2）钩上弹簧和安装灯泡。

（3）安装灯罩，使“顶部标记”位于灯罩的顶部。

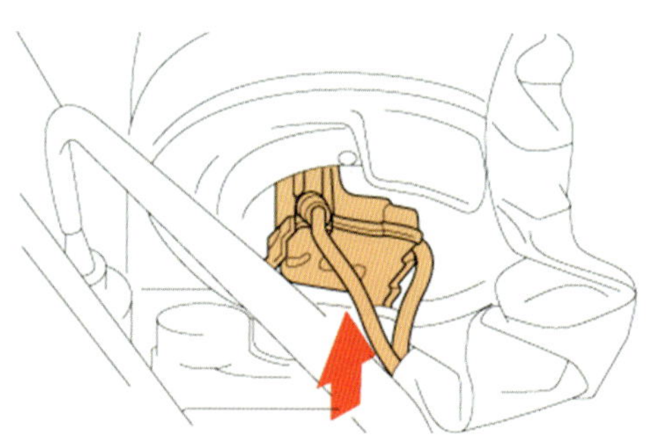

注意：

● 安装位置/方向。

● 如果顶部标记不在顶部，水就会进入装置中。

● 不要接触灯泡的玻璃部分，油脂将缩短灯泡寿命。

1—灯罩

（4）连接大灯连接器。

4）最后检查

● 检查安装电气设备的程序中是否有错误，并检查大灯能否正确操作。

● 操作灯光控制开关，在各开关位置检查相应的灯光。

（1）检查近光束。

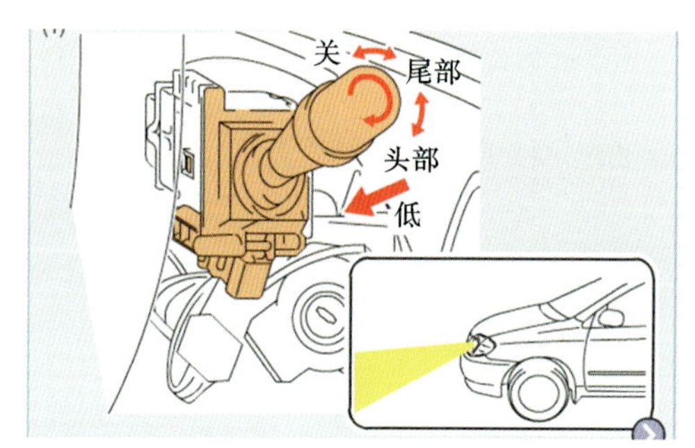

（2）检查远光束。

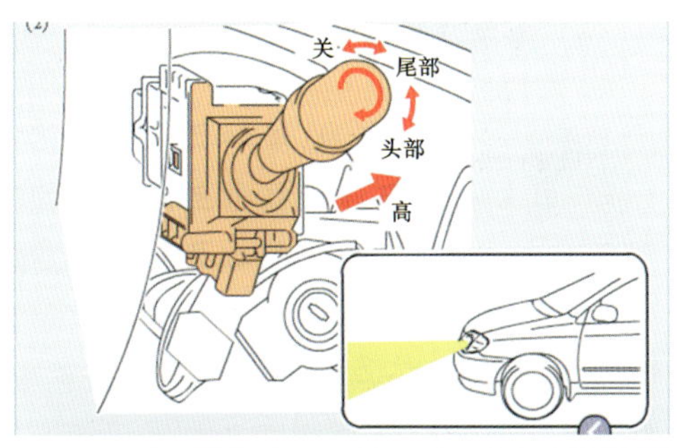

5. 测试用导线盒的认识

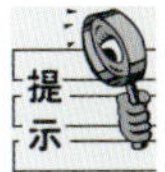

（1）接线盒有多种型号的探针、接头以及接线，宽窄厚薄不一的片状、圆形接头或探针以及凸凹配对的连接器，可适用于各种欧、美、亚车系的插头端子，通用性高且使用方便。

（2）还可以很好地配合万用表以及示波器等测量工具使用。增加了传感器、执行器的鳄鱼夹对接线及配合示波器使用的示波器套线。适用于任何电表、示波器探针的延长线，减少检查线路时接线的麻烦，可进行快速检测。

（3）测量元件时，在不破坏线路的情况下，可直接从线束插头端后方测量，减少线路绝缘胶皮的损坏，从而减少线路生锈而引起的阻抗变大，更可避免由于连接不良导致的信号测量错误而影响测量效果。

（4）测量电流时，不需要将电线剪断或者拔开，可用线组的连线达到串联的回路。

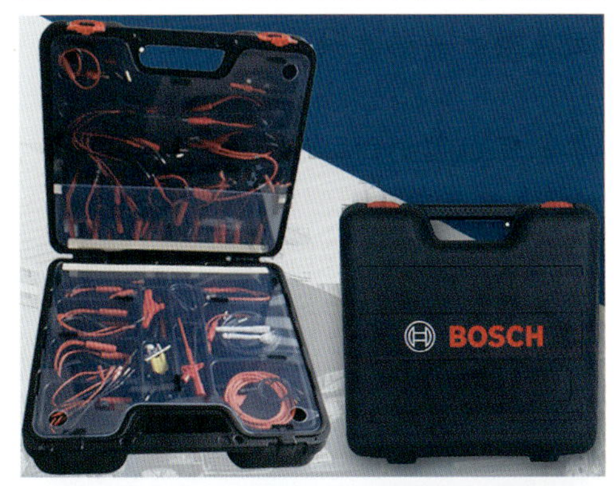

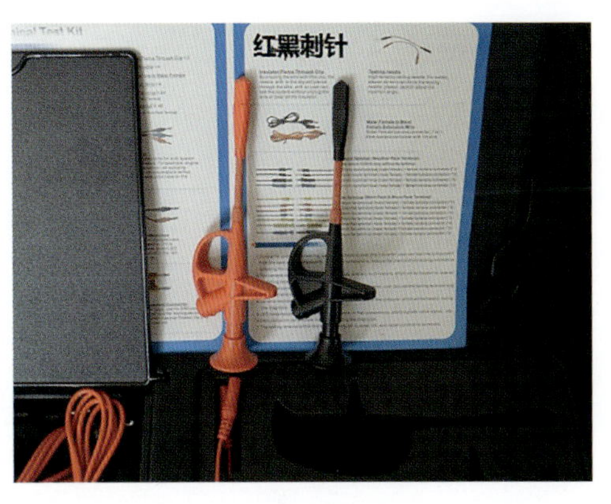

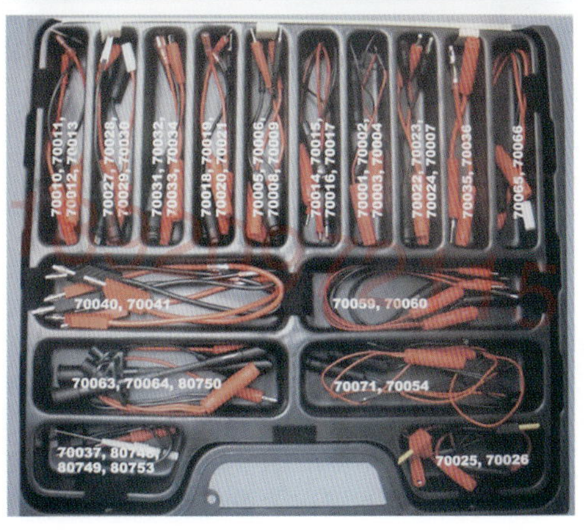

6. 跨接线的认识

跨接线是一个连接至一组测试引线的直列式保险丝座，用于旁路开路电路。直列式保险丝座应装有5 A的保险丝。禁止在任何负载两端使用跨接线，因为这样会导致蓄电池直接短路并熔断保险丝。只要使用得当，跨接线可以成为一种简单、有效的测试工具。它们可使电流“绕过”被怀疑是开路或断路的电路部分，从而使电路形成回路，因此，其作用相当于导通性测试。

当使用跨接线时，用已知良好的导线来代替怀疑有故障的电路部分。如果连接好跨接线后电路工作正常，不连接跨接线时工作不正常，则表示所跨过的部位存在开路故障。跨接线仅用于旁通电路的非电阻性部件，如开关、连接器和导线段等。

1—带直列式保险丝的鳄鱼夹；

2—鳄鱼夹；3—针形端子；

4—接片端子；5—探头；6—鳄鱼夹；

7—蓄电池；8—开关；9—电机

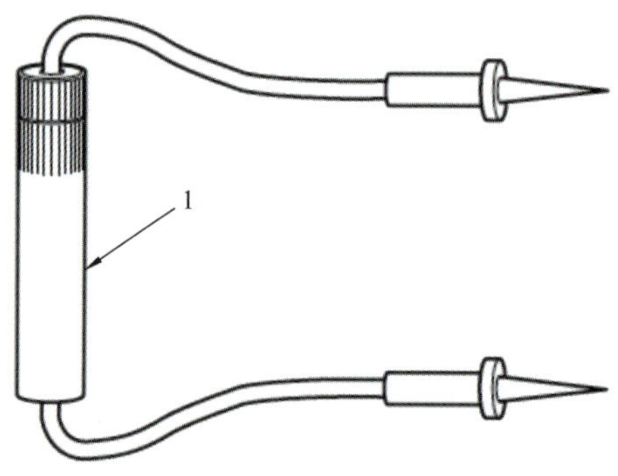

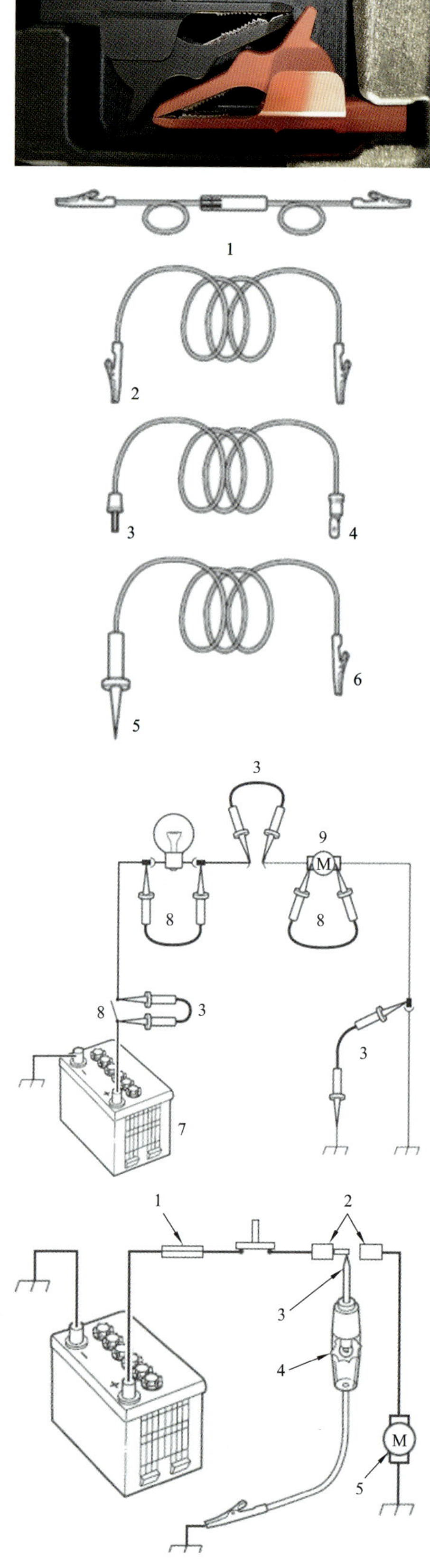

7. 测试灯的认识

1）无源测试灯

测试灯包括一只12 V灯泡和一对引线，用于测试是否有电压。在将一条引线接地后，用另一条引线沿电路接触不同的点，检测是否有电压。如果灯泡点亮，表明测试点有电压。

1—保险丝；2—连接器；3—探针；

4—测试灯；5—电机

特别注意事项：禁止在带有固态部件的电路上使用低阻抗测试灯，否则会损坏这些部件。

注意：

- 测量时手不要接触探针；
- 不可测量超出量程的电压；
- 测量直流（DC）电压时，带＋、－符号的发光二极管显示极性；
- 测量交流（AC）电压时，两个极性的发光二极管同时点亮；
- 测电设备应保持干燥，使用环境为－10 ℃～＋50 ℃。

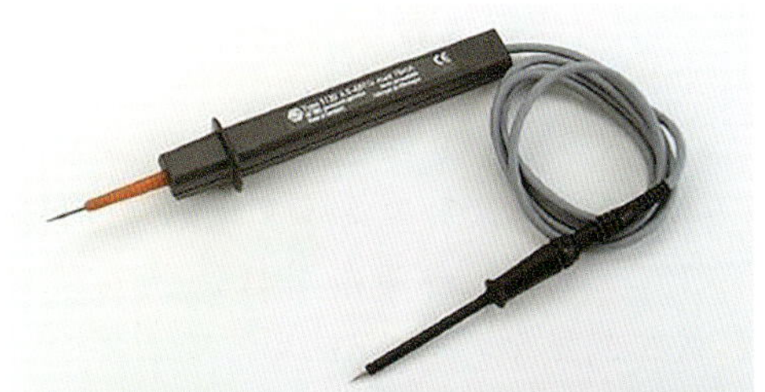

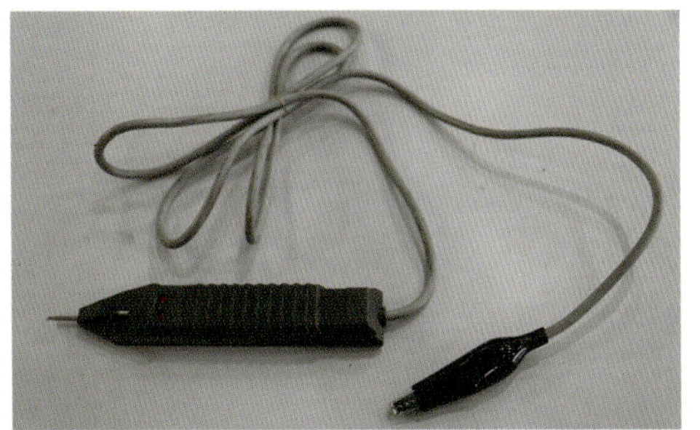

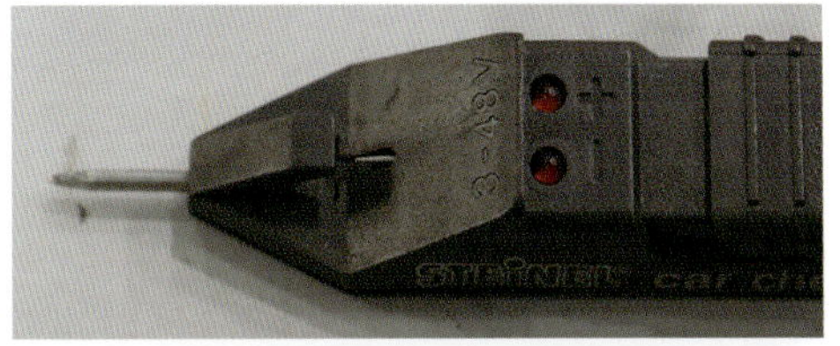

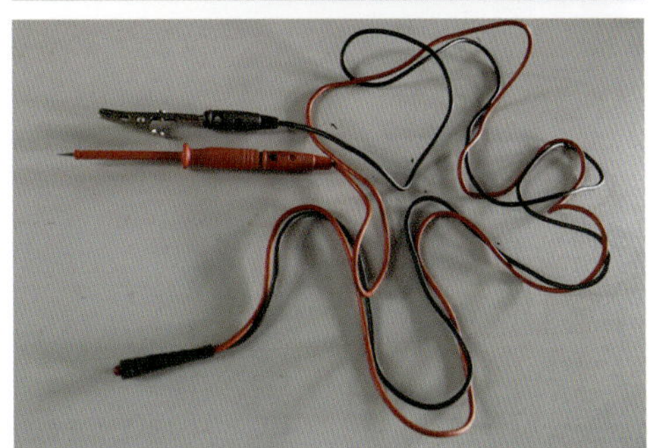

在指定测试灯时，必须使用低功率测试灯。不要使用大瓦数测试灯。尽管没有规定具体的测试灯品牌，但只要对测试灯进行简单的测试，就能确定其是否适合于测试电路。将精确的电流表，如高阻抗数字式万用表（1）与待测试的测试灯（2）串联，用车辆蓄电池（3）给测试灯—电流表电路通电。

如果电流表读数小于 0.3 A（300 mA），则测试灯可以使用。如果超过 0.3 A（300 mA），则禁止使用。

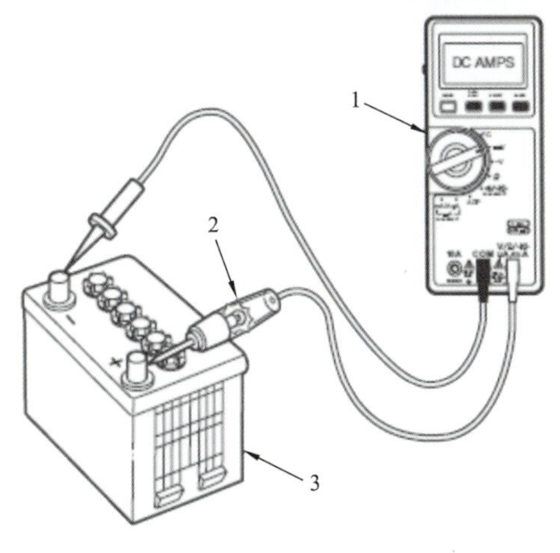

2）有源测试灯

有源测试灯用于导通性检查。此工具带有一只 3 V 灯泡、电池和两条引线。如果使两条引线相互接触，则灯泡就会点亮。

有源测试灯仅用于无源电路。

首先，断开车辆的蓄电池或拆卸为所测电路供电的保险丝。

在应该导通的电路上选择两点。

将有源测试灯的两条引线连接至两点。如果电路导通，则测试灯电路应形成回路，灯泡将点亮。

现在，越来越多的电路带有固态控制模块。这些电路上的电压只能用阻抗为 10 Ω 或以上的数字式电压表或万用表测试。

禁止在带有固态部件的电路上使用有源测试灯，否则会损坏这些部件。

8. 诊断测试

1）电压测试

（1）将测试灯的一条引线可靠接地。如果使用电压表，确保电压表的负极引线（COM）接地（蓄电池负极）。

（2）将万用表切换到 V（电压）挡，再将测试灯或电压表的另一条引线连接至连接器或端子上选定的测试点。

（3）如果测试灯点亮，则表明有电压。如果使用了电压表，则记录电压读数。读数应在所测的蓄电池电压±1 V 范围之内，除非系统诊断另有规定。

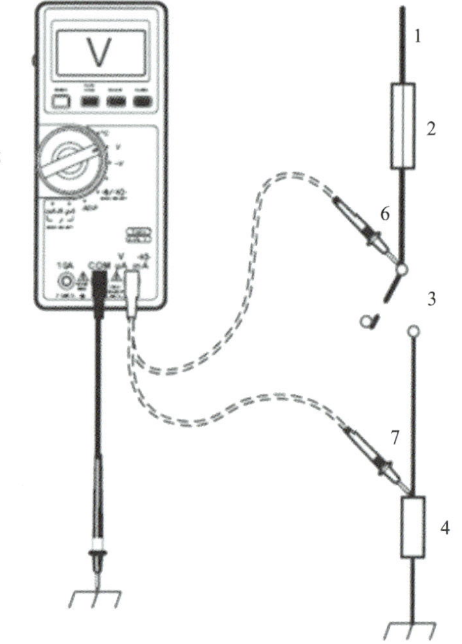

1—来自蓄电池的电源；2—保险丝；

3—开关；4—继电器线圈；

5—万用表；6—电压测试点；

7—电压测试点

2）导通性测试

（1）断开蓄电池接地引线。

（2）将有源测试灯或电阻表的一条引线连接到待测部分电路的一端。

（3）将万用表切换到欧姆挡并将另一条引线连接至电路另一端。

（4）如果有源测试灯启亮，表示电路导通。如果使用万用表测量，若电阻很低或无电阻，则表明电路导通。

1—将万用表设在欧姆挡；2—开关端子

3）电压降测试

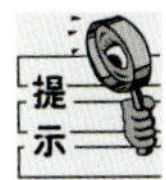

本测试检查一根导线或者一个接头或开关所损失的电压。

（1）将电压表切换到V（电压）挡，然后将其正极引线连接到导线（或接头、开关）最接近蓄电池的一端。

（2）将负极引线连接至导线（或接头开关）的另一侧。

（3）使电路工作。

（4）电压表将显示两点之间的电压差。电压差（或电压降）超过1 V，表示有故障。

1—来自蓄电池的电源；2—保险丝；3—开关；4—继电器线圈；5—万用表

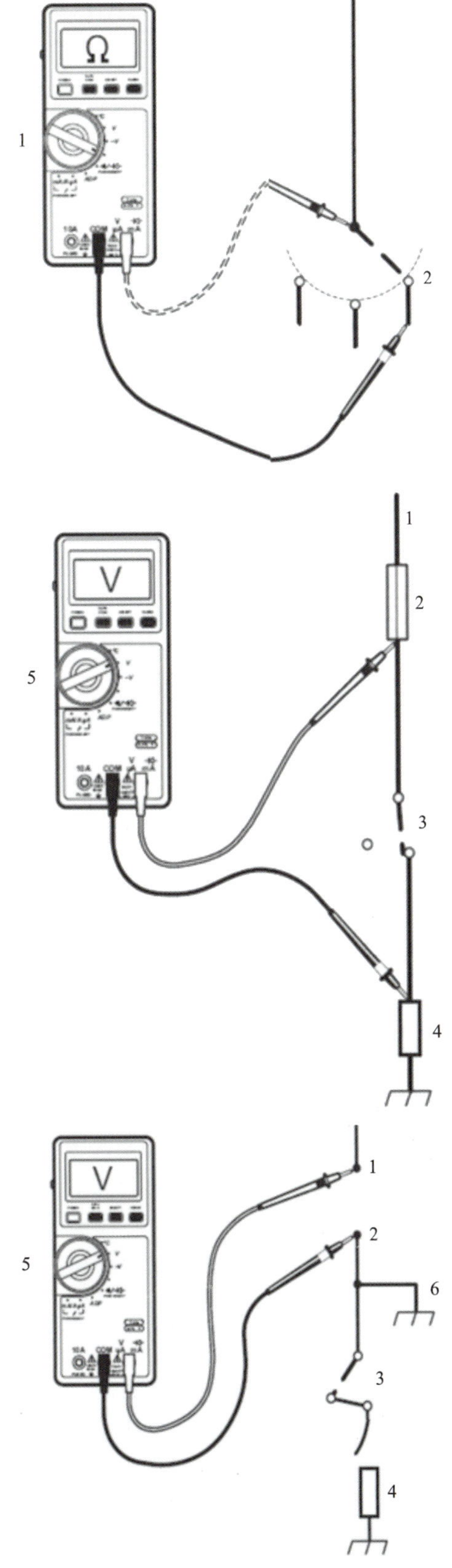

4）对地短路测试

用测试灯或电压表测试是否对地短路：

（1）拆卸烧断的保险丝并断开负载；

（2）确保保险丝盒通电，将测试灯或电压表跨接在保险丝端子两端；

（3）从保险丝盒附近开始，来回晃动线束。每隔约150 ms，在适当的位置点继续晃动线束，同时观察测试灯或电压表；

（4）如果测试灯点亮或电压表有读数，则表明靠近检测点的导线对地短路。

1—来自蓄电池的电源(保险丝拆卸时);

2—起始测试点;3—开关;

4—断开的负载;5—设置在电压挡的万用表;6—对地短路

用有源测试灯或电阻表测试是否对地短路:

(1) 拆卸熔断的保险丝并断开蓄电池和负载;

(2) 将有源测试灯或电阻表的一条引线连接到负载端的保险丝端子;

(3) 将另一条引线连接至已知可靠的接地点;

(4) 从保险丝盒附近开始,来回晃动线束。每隔约 150 ms,在适当的位置点继续晃动线束,同时观察有源测试灯或电阻表。

(5) 如果有源测试灯点亮或闪烁,或者电阻表读数改变或有读数,则表明靠近检测点的导线对地短路。

1—来自蓄电池的电源(保险丝拆卸时);2—起始测试点;3—开关;4—断开的负载;5—设置在欧姆挡的万用表;6—对地短路

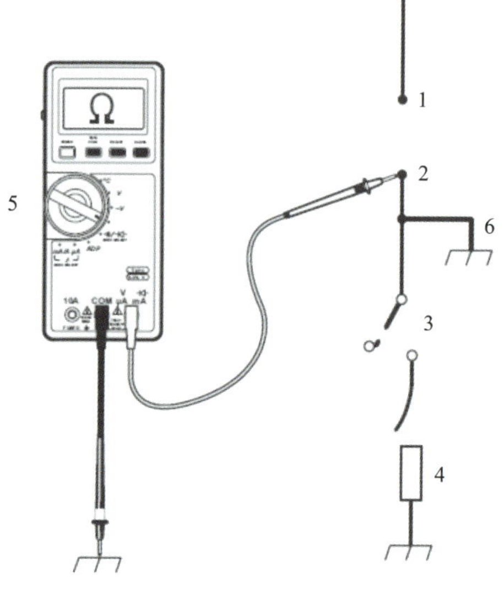

使用短路探测器:

短路探测器是用来查找隐蔽短路点位置的装置。这些短路点会在短路电路中形成一个磁场,使您能透过车身装饰板或金属板发现它的位置。

使用指南针:

普通的磁指南针可用来查找电路对地短路的位置。它利用了带电导线会产生磁场的原理。在由断路器保护的电路中,对地短路很容易用普通磁指南针快速查找。接通和关闭断路器并沿导线逐步移动指南针，每次断路器关闭时指南针就会出现“反弹”反应。当指南针通过对地短路点时，指南针将停止“反弹”。这样，不用拆卸装饰板、盖板或胶带，指南针就可以指示故障位置。如果电路带保险丝，也可用断路器代替保险丝，采取同样的方式查找故障。

使用断路器：

用断路器代替保险丝后，其他工具就能更有效地查找故障。转向信号闪光灯就是一种很好的断路器。在转向信号闪光灯的每个端子上焊接一条引线，每条引线都接上来自旧保险丝的端子。如果将这一装置代替保险丝插入接线盒，其动作速度可能过快，而观察不出指南针偏转效应。要减慢速度，将一只变阻器与闪光灯串联。串入附加电阻后，该装置的闪光频率将减慢，从而达到理想的指南针偏转效应。

5）操作短路探测器

使用短路探测器：

（1）拆卸熔断的保险丝，保持蓄电池连接；

（2）将短路探测器（2）跨接在保险丝端子上；

（3）闭合与所诊断电路串联的所有开关（6）；

（4）操作短路探测器，短路探测器向短路点施加脉冲电流，从而使保险丝盒与短路点之间的电路导线周围产生一个脉冲磁场（5）；

（5）从保险丝盒开始，沿电路导线缓慢移动短路探测器表（4）。短路探测器表将显示穿过金属板件或车身装饰件的电流脉冲。只要该表介于保险丝盒与短路点之间，指针就会随每个电流脉冲动作。当探测器表通过短路点时，指针将停止移动（10）。检查该部位的导线是否对地短路。

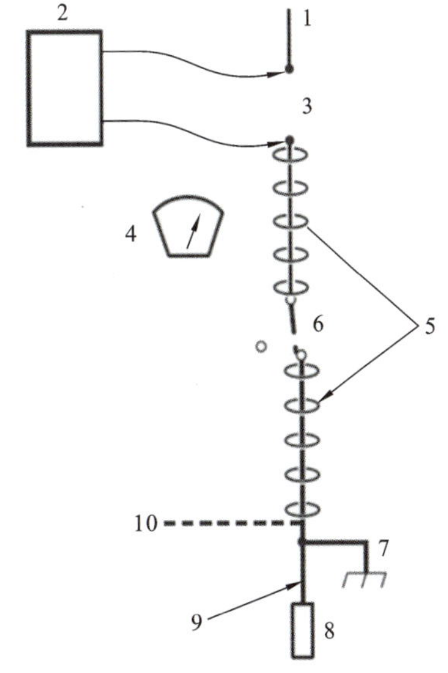

1—来自蓄电池的电源（保险丝拆卸时）；

2—短路探测器脉冲发生器；

3—拆卸保险丝后的保险丝盒；

4—短路探测器表；

5—脉冲磁场；6—开关；

7—对地短路点；8—电磁线圈；

9—无脉冲磁场；10—指针在此处停止移动

特别注意事项：禁止在带有固态部件的电路上使用短路探测器，否则会损坏这些部件。

重要注意事项：短路探测器特别适合于查找“隐蔽”的短路点，因为探测器表能透过车身装饰件或金属板件发现短路的位置。

6）测量电流

要测量电路中的电流，必须将电流表串联在电路中。测量电流时总是要拆卸部件或从电路上断开部件或断开电路，电流将通过电流表，电流表以安培或毫安为单位显示电流。

保险丝和蓄电池是两个常用的电流测量位置。

特别注意事项：严禁用设置在电流挡的万用表来测量电压，否则会严重损坏万用表、电路，或二者都被损坏。

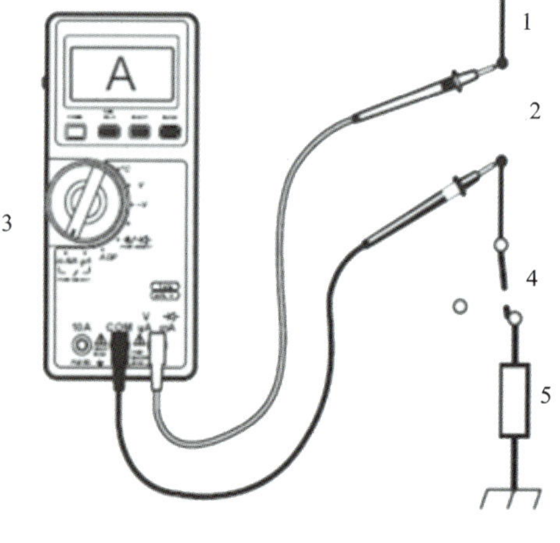

1—来自蓄电池的电源（保险丝拆卸时）；

2—保险丝盒；

3—设置在欧姆挡的万用表；

4—开关；

5—负载

9. 电路诊断

☆在诊断车辆电气故障时，应参阅系统电路图。

☆排除电气故障时，务必以这些电路图为诊断起点。

☆电路图显示了特定电路的设计工作原理，因此必须要先了解这些电路，才可尝试确定故障原因。

重要注意事项：电路图中并不显示部件和导线在车辆上的实际情况。

例如：1 米长的导线在电路图上可能和几厘米的导线一样长。同样地，开关和其他部件也都尽可能以简化形式表示且处在非工作状态，图中仅显示其基本功能。

建议按下列程序诊断车辆电气故障。

1）识别故障

☆故障是否切实存在？

☆要识别故障，必须耐心、仔细地听取车主/驾驶员的意见。

2）明确故障

询问车主/驾驶员，证实以下问题：

☆是否有故障？

☆有什么故障？

☆故障在什么部位？

☆故障的严重程度或范围如何？

☆故障多长时间出现一次？

☆是否存在一种趋势？

☆执行系统检查，确保正确理解故障。

☆切勿浪费时间，在未确定可能的故障原因前，切勿开始拆解部件或进行测试。

3）调查故障

☆您是否完全熟悉该系统？

☆阅读系统电路图。

☆研究电路图，理解相关电路的工作原理。

☆检查与故障电路共用线路的电路。如果共用电路工作正常，则共用线路肯定完好。那么，故障原因肯定是故障电路内部的导线或部件。

☆如果几个电路同时出现故障，很可能是电源（保险丝）或接地电路有故障。

4）找出可能的故障原因

☆在心中或纸上列出检查清单。

☆判断是否会导致故障？

☆使用系统电路图确定一组测试点。

☆缩小故障原因的范围。

5）隔离最可能的故障原因

☆必须掌握所需的知识并具备专用工具/设备。

☆执行相应系统诊断中列出的必要测试和测量，如“发动机管理系统”“巡航控制系统”，或在通过电路图确定的测试点上进行测试。要测试，不要猜测。

☆更换部件前，检查部件线束连接器上的电源、信号和接地线。如果检查结果正常，则很可能是部件有故障。找出故障原因并修理。

6）确认故障

☆测试修理效果。

☆故障是否排除？

☆寻思故障发生/零部件失效的原因？

☆故障是否再现？

☆是否引发了任何其他故障？

☆排除故障原因而不是故障现象。

☆交车前测试电路并路试车辆。

故障实例

(1) 识别故障。

前照灯工作不正常。

(2) 明确故障。

询问驾驶员，确定左侧前照灯没有远光，或者在闪光灯开关启动时出现该故障。

(3) 调查故障。

对前照灯电路进行系统检查。

① 前照灯近光工作正常。

② 接通远光灯时，前照灯远光灯工作正常，但左侧前照灯内侧远光灯不工作。

③ 启动远光/闪光开关时，左侧前照灯内侧远光灯仍不打远光。

阅读系统电路图。

本步骤可节省时间和人工。注意，在开始确定前照灯远光不工作原因前，必须掌握系统工作原理。

④ 找出可能的故障原因。

在理解电路原理后，再次阅读电路图，此时应记住通过操作电路所掌握的故障信息。建议查阅系统电路图蓄电池正极端子或保险丝(电源)至地(蓄电池负极端子)的完整回路。

由于两个前照灯近光工作正常，因此保险丝F102、F31和F30、前照灯开关、前照灯近光继电器、近光接地电路和两个前照灯近光灯丝都正常。而且，由于右侧前照灯内侧远光灯在远光和闪光位置都工作正常，因此前照灯和闪光灯开关及前照灯远光继电器正常。

由于左侧前照灯外侧远光灯工作正常，因此前照灯继电器至灯总成的导线肯定完好。所以可以肯定，故障存在于保险丝F31后的接头与连接器E119_L-X1针脚4之间的电路中。

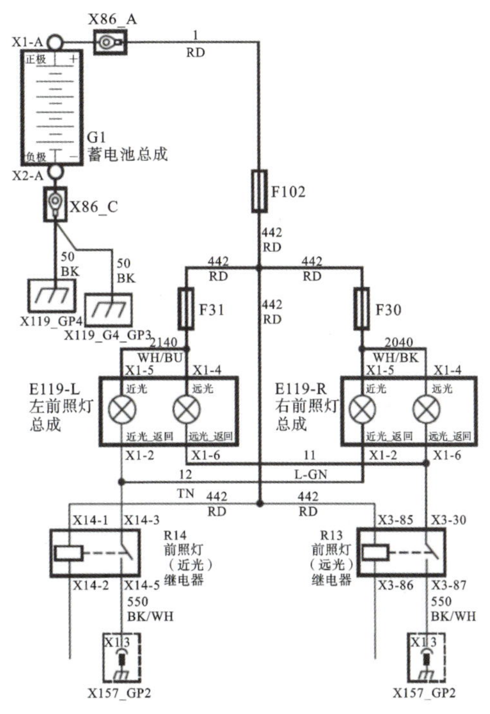

原因肯定是：

① 在电路的保险丝 F31 后的接头至连接器 E119_L-X1 针脚 4 中。

② 在连接器 E119_L-X1 针脚 4 至左侧前照灯内侧远光灯泡之间的导线中。

③ 左侧前照灯远光灯泡。

这样，在车辆上进行修理操作前，已将可能的故障原因迅速缩小到特定的部位。

④ 再次阅读系统电路图，确定一组测试点，从正极开始，一直到负极/地。

⑤ 隔离最可能的故障原因。

图中列举了一个如何隔离故障原因的例子。应先检查简单的部位，并记住已确定故障位于保险丝 F31 后接头和左侧前照灯内侧远光灯泡之间。

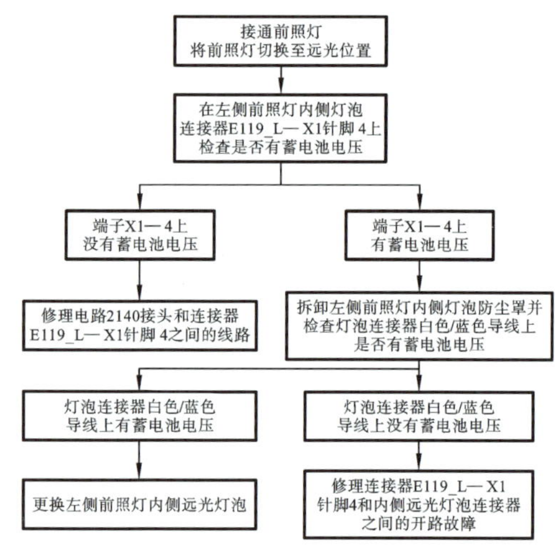
接通前照灯
将前照灯切换至远光位置
在左侧前照灯内侧灯泡
连接器E119_L—X1针脚4上
检查是否有蓄电池电压
端子X1—4上
没有蓄电池电压
端子X1—4上
有蓄电池电压
修理电路2140接头和连接器
E119_L—X1针脚4之间的线路
拆卸左侧前照灯内侧灯泡防尘罩并
检查灯泡连接器白色/蓝色导线上
是否有蓄电池电压
灯泡连接器白色/蓝色
导线上有蓄电池电压
灯泡连接器白色/蓝色
导线上没有蓄电池电压
更换左侧前照灯内侧远光灯泡
修理连接器E119_L—X1
针脚4和内侧远光灯泡连接器
之间的开路故障

⑥ 确认。

对前照灯电路执行系统检查，测试修理效果。也就是说，要确认两个远光灯、两个近光灯和远光灯指示灯均工作正常。

判断：

☆故障是否排除？

☆故障为何发生或零部件为何失效？

☆故障是否再现？

☆是否引发了其他故障？

☆排除故障原因而不是故障现象。

☆交车前测试电路并路试车辆。

七、模块练习

要求：完成练习。

八、模块评价

过程、结果评价。

模块七

故障诊断仪

一、模块作用

汽车故障诊断仪是车辆故障自检终端，汽车故障诊断仪是用于检测汽车故障的便携式智能汽车故障自检仪，可以利用它迅速地读取汽车电控系统中的故障，并通过显示故障信息，迅速查明发生故障的部位范围，是诊断、维修汽车故障，特别是电控系统故障的重要工具。

二、模块分析

本模块主要学习故障诊断仪的类型以及适用范围；故障诊断仪的总体功能以及所包含的具体测试及应用功能；故障诊断仪的使用注意事项；道通 MS908pro 故障诊断仪的性能、各组成部分的名称、各组成部分的功能以及配置的配件；道通 MS908pro 故障诊断仪的功能和操作步骤。通过实践操作，能了解道通 MS908pro 故障诊断仪的基本功能和操作；能使用道通 MS908pro 故障诊断仪进行读/写 VIN。

模块链接符号：

动画、视频链接　资料、手册、理论链接　警示　操作指示　模块练习　模块评价

三、模块目标

知识目标　掌握故障诊断仪的类型以及适用范围

掌握故障诊断仪的总体功能以及所包含的具体测试及应用功能

掌握故障诊断仪的使用注意事项

掌握道通 MS908pro 故障诊断仪的性能、各组成部分的名称、各组成部分的功能以及配置的配件

掌握道通 MS908pro 故障诊断仪的功能和操作步骤

技能目标　道通 MS908pro 故障诊断仪的基本功能和操作

使用道通 MS908pro 故障诊断仪进行读/写 VIN

四、模块要求

质量要求　维修作业前，准备工作充分，动作准确熟练到位

熟练应用道通 MS908pro 故障诊断仪诊断车辆故障码、删除故障码；查看数据流；主动测试

熟练应用道通 MS908pro 故障诊断仪进行在线编码

安全要求　遵守维修作业前车辆检查的安全要求

故障诊断仪接头与车辆上诊断座连接时应关闭点火开关，对正连接；遵守拔出时不摇晃松开的操作规范

操作前，应明确所要测试部分的工作原理

操作时，按照故障诊断仪的提示步骤进行

文明要求　遵守 5S 规定

时间要求　135 分钟

设备要求　(1) 本课程常用工具、设备、仪器

(2) 雪佛兰科鲁兹车辆

耗材要求

五、模块步骤

第一步　认识故障诊断仪

第二步　基本功能和操作

第三步　读/写 VIN

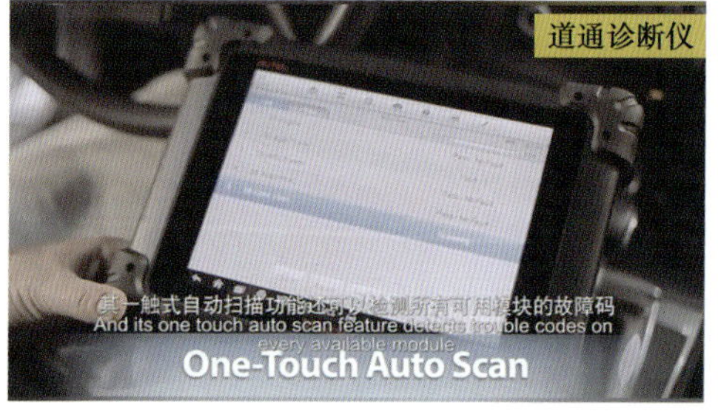

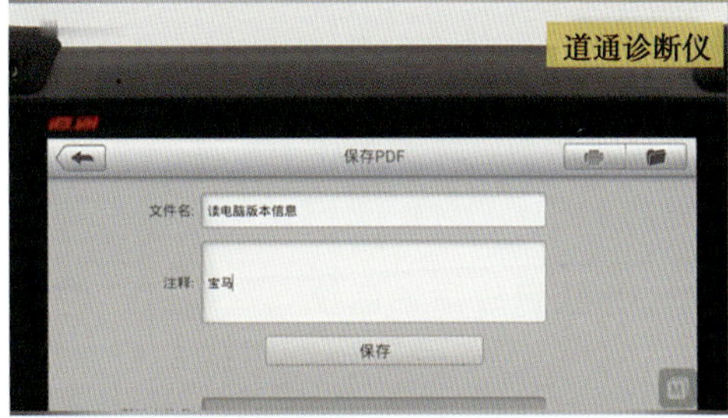

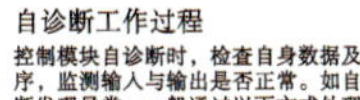

控制模块自诊断时，检查自身数据及程序，监测输入与输出是否正常。如自诊断发现异常，一般通过以下方式处理：

- 点亮故障警告灯;
- 通过信息中心告知;
- 启用紧急备用模式;
- 储存故障信息。

随机存取存储器简称为RAM，也可以称为主存或读写存储器，储存由CPU读取或者写入的暂时性信息。具有以下特点：

- 需要恒定电流来保持内容不丢失
- 断电后，存储的数据就会丢失

六、模块实施

维修前准备

详见“模块:维修作业前准备工作”相关操作。

1. 认识故障诊断仪

故障诊断仪分为专用型和通用型。专用型就是一般4S店内使用的,针对某一特定厂家开发的诊断仪。通用型故障诊断仪的适用车型广,基本上涵盖了美、欧、亚及国产车系。故障诊断仪必须根据车型年、汽车制造商和发动机类型选择程序。

故障诊断仪的功能分为基本测试功能和特殊测试功能。

(1) 基本测试功能包括:读取故障码、清除故障码、读取数据流、动作测试、读/写VIN码、读取电脑版本信息、安全登录、清除学习值、自动检测全系统。

(2) 特殊功能:ECU编程、设码、模块编码、添加配置、保养灯归零、节气门匹配、防盗编程、钥匙匹配、刹车片更换、CAS(便捷进入及启动系统)复位、复位器复位、传感器标定、密码读取、座椅初始化、胎压学习等。

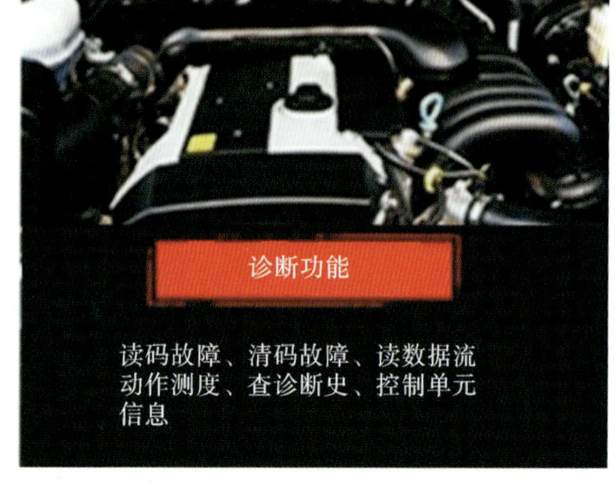

具体:

(1) 读取故障码。故障诊断仪可以读出存储在电子控制单元中的故障码,并在显示屏上显示出来,故障码的含义也可通过按键的操作将其从故障诊断仪中调出。在未清除故障码之前,可以重新阅读故障码。

(2) 清除故障码。电控系统的故障被排除后,必须清除存储在电子控制单元中的故障码,以免干扰下一次故障码的读取。

保养功能
保养复位,如机油保养,胎压保养、
刹车复位
部件初始化,如车窗初始化、电子
手刹初始化、大灯初始化
设定匹配,如防盗匹配、节气门匹
配、空调初始化设定

(3) 动态数据流测试。将各系统运行过程中控制单元的工作状况和各种输入、输出电信号的瞬时数值，以串行方式经故障诊断座传送到故障诊断仪，使检修人员对工作状况数据一目了然。故障诊断仪还可以在动态数据流测试时，通过操作观察其所测数据的动态波形。

(4) 定格数据(冻结帧)。故障诊断仪都可以在发动机运行或行车时记录数据。这些记录被不同的故障诊断仪生产者分别称为“快照”“影片”或“影像”。重放记录时，数据可以以暂停的方式显示。

(5) 执行元件测试(动作测试或主动测试或指令)。通过故障诊断仪向各执行元件发出强制驱动或强制停止的指令，以查找出有故障的执行元件或控制电路。此项功能可以检查执行元件的工作状态。

(6) 设定。此项功能可以对汽车上电控系统进行设定。当电控系统某些部件维修后，或更换电子控制单元，由于电控系统中的初始值发生了变化，所以必须进行重新设定。

(7) 控制单元的编码。控制单元编码没有显示或更换了控制单元之后，必须对控制单元进行编码。

(8) 保养灯归零。汽车仪表板上设置有保养灯。当行程表里程达到规定维护里程数时，打开点火开关时，保养灯闪烁，提示车主及时保养。在未进行保养前，保养灯会一直闪亮，不可因保养灯常亮而采取归零操作，否则里程表累积保养里程将不准确。在进行定期维护后，可以用故障诊断仪对行程表里程进行归零。

(9) 读/写 VIN 码。读取控制单元中的 VIN 码，可根据实际维修需要，将新 VIN 码写入控制单元。

(10) 读取电脑版本信息。读取控制单元中控制软件的版本信息。例如，发动机控

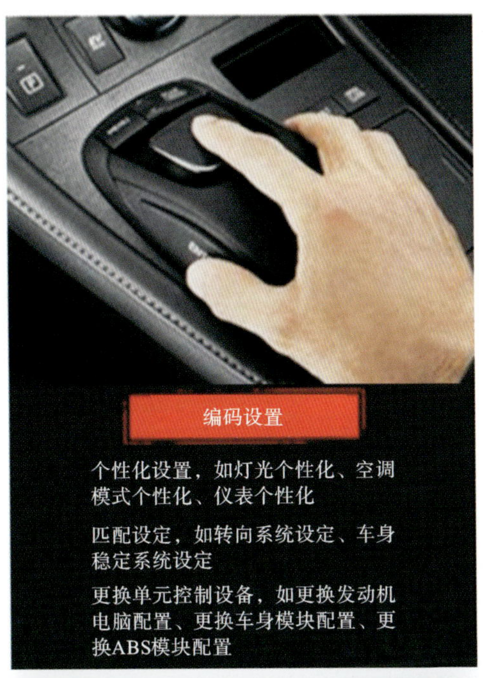

编码设置
个性化设置，如灯光个性化、空调模式个性化、仪表个性化
匹配设定，如转向系统设定、车身稳定系统设定
更换单元控制设备，如更换发动机电脑配置、更换车身模块配置、更换ABS模块配置

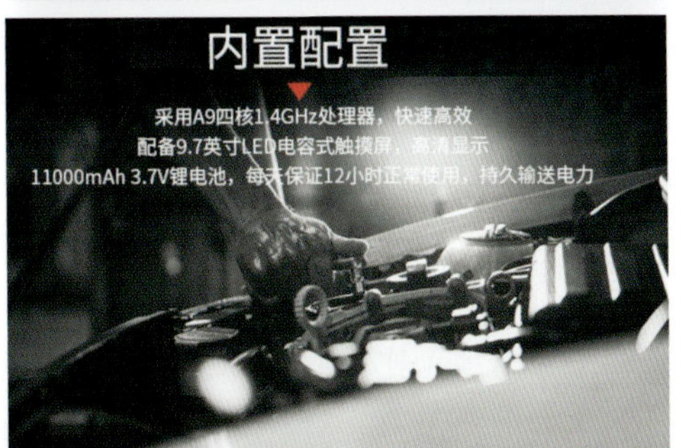

内置配置
采用A9四核1.4GHz处理器，快速高效
配备9.7英寸LED电容式触摸屏，高清显示
11000mAh 3.7V锂电池，每天保证12小时正常使用，持久输送电力

采用全新的Android4.0多任务开源处理系统，可进行上网及下载APP
简易直观的菜单、美观的UI引导让您快速掌握设备操作
支持超过140种国产、合资及进口车型诊断
提供包括读码、清码、数据流、动作测试、自适应等完整诊断功能
远程桌面功能方便技术人员通过互联网直接向客户提供技术支持
诊断
培训
远程桌面
快速链接
MaxiFix
更新

制软件有多个动力版本，可以通过刷ECU电脑动力升级的方式，低功率版升级为高功率版，以获取更高的动力输出。

(11) 节气门匹配。为了让发动机更好地调整怠速、控制喷油量、调整换挡点，电脑需要节气门实时输入状态数据，当数据发生变化后，电脑会自动调整节气门数据值，超过一定值后，发动机工作就会异常，此时需要清洗节气门并把节气门最新状态数据写入电脑板，使电脑板按新数据调整工作方式。节气门匹配需要使用故障诊断仪进行，按故障诊断仪提示清空原有数据，识别新数据。

(12) ECU编程。汽车ECU编程采用汇编语言。汇编语言是一种用于电子计算机、微处理器、微控制器或其他可编程器件的低级语言，亦称为符号语言。在汇编语言中，用助记符代替机器指令的操作码，用地址符号或标号代替指令或操作数的地址。在不同的设备中，汇编语言对应着不同的机器语言指令集，通过汇编过程转换成机器指令。特定的汇编语言和特定的机器语言指令集是一一对应的，不同平台之间不可直接移植。

许多汇编程序为程序开发、汇编控制、辅助调试提供了额外的支持机制。有的汇编语言编程工具经常会提供宏，它们也称为宏汇编器。

汇编语言不像其他大多数的程序设计语言一样被广泛用于程序设计。在今天的实际应用中，它通常被应用在底层、硬件操作和高要求的程序优化的场合。驱动程序、嵌入式操作系统和实时运行程序都需要汇编语言。

刷ECU的工作原理：是通过改写程序的办法，将供油量及点火时间在原厂数据基础上进行精细调整。通过优化参数设置以达到增加输出马力、提升扭矩或降低油耗的目的。增加马力和扭矩相应增加油耗，降低马力和扭矩可相应降低油耗。

(13) 防盗编程。涉及更换防盗电脑、转向柱锁模块、发动机电脑、汽车钥匙芯片同步。防盗编程属于软件同步修复,由于厂商不同,厂商的编程设计理论不一样,如丰田的防盗编程只需要同步、初始化(删除数据)就可以,大众奥迪需要登录密码,CS 可以在线匹配。

(14) 钥匙匹配。汽车钥匙是一个数据的发送器,钥匙里存储有很多组密码,在使用时钥匙会把密码数据发送给车辆的防盗系统加以确认。对钥匙匹配就需要专用的仪器设备进行,有通过诊断仪器直接进行匹配的,也有需要在线登录供应商的服务器进行在线匹配的。

(15) 安全登录。检查系统中是否存在盗号木马、登录连接通道是否安全等。

(16) 初始化。初始化就是把变量赋为默认值,把控件设为默认状态。

(17) 标定。依靠故障诊断仪来确定传感器的输入/输出转换关系,这个过程称为标定。简单地说,利用标准器具对传感器进行标度的过程称为标定。

(18) 复位器复位。将系统自动还原到出厂设置。

(19) 胎压学习。当行车电脑胎压显示与实际胎压数据不符时,可进行胎压传感器重新学习。

对于电控系统故障的诊断主要采用两种不同的诊断模式:一种是静态诊断,简称 KOEO 诊断模式,即点火开关“开”、发动机不运转(key on engine off)。在进行这种模式的诊断时,只需打开点火开关,不起动发动机,主要是在发动机静态时,将车用电控单元中所存储的故障码或电控单元的输入和输出信号的数据读取出来,利用电控单元内已存有的汽车电控系统的故障码或数据进行诊断。第二种故障诊断模式是动态诊断模式,简称

KOER 诊断模式，即点火开关“开”、发动机运转(key on engine run)。在这种诊断模式的诊断中，主要是在发动机运行状态下，利用故障自诊断系统测取故障码或数据流。

故障诊断仪的使用注意事项：

(1) 在检查非电控系统部分的故障时，故障诊断仪并不是很有用。这些部分的故障包括很多机械或电路问题，如汽缸压缩比不够、真空密封不好或火花塞积炭的问题。虽然获知了不点火的原因或转换器故障的原因，但通常还是在完成汽车的基本系统检查之后，才使用故障诊断仪进行测试。因为故障诊断仪不能替代燃油压力计或点火测试器，也不能用它们来检查汽缸压缩比。

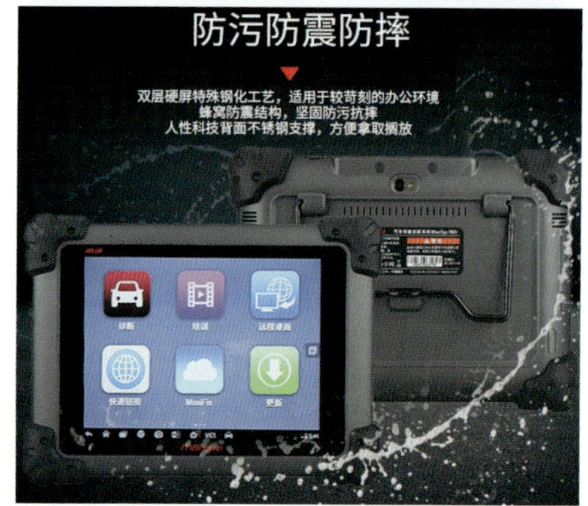

(2) 故障诊断仪不能自己思考或进行故障诊断，因此最重要的是要了解所检测系统的工作和测试程序，以正确地理解故障诊断仪所提供的信息，还要注意的是在某些条件下，故障诊断仪可能会显示错误的信息，因为故障诊断仪显示的系列数据受电控单元的影响。由于线路错误、电控单元内部或共用搭铁问题，电控单元可能会替换数值而使真实的数值改变。因此，当自诊断系统出现故障码时，应该与发动机的实际故障症状进行分析比较，进行正确合理的判断后再进行维修，而不是从所有的车上都能取得电脑数据信息。

(3) 故障诊断仪在检查单独的输入和输出回路时，会告诉您回路或零件是否作用正常。它可以帮助您查出故障，但找出故障的具体部位还要靠传统的电子和机械检查方法。

(4) 当汽车无法提供数据或数据无法取出时，即无故障码输出时，故障诊断仪就无法发挥作用。这时数据能否产生和取出取决于生产厂家和汽车型号(即使同一系列也会因型号而不同)。

(5) 故障诊断仪使用方法简单，但一定要按规定进行操作，一些维修人员抱有“故障诊断仪使用方法简单，不必按规定进行操作”的心理，以至于在对电喷车辆进行维修时，操作方法过于随意，导致自诊断系统输出错码。例如，一些维修人员在发动机运转过程中，随意拔下传感器插头。每拔下一次传感器插头，自诊断系统就会记录一次故障码。另外，若上一次车辆维修时，未能完全清除掉旧的故障码，那么，控制单元也同样将原来旧的故障码保存其内。因此，维修人员一定要按规定使用故障诊断仪，及时排除故障码，结束输出，避免造成不必要的人为故障码，给维修工作带来混乱和困难。

(6) 查找和排除故障时，要将故障诊断仪与维护手册结合起来，故障诊断仪可以迅速、准确地指出故障部位(元件)和某些故障原因外，还必须参考各种汽车维修手册。因为各汽车的故障代码不相同(同一厂家也有不相同的)，不可替代。另外，利用故障诊断仪查找故障时要参照电控系统的电路图，查找故障时离不开对部件结构原理的分析，某条导线的断路和短路故障离不开导线端子、插接器的查找，有了电路图就方便多了。另外有的故障诊断仪中存有维修数据及资料，在查找和排除故障时，随时可在故障诊断仪中查阅。

(7) 目前生产的汽车发动机控制单元中都有丰富的数据流存储调用功能，故障诊断仪最有用的功能之一就是它可以在路试中记录数据流读数，并可以重放以进行详细的分析。依靠故障诊断仪和车上系统，可以获得数据记录。一旦故障诊断仪设置为记录状态时，它就可以将数据流记录在内部记忆缓冲存储器中。分析存储器中的数据可以找出间歇性故障的原因。另外，在分析某个元件的数据流时，不能只看这个元件的数据流及变化，而应将与该元件关系密切的几个元件的数据流汇集到一起，作综合分析，才能得到正确结论。

产品型号	MS908pro	启动时间	20 s
CPU性能	三星Exynos四核处理器 1.4GMHZ	摄像头	500万后置自动对焦
内存容量	2GB	VIN码识别方式	可自动识别
操作系统	ANDROID4.0	高清电视接口	有
电池容量	11000 mAh 3.7 V锂电池	USB通讯接口	有
储存容量	32 GB	支持内窥镜	支持
屏幕样式	高清电容触摸屏	支持示波器	支持
屏幕大小	9.7英寸	视频维修资料	有
升级方法	WIFI/网线	投影设备接口	无
重量/厚度	1.42 kg/50 mm	ECU编程功能	无
诊断方法	无线/有线	接头套件	完整

（8）不论专用型还是通用型故障诊断仪，由于厂家不断有新车型出现，因此要定期对诊断仪的诊断软件进行升级，一般可通过网络在线升级或通过升级光盘进行。

（9）随着汽车控制系统所控制的内容不断地增加和完善，诊断软件的不断升级，故障诊断仪自身的硬件也要适应诊断软件的运行，因此随着诊断仪的诊断软件不断地升级，以及使用便捷性的要求和平板电脑技术的成熟，故障诊断仪硬件也面临更新换代的问题。

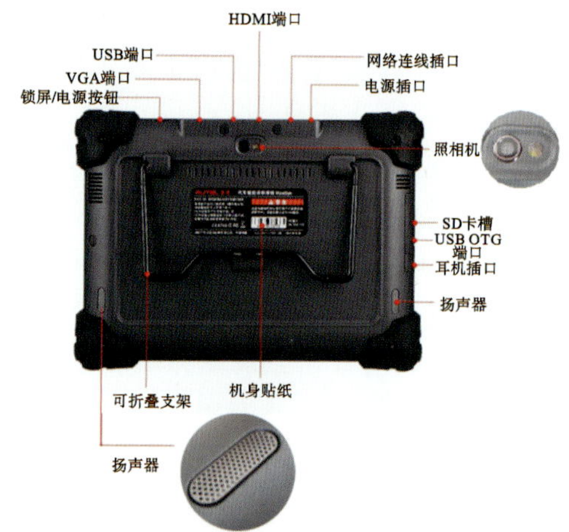

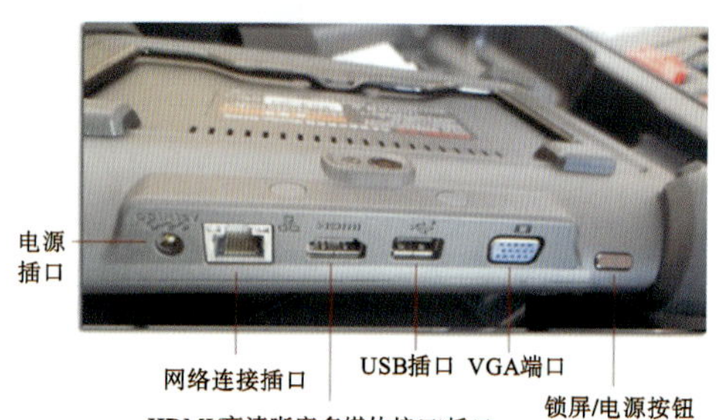

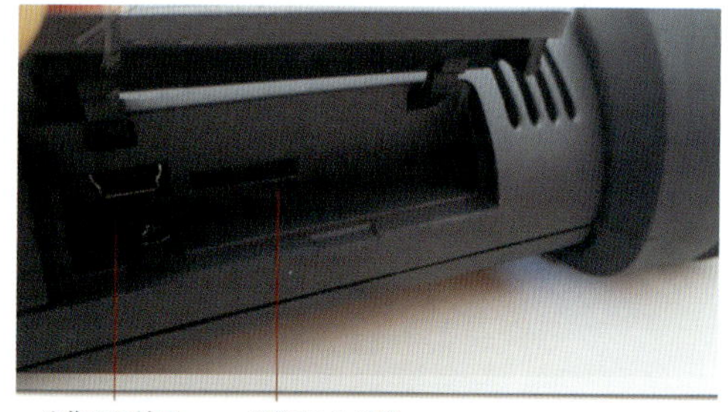

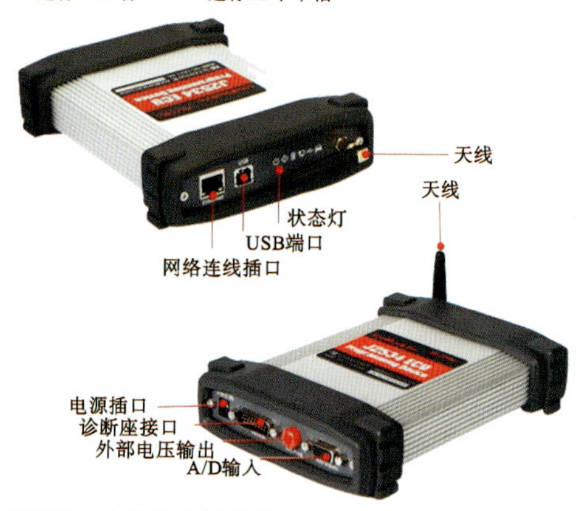

2 产品超实用功能

有17种高端功能和12种常用功能，让修车变得智能和方便

3 产品细节

更多产品细节，多种功能集于一身，让每个汽修工作人员爱不释手

产品清单

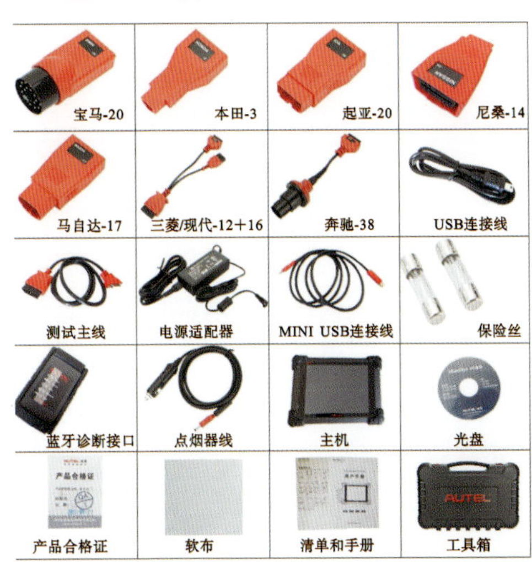

2. 故障诊断仪的基本功能操作

（1）将点火开关置于“OFF”挡。

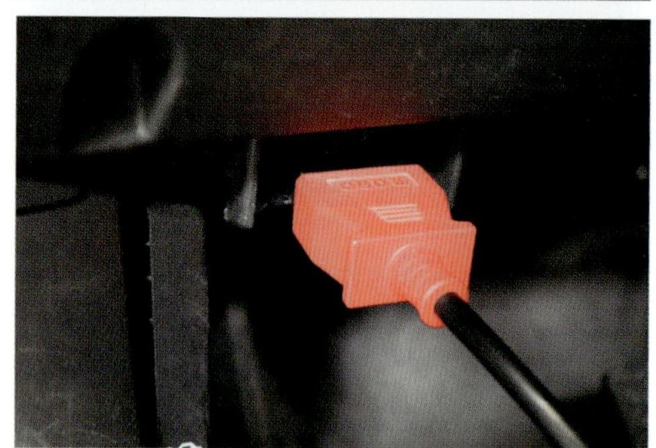

（2）接入诊断插头。

（3）将点火开关置于“ON”挡。

（4）开机，选择车系、品牌。

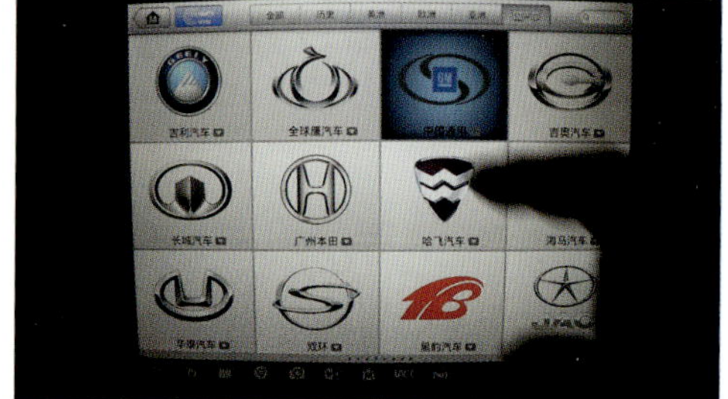

（5）选择诊断软件版本。

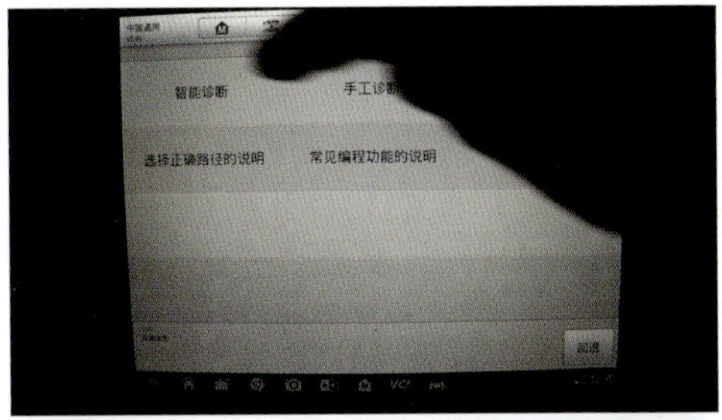

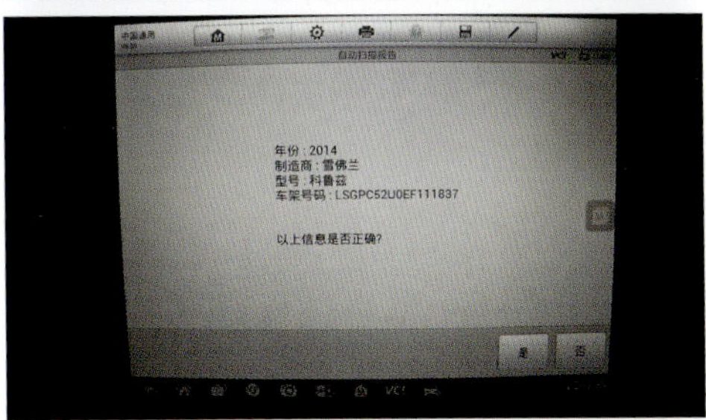

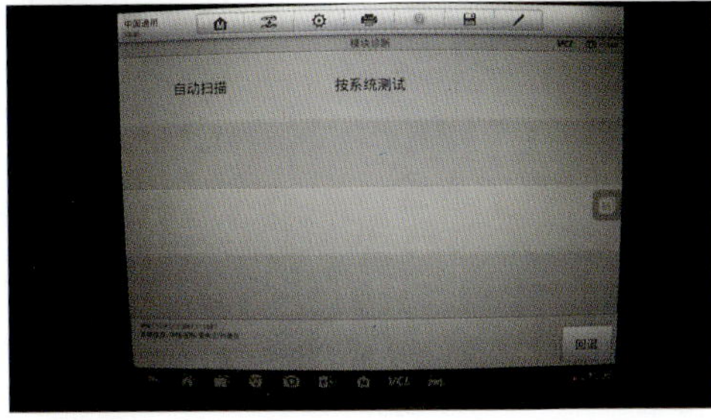

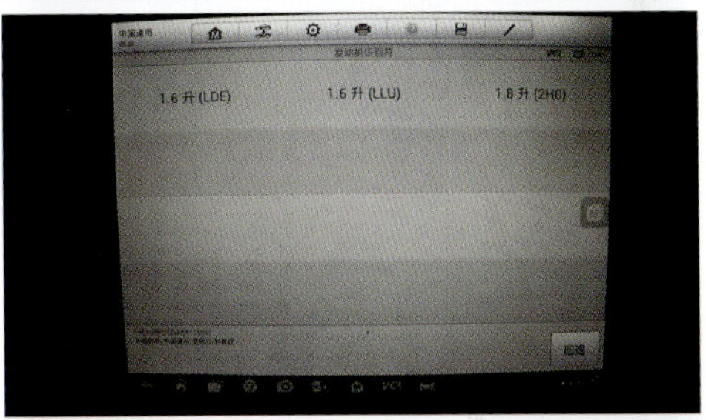

（6）检测故障。根据情况删除故障码和清除故障灯。

（7）查看数据流。

（8）主动测试。

3. 读/写 VIN

（1）读取故障码。

一辆 2014 年大众捷达，换了一个全新 ABS 模块，更换完后仪表故障灯依旧常亮，读取故障码为“U101300 控制单元未编码”；使用道通 MS906S 故障诊断仪对 ABS 模块执行在线编码后，故障灯熄灭，问题成功解决。

① 车辆停在水平位置，处于驻车状态。

② 打开点火开关，并关闭所有用电设备。

③ 编码过程中确保网络稳定，建议使用网线连接。

④ 编码过程中用 USB 线连接，确保数据传输稳定。

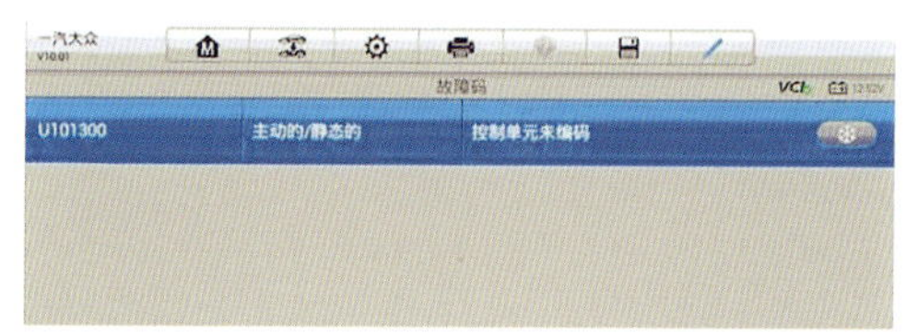

(2) 连接解码仪，使用自动读取车辆 VIN 进入车型选择“编程/定制测试”。

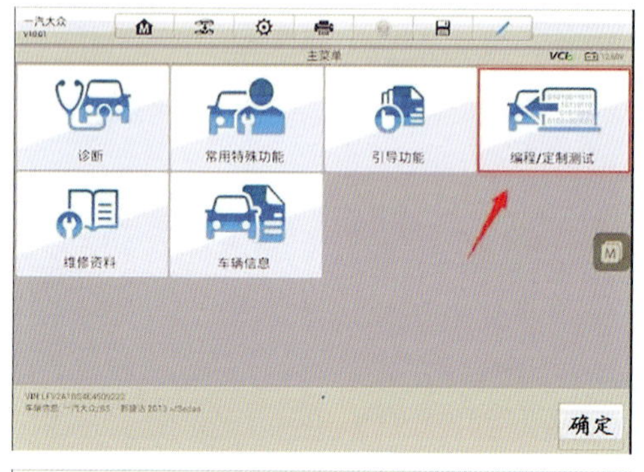

(3) 执行“在线编码”功能。

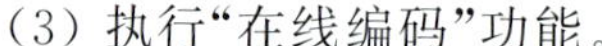

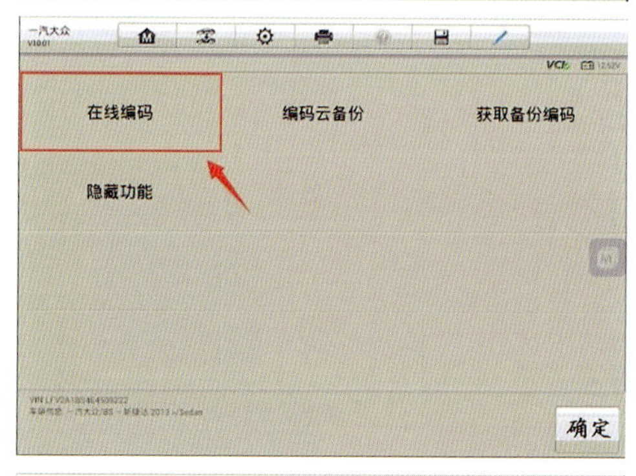

(4) 屏幕显示注意事项时，仔细阅读清楚后，单击“是”按钮。

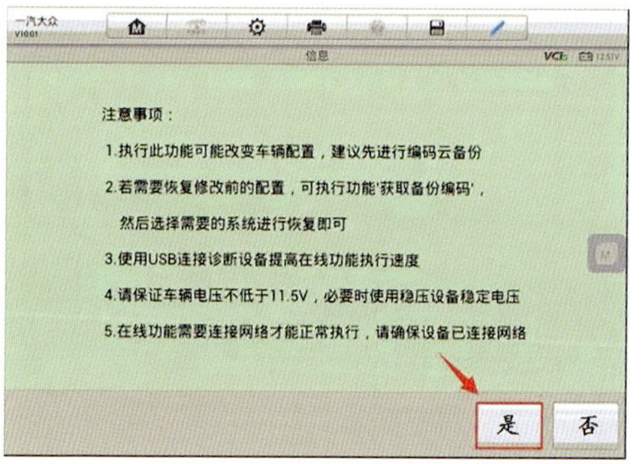

（5）选择“制动电子装置”。

按照屏幕提示，使用 USB 线连接诊断设备，保证车辆电压稳定，网络连接正常。

（6）诊断程序开始自动收集车辆信息，此过程需要 3～5 min，请耐心等待。

（7）编码获取完成。

（8）可以看到当前编码与建议编码值不一致。

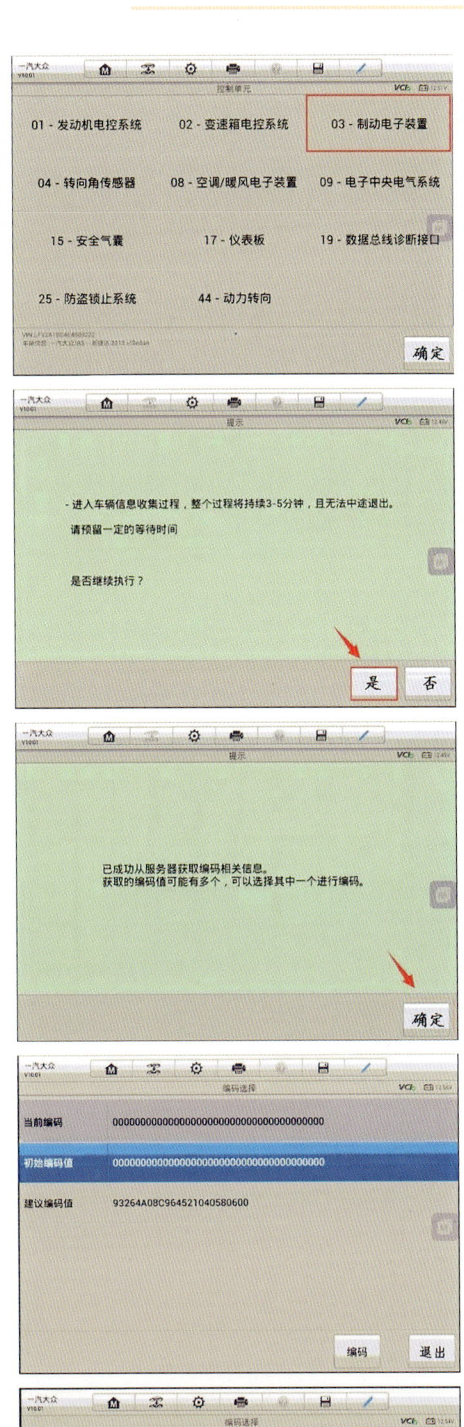

（9）选择建议编码值，单击“编码”按钮，编码写入成功。

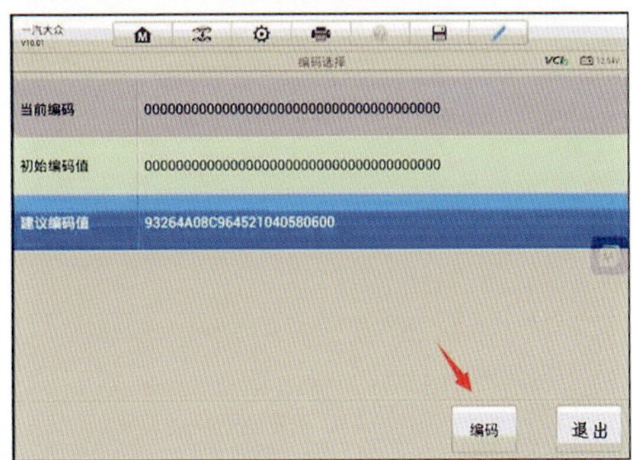

（10）屏幕显示："编码写入成功，可以选择其他编码值重新写入或结束功能。"

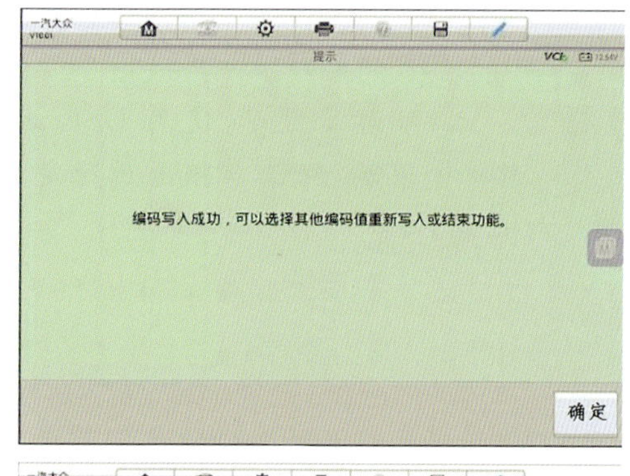

（11）查看当前编码已与建议编码值一致，编码功能完成，回退，读码清码，仪表故障灯熄灭，问题解决。

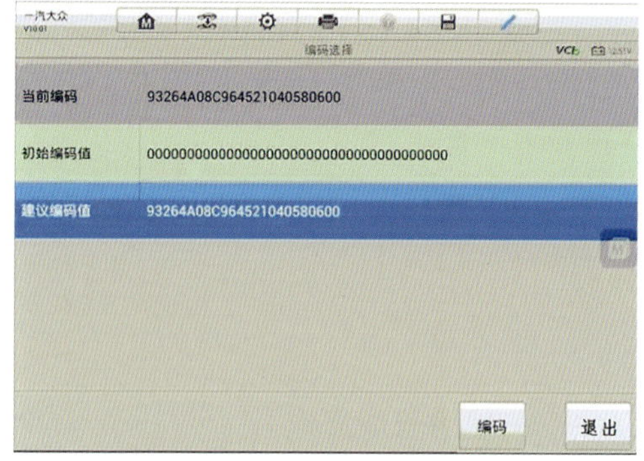

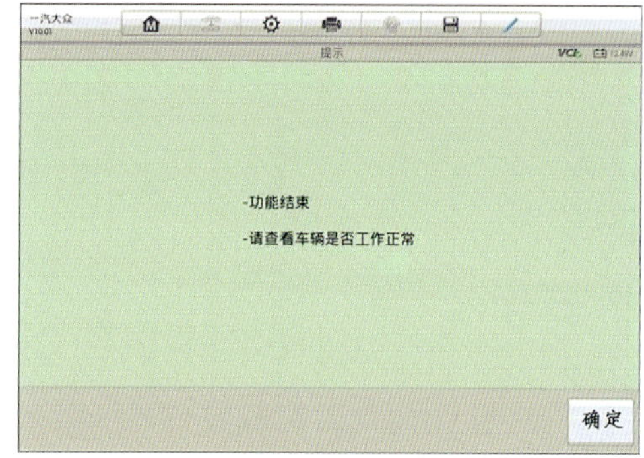

4. 清洁整理工作现场

整理、整顿、清扫、清洁。

七、模块练习

要求：完成练习。

八、模块评价

过程、结果评价。

模块八

电路识读

一、模块作用

大部分汽车都装备有较多的电气装置和电子控制装置，技术含量高，电路复杂。汽车电路图是了解汽车电气、电控系统工作时的重要资料。各种车系的电路大致相同，但又具有不同的特点和表达方式，因此各种车系电路图的识读方法、规律与技巧也不尽相同。

识读汽车电路中各线路的连接方式及各系统零部件组成及其工作原理、位置和关系，为排除汽车电控、电气故障提供技术、资料、标准、能力方面的保障。

二、模块分析

本模块主要学习汽车电路的特点；汽车维修资料的呈现形式；电路图所包含的内容及作用；常见汽车电路中的符号、汽车电路图的形式、汽车电路的线束；汽车导线的分类、选线因素、颜色与代号、导线的截面积；通用汽车公司电路图的特点、排布形式及电路图中的图页标识、线路标识、线束可视标识、连接器、网格基准、接续电路参照、接续电路多页参照、总成标识、总成待续、总成连接器标识、总成电路标识、总成内的信息、线束接头、接地位置等表示方式；大众汽车电路图的特点、排布形式及电路图中的保险丝、导线、插接器、燃油泵电路、电控系统传感器电路、电控系统执行器电路等的表示方式；丰田品牌的汽车电路图的特点、排布形式及电路图的表示方式；识读电路图的基本方法。通过实践操作，会识读通用汽车电路图中的图页标识、线路标识、线束可视标识、连接器、网格基准、接续电路参照、接续电路多页参照、总成标识、总成待续、总成连接器标识、总成电路标识、总成内的信息、线束接头、接地位置等；会识读大众汽车电路图中的保险丝、导线、插接器的位置及图形符号和连接关系，识读燃油泵电路、电控系统传感器电路、电控系统执行器电路；识读按所属系统划分的丰田品牌的汽车电路图。

模块链接符号：

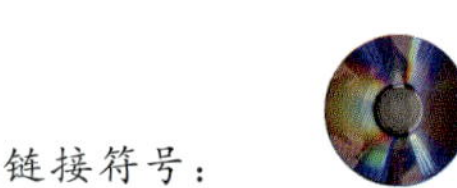

动画、视频链接　资料、手册、理论链接　警示　操作指示　模块练习　模块评价

三、模块目标

知识目标	理解汽车电路的特点 了解汽车维修资料的呈现形式 掌握电路图所包含的内容及作用 掌握常见汽车电路中的符号、汽车电路图的形式、汽车电路的线束 理解汽车导线的分类、选线因素、颜色与代号、导线的截面积 掌握通用汽车公司电路图的特点、排布形式及电路图中的图页标识、线路标识、线束可视标识、连接器、网格基准、接续电路参照、接续电路多页参照、总成标识、总成待续、总成连接器标识、总成电路标识、总成内的信息、线束接头、接地位置等表示方式 掌握大众汽车电路图的特点、排布形式及电路图中的保险丝、导线、插接器、燃油泵电路、电控系统传感器电路、电控系统执行器电路等的表示方式 掌握丰田品牌的汽车电路图的特点、排布形式及电路图的表示方式 掌握识读电路图的基本方法
技能目标	识读通用汽车电路图中的图页标识、线路标识、线束可视标识、连接器、网格基准、接续电路参照、接续电路多页参照、总成标识、总成待续、总成连接器标识、总成电路标识、总成内的信息、线束接头、接地位置等 识读大众汽车电路图中的保险丝、导线、插接器的位置及图形符号和连接关系，识读燃油泵电路、电控系统传感器电路、电控系统执行器电路 识读按所属系统划分的丰田品牌的汽车电路图

四、模块要求

质量要求	读懂通用汽车电路图中的图页标识、线路标识中的电路号和导线颜色、线束可视标识、连接器识别码及连接器针脚、网格基准所确定的电路在图页上的位置、接续电路参照信息所指明的接续电路的图页、接续电路多页参照所表示的接续电路的图页、总成标识的方式、总成待续所指明了接续的图页号、总成连接器标识的方式、总成电路标识的方式、总成内的信息所表示的工作阶段、线束接头的接点位置、接地位置等 读懂大众汽车电路图中的保险丝、导线、插接器的图形符号和表示方式，学会查找燃油泵的电源电路的来龙去脉，查找燃油泵控制电路的控制方式；读懂电控系统传感器电路每根线作用及连接关系；读懂电控系统执行器电路每根导线的作用及连接关系 读懂按所属系统划分的丰田品牌的汽车电路图中每个图形符号表达的含义
时间要求	180 分钟

五、模块步骤

第一步	通用汽车电路图的识读
第二步	大众汽车电路图的识读
第三步	丰田品牌的汽车电路图的识读

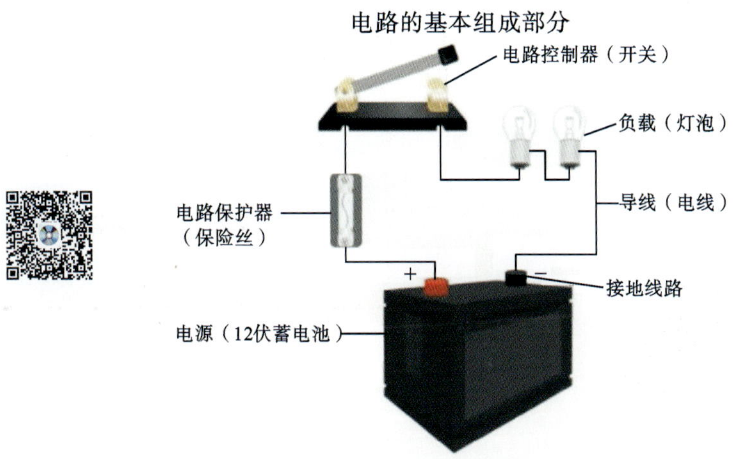

接线端子的类型

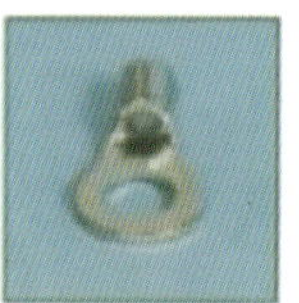
圆圈形接线端子

插扣式接线端子

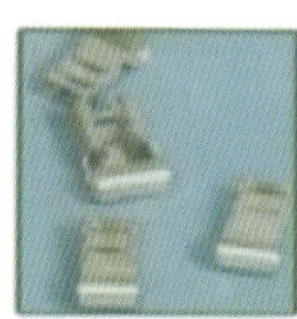
旗形接线端子

背负式接线端子

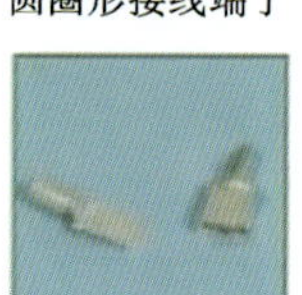
推入式接线端子

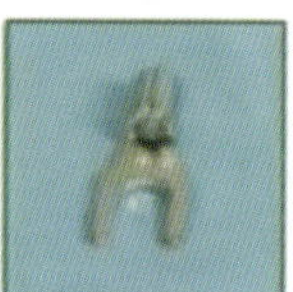
铲形接线端子

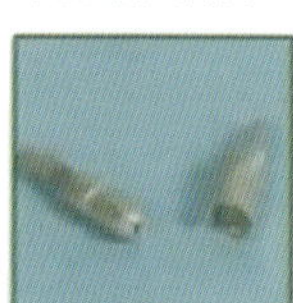
子弹头形接线端子

由厂家专供的接线端子

正常工作数据流

故障安全数据流

A类

B类
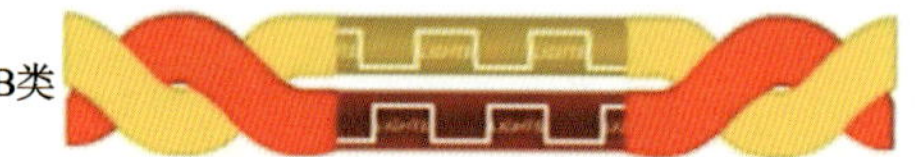

C类

正常工作数据流是模块工作正常，且网络通信正常时传递的系统工作数据流，用于实现车辆各模块能正常工作。例如，发动机控制模块传递给仪表控制模块的正常数据流的信息包括发动机转速、水温等。

独立控制模块

网络控制模块

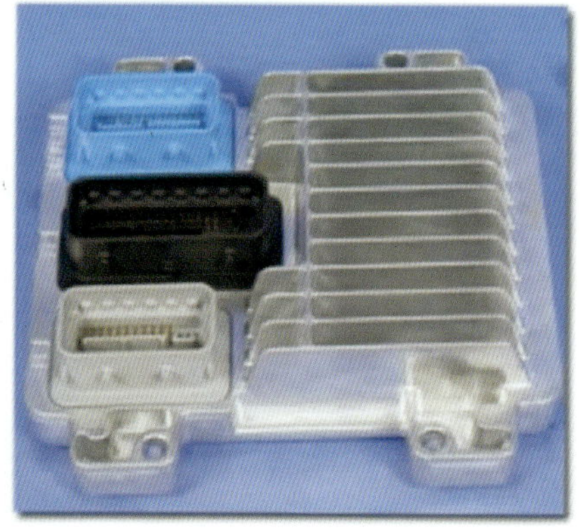

网络控制模块使用在1995年之后生产的车辆上，网络控制模块具有以下特点：
- 可以从其他控制模块上接收信息；
- 也可把信息传送给其他控制模块；
- 多个网络控制模块组成一个网络系统。

六、模块实施

现代的汽车，由于使用性能的需要，采用了许多电子控制装置，而在这些电子控制装置中，又运用了许多电子元器件，因此汽车电路有用电设备多、技术含量高、线路复杂的特点。

汽车制造厂家在给专门维修企业提供的维修资料有两种形式，一种是纸质资料，还有一种是在汽车制造厂家的计算机汽车服务信息系统中，其中都有完整的电路图。

电路图主要提供车上所有电路的简图、电路号、导线颜色和规格，以及顾客要求选装的附加设备所需的电路。电路图还包括基本电气符号、部件符号及其含义。电路图给出了电路接头接合面的外表形状。可根据电路图了解接头外形、线路号、导线的起点和终点、更换导线和接头所在位置等方面的资料。

因此，电路图的作用是：介绍整个系统的整体电路；帮助说明整个系统的局部操作；帮助诊断故障。

由于文字、技术标准等差异，各汽车生产厂家在汽车电路图的绘制、符号标注等方面不尽相同。在对汽车进行维修、故障诊断与排除时，经常要查阅汽车的维修资料。因此，能否正确识读汽车电路图，即真正把一个汽车电路图看懂，是对汽车进行维修、故障诊断与排除过程中的一个重要环节。通过查阅电路图，可以了解电流是如何流过系统的，各元件的功能性质及各种各样的元件是如何通过线路连接的，不知道这些，就很难展开检查。

1. 通用汽车电路图的识读

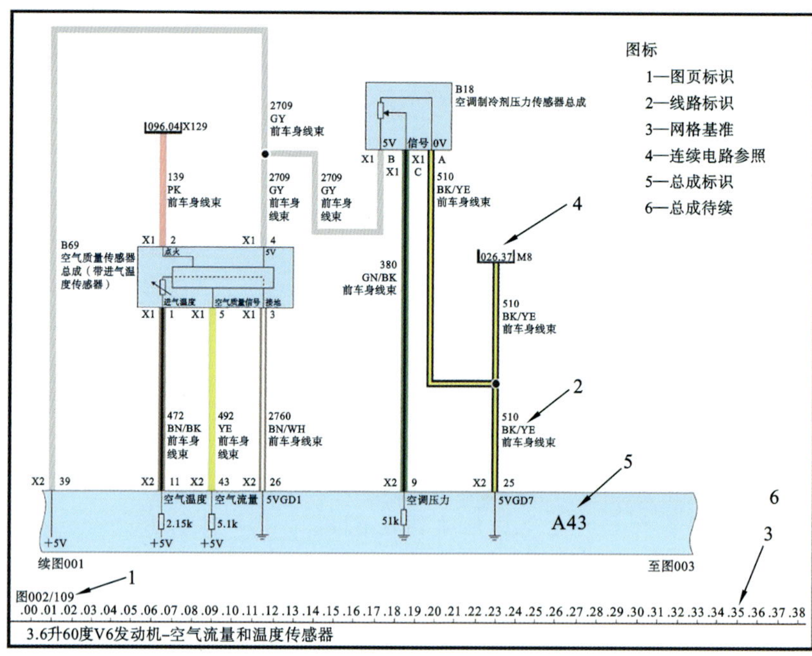

维修手册中的一些章节有电路图。这些电路图基于全球主要制造商普遍采用的“综合车辆电气设计”标准。

此处的电路示意说明旨在帮助技术人员理解电路图。由于电路图十分庞大和复杂，有时车辆内一种装置的电路图就会分成几张图，所以装置可以按“电路示意图目录”分组。

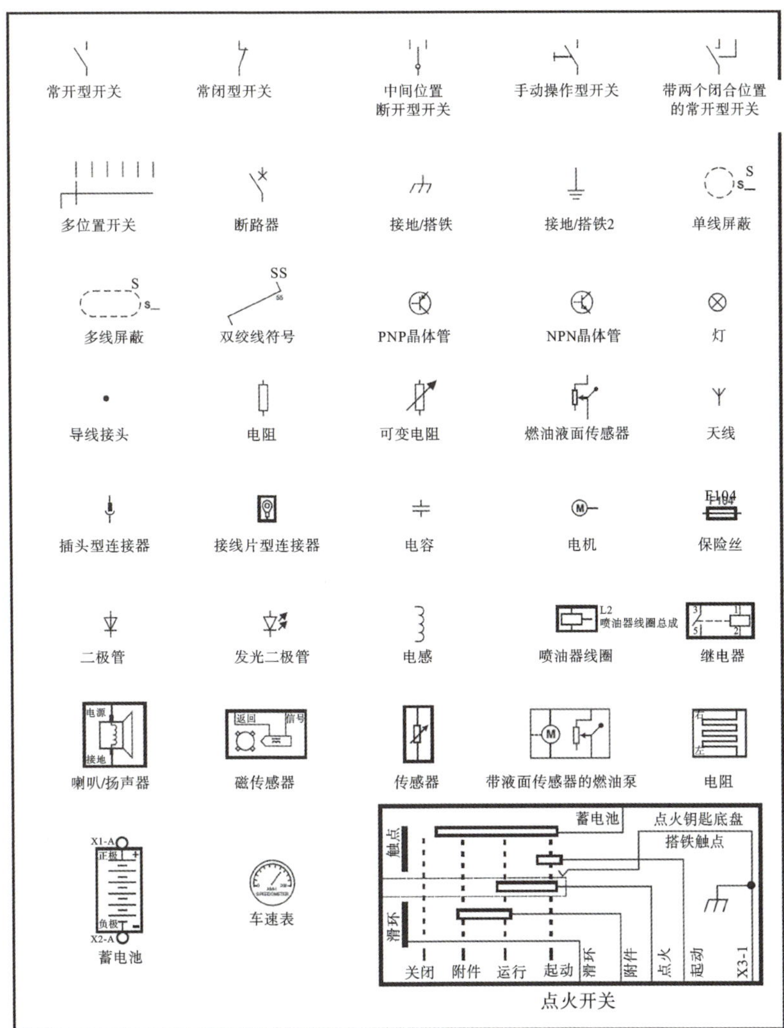

1）图页标识的识读

右图为电路图的图页标识表示：每张电路示意图的左下角有图页标识，其中显示了图页编号和图页标题，图页标题说明该页介绍的电路。

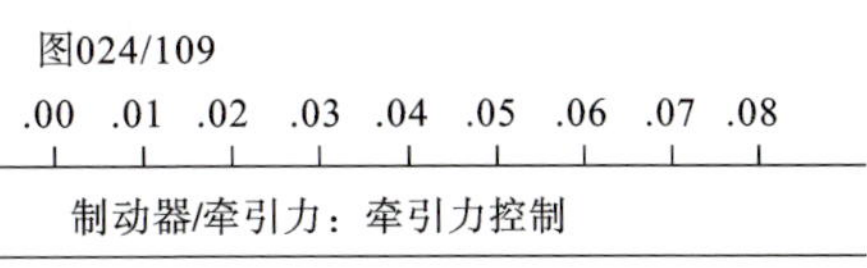

2）线路标识的识读

右图为通用汽车电路图的线路标识：导线旁边的号码为电路号。每条电路的电路号是唯一的，没有重复。

884
PU
前车身线束

电路号下面的字母表示导线颜色，图中的导线颜色为紫色。如果导线为双色，则第一种颜色是指导线的主体颜色，第二种颜色是指细色条颜色。导线颜色下面的字母表示导线所属的线束。在本例中为前车身线束。

为了便于识别和检修汽车电器设备，通常将电线束中的低压线采用不同的颜色。根据规定，低压电路的电线(标称截面≤4 mm²)，在选配线时习惯采取两种选用原则，即以单色线为基础的选用和以双色线为基础的选用。

(1) 以单色线为基础选用时，其单色线的颜色和双色线主、辅色的搭配及其代号分别如表1和表2所示，其中黑色(B)为专用接地(搭铁)线。

(2) 以双色线为基础选用时，各用电系统的电源线为单色，其余均为双色；其双色线的主色如表3所示。当其标称截面积大于1.5 mm² 时，导线只用单色线，但电源系统可增加使用主色为红色、辅色为白色或黑色的两种双色线。对于标称截面积小于1.5 mm² 的双色线，其主、辅颜色的搭配可参见表4。

导线颜色缩写

BK	黑色	D-DG	深绿色	L-GN	浅绿色	RD	红色
BU	蓝色	GN	绿色	OG	橙色	TN	棕黄色
BN	棕色	GY	灰色	PK	粉红色	WH	白色
D-BU	深蓝色	L-BU	浅蓝色	PU	紫色	YE	黄色

表1 汽车用单色低压线的颜色与代号

序号	1	2	3	4	5	6	7	8	9	10
颜色	黑	白	红	绿	黄	棕	蓝	灰	紫	橙
代号	B	W	R	G	Y	Br	BL	Gr	V	O

表2 汽车用双色低压线颜色的搭配与代号

序号	1	2	3	4	5	6
导线颜色	B	BW	BY			
	W	WR	WB	WBL	WY	WG
	R	RW	RB	RY	RG	RBL
	G	GW	GR	GY	GB	GBL
	Y	YR	YB	YG	YBL	YW
	Br	BrW	BrR	BrY	BrB	
	BL	BLW	BLR	BLY	BLB	BLO
	Gr	GrR	GrY	GrBL	GrG	GrB

表3 汽车各用电系统双色低压线主色的规定

序号	用电系统名称	电线主色	代号
1	电气装置接地线	黑	B
2	点火、起动系统	白	W
3	电源系统	红	R
4	灯光信号系统(包括转向指示灯)	绿	G
5	防空灯系统及车身内部照明系统	黄	Y
6	仪表及报警指示系统和喇叭系统	棕	Br
7	前照灯、灯等外部灯光照明系统	蓝	BL
8	各种辅助电动机及电气操纵系统	灰	Gr
9	收放音机、电子钟、点烟器等辅助装置系统	紫	V
10		橙	O

表4 汽车用小截面双色低压线主、辅色的搭配表

主色	辅色						
	红(R)	黄(Y)	白(W)	黑(B)	棕(N)	绿(G)	蓝(BL)
红(R)	—	√	√	√	—	√	√
黄(Y)	√	√	√	√	△	△	△
蓝(BL)	√	√	√	√	△	—	—
白(W)	√	√	√	√	√	√	△
绿(G)	√	√	√	√	√	—	√
棕(N)	√	√	√	√	—	√	√
紫(V)	—	√	√	√	—	√	—
灰(Gr)	√	√	—	√	√	√	√

注：√——允许搭配的颜色；△——不推荐搭配的颜色。

通用汽车电路图的"线束缩写"表中的编码如下：

A. A. H. 音响天线线束
A. P. H. 音频绞合线
A. R. H. 音响遥控装置线束
BATT. W. H. 蓄电池线束(见图1)
B. M. H. 鼓风机电机线束
B. W. E. H. 车身线束加长线
B. W. H. 车身线束(见图2)
C. C. PH. 巡航控制绞合线
C. F. H. 冷却风扇线束
C. S. H. 螺旋电缆线束
C. W. H. 控制台线束
D. A. A. H. 分集式天线/放大器线束
D. V. D. H. DVD 线束
D. W. H. 车门线束
E. C. C. H. 电子温度控制线束
E. H. 发动机线束(见图3)
F. B. H. 前车身线束
F. D. H. 前车门线束(见图4)
F. I. H. 喷油器线束
F. P. A. H. 前驻车辅助系统线束
FL. CL. H. 雾灯转向照明灯线束
F. T. H. 燃油箱线束
G. P. S. H. 全球定位系统线束
H. P. H. 耳机线束
I. R. H. 安全气囊线束
L. P. L. H. 牌照灯线束
P. A. B. H. 乘客安全气囊线束
P. M. H. 电动后视镜线束
P. S. H. 电动座椅线束
P. T. H. 动力系统线束(见图5)
R. D. H. 后车门线束
R. L. H. 顶灯线束
R. P. A. H. 倒车辅助系统线束
R. S. H. 座椅靠背倾角调节器线束
R. W. D. G. H. 后车窗除雾器接地线束
S. A. B. H. 侧面安全气囊线束
S. B. H. 座椅靠背线束
S. R. C. H. 天窗控制线束
S. R. H. 天窗线束
S. W. H. 方向盘线束
S. R. PH. 天窗绞合线
T. C. S. H. 变速器控制换挡杆线束
T. H. 变速器线束(下图6)
T. L. H. 尾灯线束
T. S. H. 变速器换挡杆线束
T. W. H. 拖车线束
V. L. H. 遮阳板灯线束

图1 图2 图3 图4 图5

汽车上有许多不同类型的导线。某些用来从开关或传感器传输信号的导线，几乎不承载任何电流。而那些为大型电动机供电的导线会承载大量的电流。

如果通过导线的电流过大，导线可能会过热和熔化。导线能够承载的电流量取决于导线长度、成分、规格和捆扎方式。让我们来大致了解一下各种特性对导线载流能力的影响。

☆长度：每种导线在单位长度上存在特

定的电阻量，导线越长，电阻越大。如果电阻过高，电流通过导线时将会损失大量的电能；损失的能量会在导线中产生热量。最终，虽然温度不一定能达到熔化导线绝缘层的程度，但产生的热量会限制导线的载流能力。

☆成分：汽车导线通常由纯铜绞线组成。一般来说，铜绞线的纯度越高，电阻越低，导线载流能力越大。所使用的铜的类型也会影响导线的电阻。

☆线规：线规或导线尺寸同样决定着导线的电阻大小。导线越粗，电阻越小。线规越小，导线越粗。因此，线规为 16 的导线比线规为 24 的导线粗。线规可降为零，也称为 1/0（一个零）。甚至比 1/0 线规还粗的是 00（2/0，或两个零），依次类推。线规为 4/0（四个零）的导线直径只有 1.27 cm。

☆捆扎方式：导线捆扎方式会影响导线的散热条件。如果一根导线和另外 50 根导线捆扎在一起，那么该导线的载流能力将远远小于只有一根导线的情况。

3）线束可视标识的识读

图中的线束采用独特的识别方法，利用“线束缩写”表中的编码，可以识别图中的线束 1 为前车身线束。

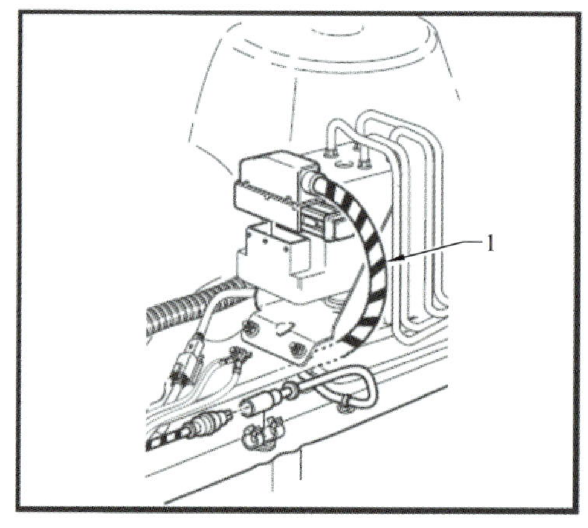

4）连接器的识读

图中的连接器通常采用一个两位数的识别码。连接器识别码 1 指示导线用 X201 连接器连接。数字 2 识别连接器针脚。在本例中，左侧导线连接的是连接器 X201 的针脚 A2，右侧导线连接的是连接器 X201 的针脚 A3。针脚识别符 2 可以是字母、数字或字母与数字的组合。连接器外观和针脚位置可通过维修手册中的连接器图示加以识别。

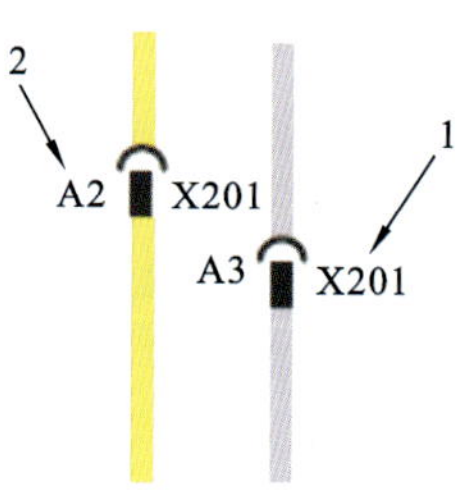

5）网格基准的识读

如右图所示，电路图的每张图页的底部都有一条间隔均匀的网格基准编号。这些网格基准用于确定电路在图页上的位置。例如，电路 230 中的灰色导线是在第 48 格位置。

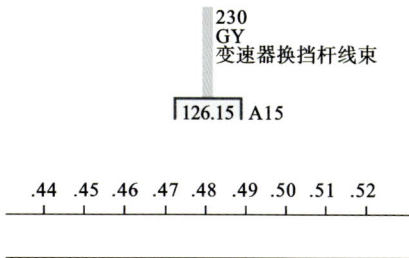

230
GY
变速器换挡杆线束
126.15 A15
.44 .45 .46 .47 .48 .49 .50 .51 .52

6）接续电路参照的识读

右图中显示的电路 230 灰色导线在网格基准的第 48 格。电路底部的开放方框中标有“接续电路参照”信息，指明接续的电路在图 126 的第 15 格。开放方框旁的 A15 指该电路将继续连接至总成 A15。

7）接续电路多页参照的识读

右图中电路 32 在图 26 或图 24 接续。具体的图页取决于车辆发动机是 V6 还是 V8。

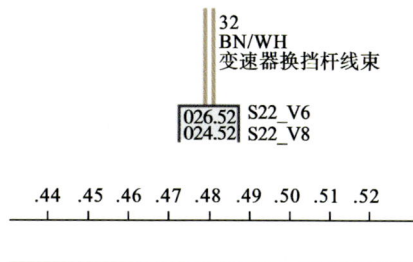

32
BN/WH
变速器换挡杆线束
026.52 S22_V6
024.52 S22_V8
.44 .45 .46 .47 .48 .49 .50 .51 .52

8）总成标识的识读

电路示意图中的总成通常可通过总成方框中大字体的字母和数字标识加以识别，也可通过总成方框端部的文字进行识别。

在右图中，总成为“电子制动器和牵引力控制模块总成”。如果仅在总成方框上给出了字母数字代码，则可用总成连接器信息确定具体的总成名称。总成的类型可通过“总成说明”中所示的代码首字母进行识别。

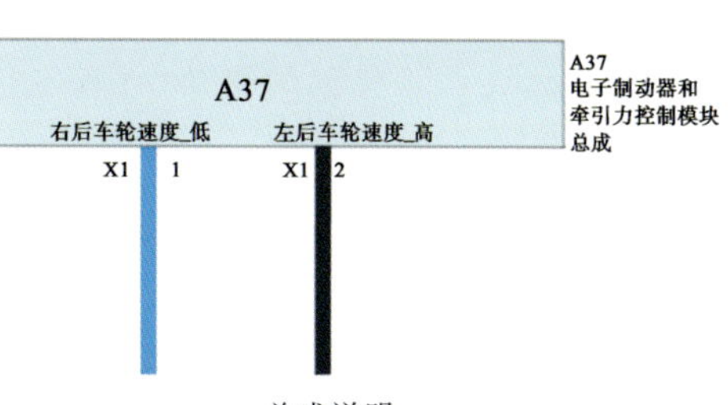

总成说明

A	系统、分总成和模块
B	传感器
E	其他装置和设备
G	电源
H	指示灯、警报器和信号装置
L	感应器
M	电机
N	稳压器和放大器
P	测量、显示和测试装置
R	电阻
S	开关
V	半导体
W	传输路径、导线和天线
X	端子、插脚和插座接头
Y	电动机械装置

9）总成待续的识读

当有过多电路要连接在一个总成上而无法在一张图页上显示时，总成将接续到另一图页上。如果总成图示的端部呈未结束状，就表示该图将待续并指明了接续的图页号。在右图中，总成A37将在图29中接续。

10）总成连接器标识的识读

如果总成连接多个电路，可能有多个连接器将其连接到其他线束。这些连接器通常编号为X1，X2，X3，…。总成连接器的识别号码一般有两位，显示在总成相邻导线的任一侧。第一个号码指连接器识别码。在右图中，导线连接在总成A37的X1连接器上。第二个号码标识了连接器的针脚，左侧导线连接在A37 Xl连接器的针脚8，右侧导线连接在A37 Xl连接器的针脚9。连接器外观和针脚位置可通过电路图中列出的连接器图示加以识别。

11）总成电路标识的识读

为帮助理解电路，可能在线路与总成的连接点对导线进行了标识。在右图中，橙色导线从点火开关上的点火触点向车身控制模块提供信号。

12）总成内信息的识读

为阐明电路的操作，右图中的总成都显示其在第一个工作阶段。图中车身控制模块内部的行李厢盖电磁阀继电器的操作和它对电路56的作用。

13）线束接头的识读

右图中显示了一个线束接头。线束接头指多根导线在线束内的接点位置。

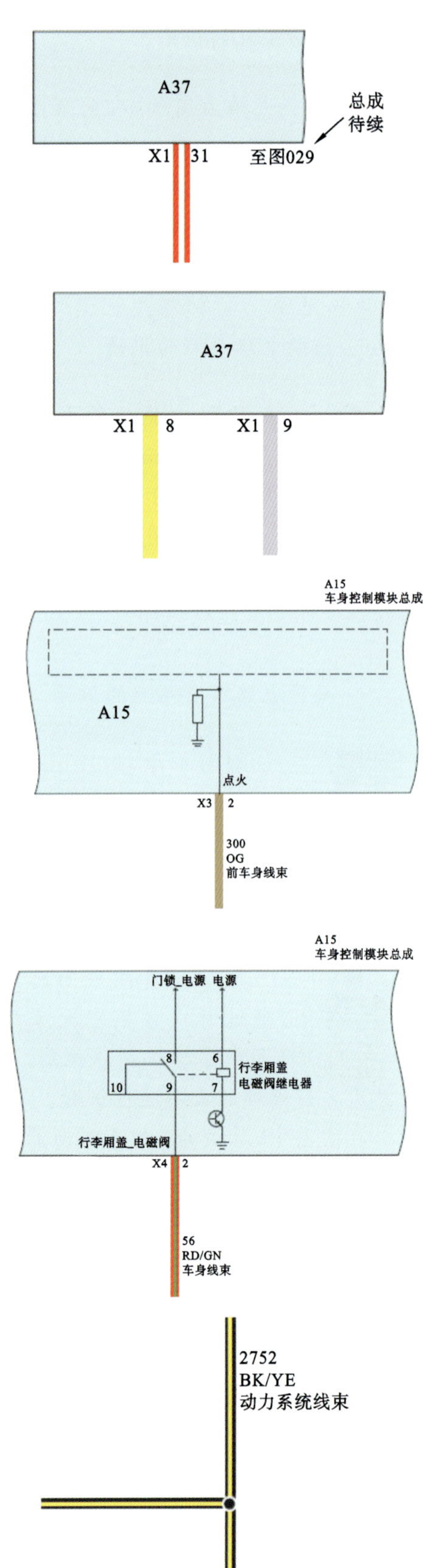

14）接地位置的识读

在显示接地位置时，通过连接器类型（本例为 X119）和接地点终端的位置进行识别。右图中有两个接地点：GP3 和 GP4。这些接地点的实际位置在图中为“发动机总成”，并在“接地点”示意图中给出。

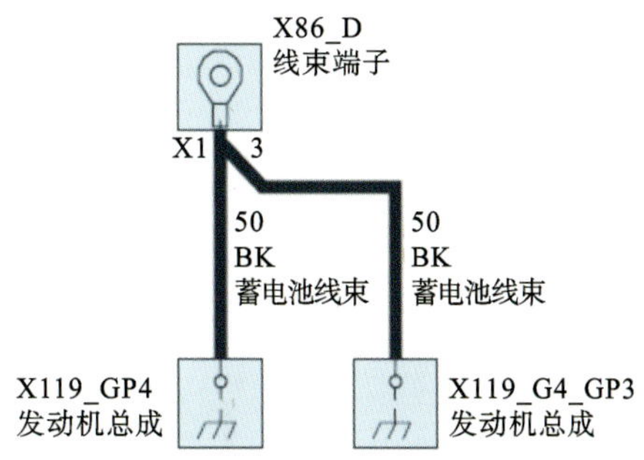

2. 大众汽车电路图的识读

1）保险丝、导线、插接器的识读

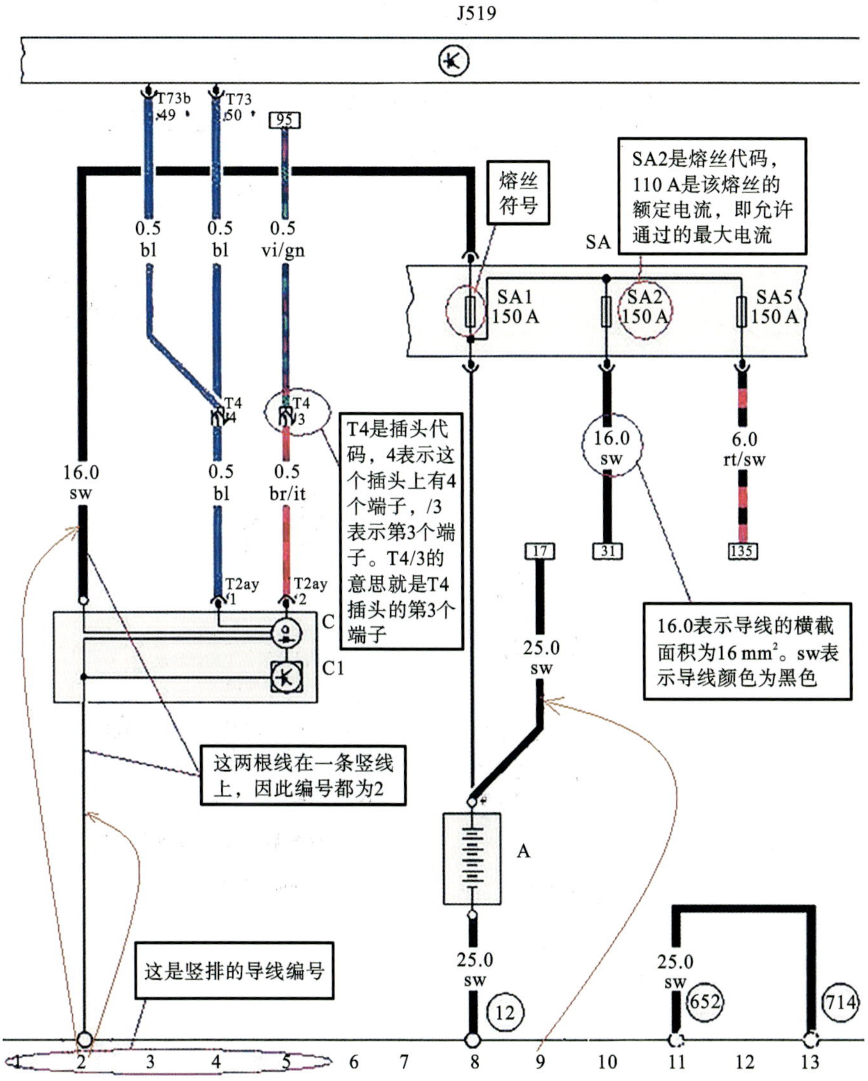

J519
T73b/49 T73/50 95
0.5 bl 0.5 bl 0.5 vi/gn
熔丝符号
SA2是熔丝代码，110 A是该熔丝的额定电流，即允许通过的最大电流
SA
SA1 150 A SA2 150 A SA5 150 A
T4/4 T4/3
T4是插头代码，4表示这个插头上有4个端子，/3表示第3个端子。T4/3的意思就是T4插头的第3个端子
16.0 sw 0.5 bl 0.5 br/it 16.0 sw 6.0 rt/sw
17 31 135
T2ay/1 T2ay/2
C C1
16.0表示导线的横截面积为16 mm²。sw表示导线颜色为黑色
25.0 sw
这两根线在一条竖线上，因此编号都为2
A
这是竖排的导线编号
25.0 sw 12 25.0 sw 652 714
1 2 3 4 5 6 7 8 9 10 11 12 13

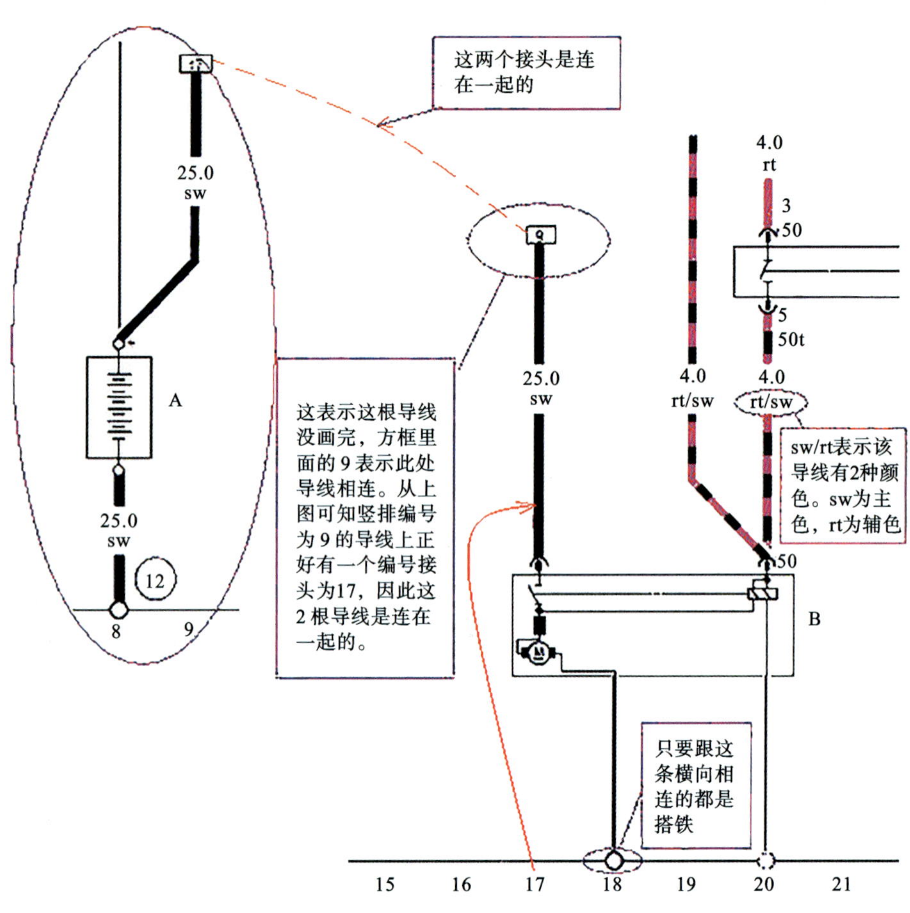

这两个接头是连在一起的
25.0
sw
A
25.0
sw
12
8
9
这表示这根导线没画完，方框里面的9表示此处导线相连。从上图可知竖排编号为9的导线上正好有一个编号接头为17，因此这2根导线是连在一起的。
25.0
sw
4.0
rt
3
50
5
50t
4.0
rt/sw
4.0
rt/sw
sw/rt表示该导线有2种颜色。sw为主色，rt为辅色
50
B
只要跟这条横向相连的都是搭铁
15
16
17
18
19
20
21

ws = 白色
sw = 黑色
ro = 红色
rt = 红色
br = 褐色
gn = 绿色
bl = 蓝色
gr = 灰色
li = 淡紫色
vi = 淡紫色
ge = 黄色
or = 橘黄色
rs = 粉红色

导线颜色中英文对照表

A 蓄电池
C 交流发电机
C1 电压调节器
J519 车载电网控制单元
SA 保险丝座 A
SA1 保险丝架 A 上的保险丝 1
SA2 保险丝架 A 上的保险丝 2
SA5 保险丝架 A 上的保险丝 5
T2ay 2 芯插头连接
T4 4 芯插头连接
T73 73芯插头连接
T73b 73芯插头连接

12 发动机舱内左侧接地点

652 变速器和发动机地线的接地点

714 发动机上右侧接地点

电路图上部件说明表

2）燃油泵的电路的识读

（1）首先在电路图中找到燃油泵，然后倒着查。从右图中可以看出，燃油泵电路由燃油泵继电器J17分为两路，一路为燃油泵电源电路，另一路为燃油泵的控制电路。

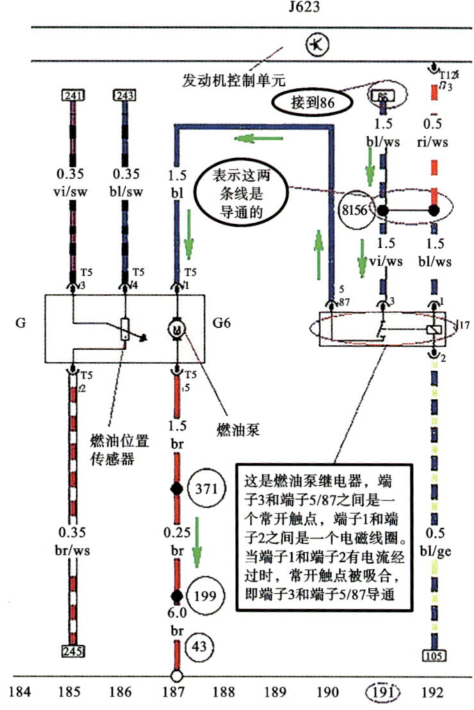

（2）查找燃油泵的电源电路。

根据接头数字（方框中的数字），去找竖排线标号数字，依次类推。

右图中的熔丝SC4就是燃油泵的熔丝。

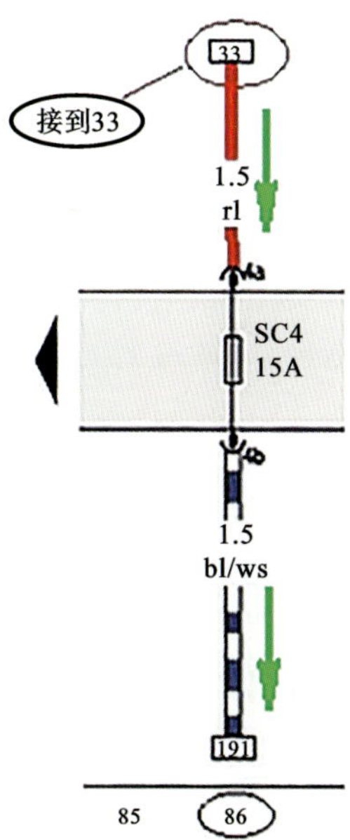

右图中的电源也到点火开关 D 的端子 T7/7，这里只标燃油泵的电路。

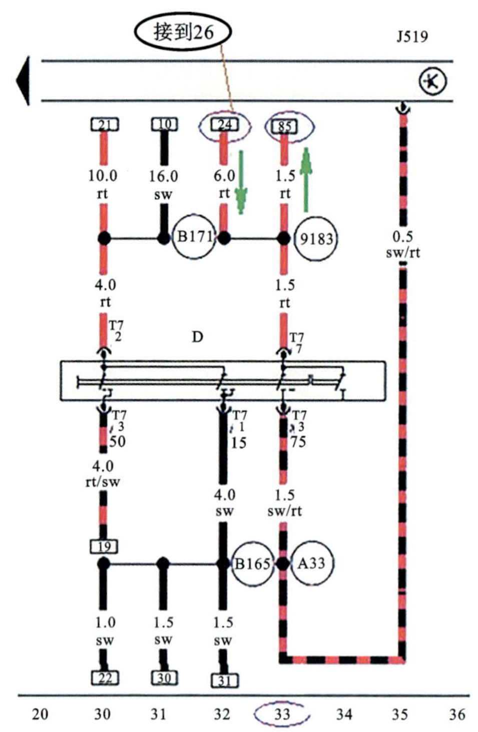

右图中电源不是从接头 76 过来的，而是从接头 30 过来的，因为 76 接到用电设备，也是靠接头 30 供电的。从此处也可以看出，找供电时，如果遇到几条分路，电源一般是从接头号小的那边过来，这主要是因为蓄电池、发电机在电路图的最前面，导线编号比较小。

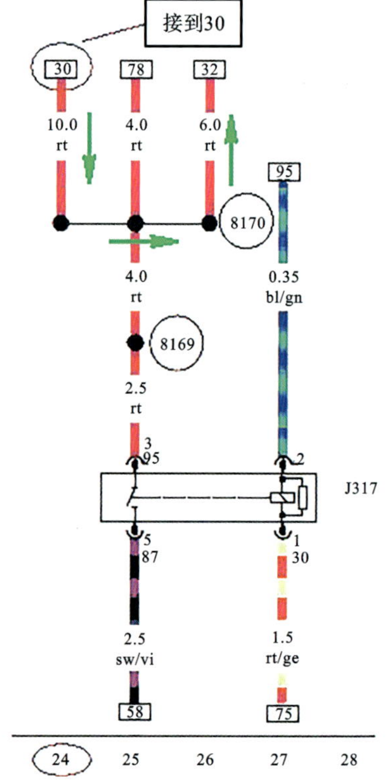

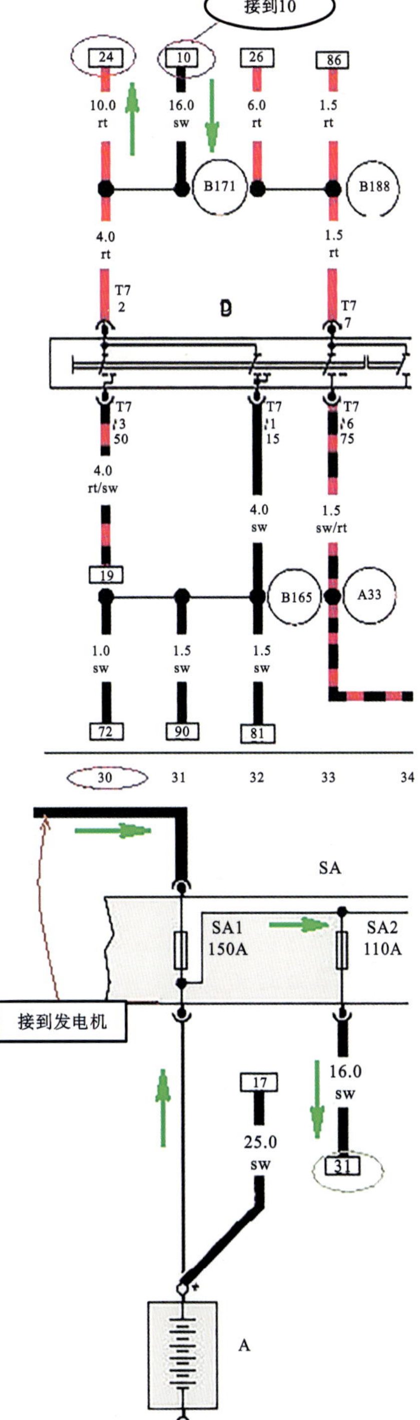

顺到蓄电池正极，就算把燃油泵的电源线路找完了。右图中粗的黑色线是到发电机的，在车辆正常运行中，燃油泵靠发电机供电。

（3）查找燃油泵的控制电路。

从右边3个图可以看出，燃油泵继电器控制端与燃油泵共用电源，然后搭铁到发动机控制单元和车载电网控制单元，即燃油泵的工作由发动机控制单元和车载电网控制单元共同控制。打开车门时，车载电网控制单元控制燃油泵继电器控制端搭铁几秒，于是燃油泵工作几秒，提前建立燃油压力，方便起动。当起动发动机或车辆运行时，由发动机控制单元控制燃油泵继电器控制端搭铁，使燃油泵工作。

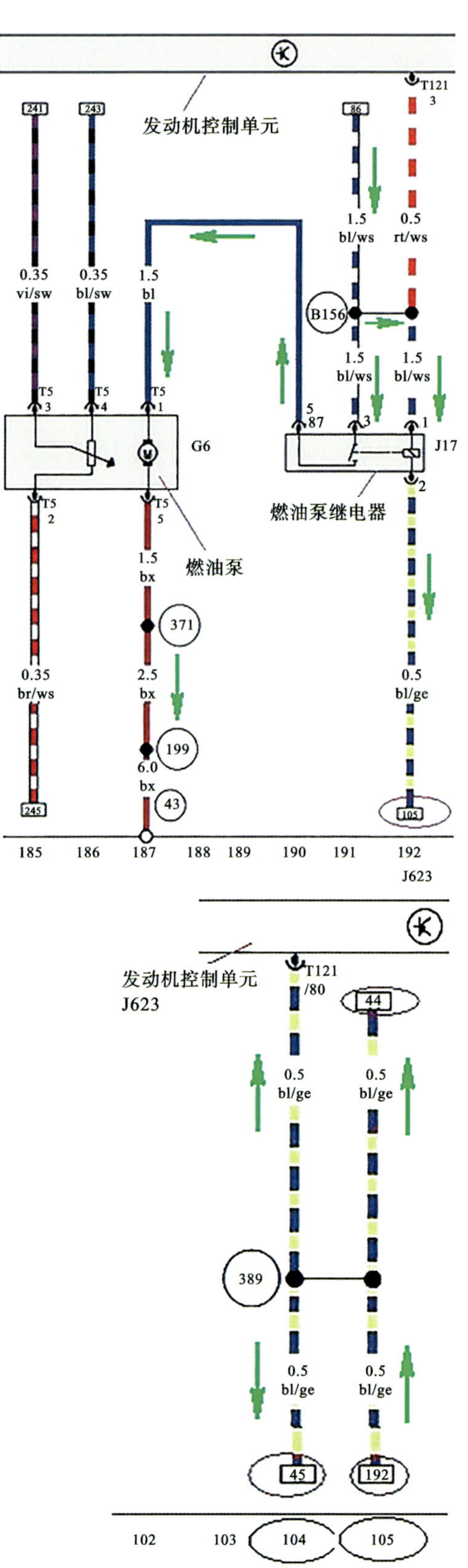

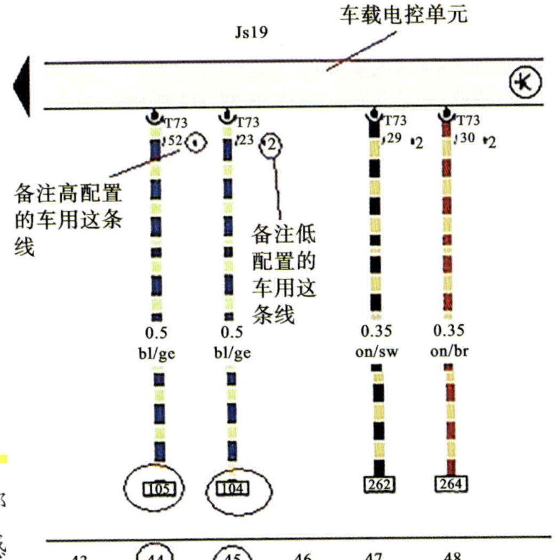

3）汽车电控系统传感器电路的识读

汽车电控系统主要由 3 部分组成：控制单元（电脑）、传感器、执行器。控制单元接收各种传感器的信号，经处理、计算、分析后向执行器发出相关指令。

下图是发动机曲轴位置传感器和进气歧管绝对压力/温度传感器的电路图。要读懂传感器的电路需要对各类传感器的工作原理有所了解。图中的 G28 为霍尔式传感器，要是懂得这类传感器的工作原理，就会知道这 3 根线分别是参考电源线、搭铁线、信号线。

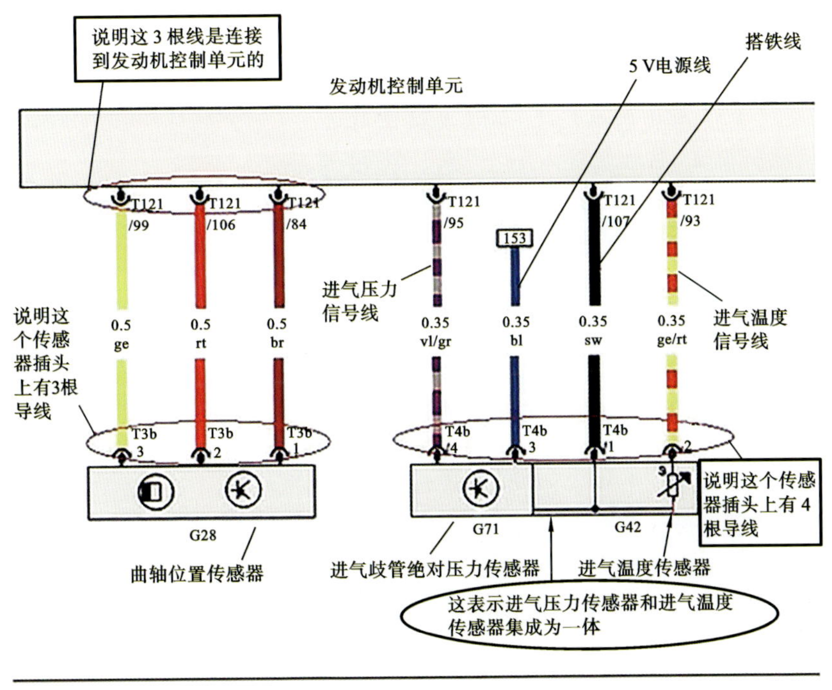

4）阅读汽车电控系统执行器的电路

下图所示的为喷油器的控制电路，4 个喷油器共用电源线，发动机控制单元通过控制 4 个喷油器的搭铁时间来控制喷油脉宽(喷油量)。

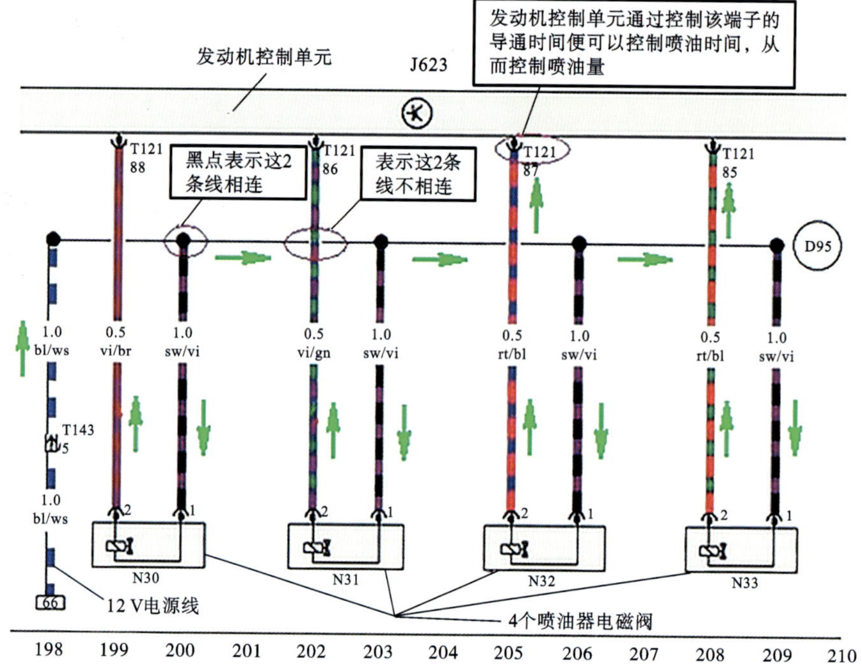

这是基本的电路图识读方法，由于现在车上集成电路的应用越来越广泛，识读电路图时遇到控制模块，电路就进入一个“黑匣子”，里面的电路我们不清楚，这给读电路造成了很大的麻烦，此时仅凭找接头是不行的。读这类电路图时，需要知道相关电器的控制原理才行。

3. 丰田品牌的汽车电路图的识读

丰田品牌各车型的维修手册将车辆上安装的电路按所属系统划分，提供各系统电路的资料。各系统电路的实际配线是指从蓄电池开始的电源点到各搭铁点的配线(所有电路图均显示所有开关关闭时的状态)。

对任何故障进行排除时，首先要了解故障电路的工作原理，了解对此电路供电电源的工作原理和搭铁点的工作原理，同时还可参见“系统概述”来了解电路的工作原理。

了解电路原理后，可以开始对故障电路进行故障排除，找出故障原因。利用“继电器位置分布图”和“电路图”来找出各个零件、接线盒和线束连接器、线束和线束连接器及系统电路的搭铁点。

为了更清楚地了解接线盒内的连接情况，维修手册中还提供了每个接线盒内部的电路图。在各系统电路中用箭头标示与各系统相关的配线。

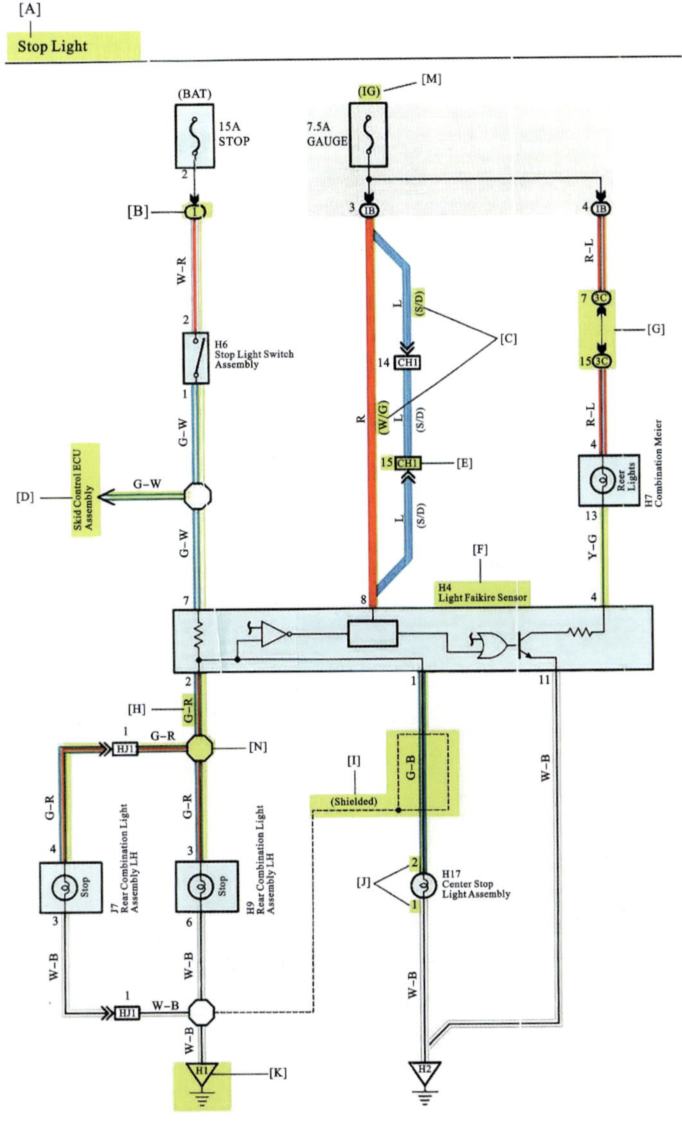

[A]：系统标题。

[B]：表示继电器盒。未用阴影表示，仅标示继电器盒号码以和接线盒加以区分。

示例：①表示1号继电器盒。

[C]：当车辆型号、发动机类型或规格不同时，用( )来表示不同的导线和连接器等。

[D]：表示相关联的系统。

[E]：表示用来连接两个线束的插头式和插座式连接器的代码。连接器代码由两个字母和一个数字组成。

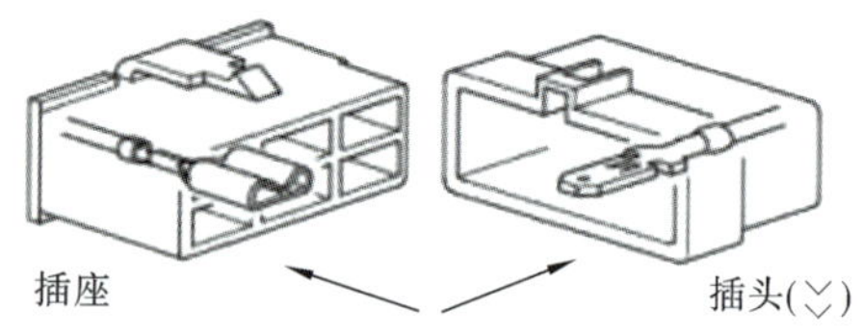

连接器代码的第一个字母表示插座式连接器线束上的字母代码，第二个字母表示插头式连接器线束上的字母代码。第三个数字是在存在相同线束组合时用来区别线束组合的序列号(如CH1和CH2)。

符号(♡)表示插头式端子连接器。连接器代码外侧的数字表示插头式和插座式连接器的针脚号码。

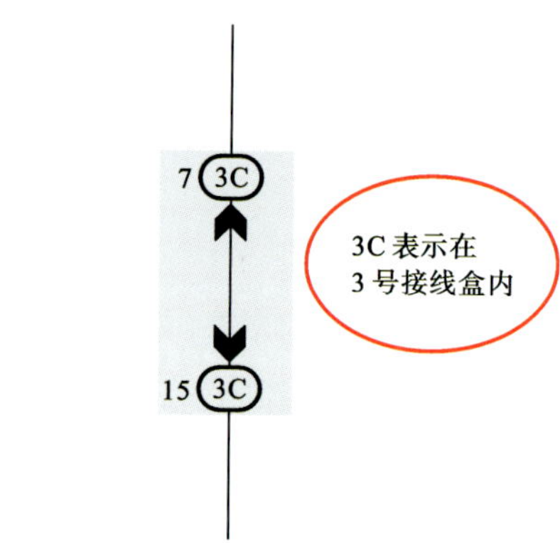

[F]：代表一个零部件(所有零部件均以天蓝色表示)。该代码和零部件位置中使用的代码相同。

[G]：接线盒(圆圈中的号码为接线盒号码，连接器代码显示在其左侧)。接线盒以阴影表示，用于明确区分于其他零部件。

[H]：表示接线颜色。

接线颜色以字母代码表示：

B=黑色；W=白色；BR=棕色；

L=蓝色；V=紫色；SB=天蓝色；

R=红色；G=绿色；LG=浅绿；

P=粉红色；Y=黄色；GR=灰色；

O=橙色。

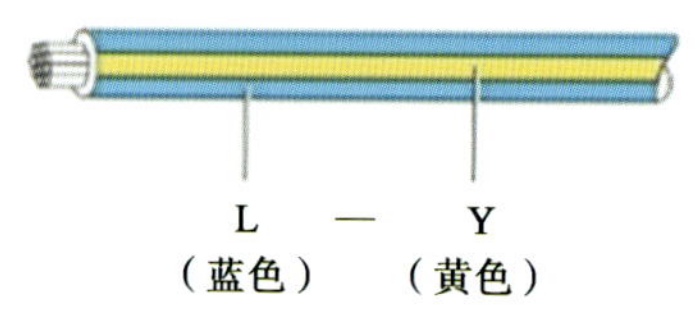

第一个字母表示基本接线颜色，第二个字母表示条纹的颜色。

[I]：表示屏蔽电缆。

[J]：表示连接器的针脚号码。插座式连接器和插头式连接器的编号系统各不相同。

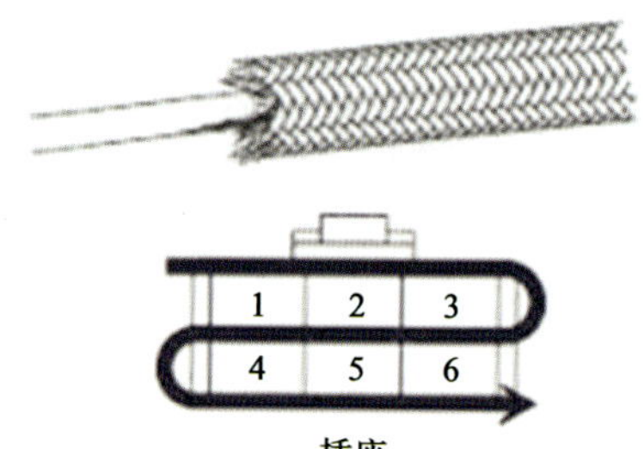

例：按照从左上方到右下方的顺序编号。

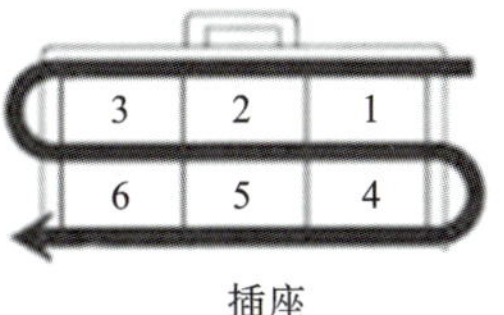

插座

示例：按照从右上方到左下方的顺序编号。

[K]：表示接地点。该代码由两位数组成：一个字母和一个数字。第一位代表线束的字母代码，第二位是当同一线束存在多个接地点时用来区别各接地点的序列号。

[M]：当向保险丝供电时，用来表示点火钥匙位置。

[N]：表示线路接合点。

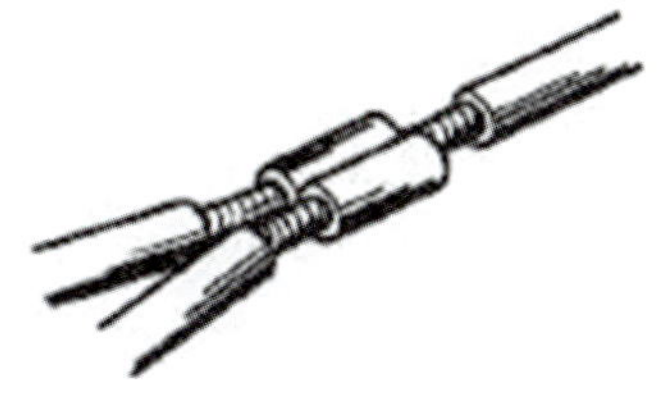

识读电路图的基本方法：

(1) 按电路系统的功能及工作原理将整个电气系统划分成若干个独立的电路系统，分别进行分析，这样化整体为部分，可以有重点地进行分析。

(2) 在分析某个电路前，要清楚电路中所包括的各部件的功能和作用、技术参数等，如电路中的各种开关在什么条件下是闭合的。

(3) 阅读电路图时，应掌握回路原则，即电路中工作电流是由电源正极流出，经过开关保险装置、用电设备后流回负极（接地），电路中有电流流过，用电设备才能工作。

(4) 按操纵开关的功能及不同的工作状态，分析电路的工作原理。

(5) 阅读电路图时，将含有线圈和触点的继电器视为线圈的控制电路和触点控制的主电路两部分。主电路中的触点在线圈电路中有电流流过时，才能工作。

(6) 读接线图时，要正确判断接点标记、线圈和颜色标志。

(7) 电控单元的电源电路一般有两路，一路来自点火开关控制的电控单元主继电器，它是电控单元主电路。打开点火开关后，电控单元主继电器触点闭合，电源进入电控单元，使电控单元进入工作状态；关闭点火开关后，电控单元主继电器触点断开，电控单元的工作电源被切断，电控单元停止工作。另一路直接来自蓄电池，它是电控单元记忆部分的电源。在点火开关关闭，发动机熄火后，该电路仍保持蓄电池电压，使电控单元的故障自诊断电路所测得的故障码及其他有关数据长期保存在电控单元的存储器内，为故障检修提供依据，该电路称为电控单元备用电源电路。

(8) 电控系统的搭铁线路形成一条完整的通路使电流流动。在识读电路图时可以发现，比如分电器、点火控制模块和氧传感器加热器都有专门的搭铁点，点火线圈则通过控制模块搭铁，这类设备通常没有搭铁线，而是通过它们的外壳搭铁。因此，电线破损或松脱则会在其搭铁线路上引起高阻抗。出现不起动、不点火、发动机转速信号不正常或无法进入闭环状态等故障，以及在运用电路图进行故障辅助判断时，一旦遇到有这样的元件，应检查这三个搭铁元件的电压降是否正常。

(9) 另外，喷油器通过电控单元的某一个管脚与搭铁相连。搭铁线路中的高阻抗会引起供油方面的故障。而电控系统的元件大部分通过电控单元内部进行搭铁。传感器信号通过某一个管脚输入电控单元，电控单元使信号通过输出设备并搭铁，形成一个完整的线路，而执行器则根据电控单元所发出的指令工作。所以，只有电控单元搭铁良好时，执行器和传感器才能正常地工作。而电控单元通过某一个管脚向底盘搭铁与蓄电池负极形成一个完整的回路。

(10) 电控系统中产生信号电压的传感器，如氧传感器和车速传感器，一般都有专门的搭铁线路。由于其线路相对独立，所以不受其他系统搭铁回路的影响。电控单元检查传感器信号的振幅或正负电压最大值之间的差值，而不是具体电压值。通常情况下，传感器应产生频率和振幅正常的输出信号，但当电控单元、交流发电机、发动机、底盘或车上蓄电池搭铁不良而引起阻抗升高时，信号电压会相应升高。

(11) 电控单元给传感器提供电源电压，一般传感器带电阻，传感器正常工作时，由于电阻的变化，返回 ECU 的信号电压会发生变化。传感器电阻低时，信号电压可以自由通过线路返回搭铁线路，此时信号电压高。阻抗高时则使信号电压也变低。电控单元通过信号的变化监控传感器的工作状况。

(12) 电控单元根据变化的输入信号发出指令，通过连接或断开搭铁线路控制执行器动作。控制执行器的 ECU 线路通常称为驱动线路。每个受电控单元控制的输出设备都有最小阻抗限制，从而限制了通过输出控制线路的电流量。因此，如果执行器短路，则会导致大量电流通过控制线路，从而导致短路造成电控单元烧毁。执行器短路是电控系统常见的、比较严重的故障。

由于不同汽车制造商根据其制造车型的年份、销售区域采用了不同的原始设备制造 OEM 的电控系统，也就是说各种车型的电控系统电路具有不同的特点，线路图中系统的电气或电子元件都有国际通用的标准符号，但可能会因生产厂家、国家地区而有所不同。利用这些通用符号，可以识别出线路中的设备。

七、模块练习

要求：完成练习。

八、模块评价

过程、结果评价。